Réalités 3

Nouvelle édition

Cornelsen

***Réalités* 3** *Nouvelle édition*
Lehrwerk für den Französischunterricht
(2. Fremdsprache / Wahlpflichtbereich)

im Auftrag des Verlages erarbeitet von Sylvie Schenk, Gertraud Gregor

und der Redaktion Romanische Sprachen
Dr. Yvonne Petter (Projektleitung), Marie-France Lavielle, Monika Schulze
sowie Tanja Krautwurst (Assistenz)

Didaktische Beratung: Prof. Dr. Eynar Leupold (Halle)

Beratende Mitwirkung: Isolde Arnold (Leipzig), Hans Bächle (Neunkirchen), Klaus Berold (Kulmbach), Marlies Bormann (Nauen), Hedwig Gekle (Backnang), Evelyn Hammerle-Hechler (Hersching), Michèle Héloury (Berlin), Brigitte Jeschek-Schellander (Wien), Catherine Jorißen (München), Ellen Kaufmann (Siegburg), Wolfgang Marek (Schwalmstadt), Silvia Masseling (Oberhausen), Prof. Dr. Christian Minuth (Heidelberg), Jochen Momberg (Spenge), Axel Polleti (Passau), Ursula Resch (Karlsruhe), Birgit Schunke (Bad Kösen), Corinna Tilse (Burghausen), Daniela Wieners (Stuttgart)

Lay-out und Umschlaggestaltung: Regelindis Westphal
Illustrationen: Laurent Lalo
Umschlagfotos: © Corbis Stock Market: © Derek Croucher (oben) –
© Schulz, unten

Begleitmaterialien zu ***Réalités* 3**:
Carnet d'activités (Bestellnummer: 222594)
Grammatikheft (Bestellnummer: 222608)
CD (Bestellnummer: 222640)
Handreichungen für den Unterricht (Bestellnummer: 222624)
Folien für den Unterricht (Bestellnummer: 222632)
Vokabeltaschenbuch (Bestellnummer: 223094)

Cornelsen online http://www.cornelsen.de

1. Auflage Druck 4 3 2 1 Jahr 06 05 04 03

Alle Drucke dieser Auflage können, weil inhaltlich unverändert,
im Unterricht nebeneinander verwendet werden.

Satz und Litho: Satzinform, Berlin
Druck: CS-Druck CornelsenStürtz, Berlin

ISBN broschiert 3-464-22258-6
ISBN gebunden 3-464-22303-5

Bestellnummer broschiert 222586
Bestellnummer gebunden 223035

Gedruckt auf säurefreiem Papier,
umweltschonend hergestellt aus chlorfrei gebleichten Faserstoffen.

Inhaltsverzeichnis

Die grün gedruckten Überschriften bezeichnen fakultative Elemente.

Annexe

Erläuterung der Symbole und Verweise

🎧	Hörtext auf der CD
►◄	Partnerarbeit
►►	Kettenübung
✎	Schriftliche Übung
◐	Differenzierung: anspruchsvolle Aufgabe
✦	Gruppenarbeit oder Diskussion
C 6/8	Hier passt Carnet d'activités, S. 6/8.
(→ Repères, p. 20/3)	Verweis auf die Repères
📖	Die Lösungen zu den Aufgaben befinden sich im Grammatikheft.
(→ GH, p. 9/4.1)	Verweis auf das Grammatikheft

In ***Réalités* 3** findet ihr eine neue Übungsrubrik. Sie heißt „Préparer l'examen oral" und hilft euch, euch auf eure Abschlussprüfungen (z. B. DELF) vorzubereiten.

Bonjour, tout le monde!

Faites votre choix et révisez.

SICH VERSTÄNDIGEN

Parlez de vos vacances.

a *Regardez ces personnes. À votre avis, où est-ce qu'elles ont passé les vacances? Qu'est-ce qu'elles ont fait? Imaginez.*

La dame La famille
Le monsieur
La (jeune) fille Le garçon

numéro ___
entre ___ et ___
à droite / à gauche
en face de ___
devant/derrière ___

a fait du / de la / des ___ .
est allé/e ___ .

à Paris / à Londres / à ___ . dans les Alpes.
à la mer / à la montagne.
en France / en Allemagne / en Espagne[1] / en Turquie[2] / en Autriche[3].

1 **l'Espagne** *f.* Spanien
2 **la Turquie** die Türkei
3 **l'Autriche** *f.* Österreich

b *Et vos camarades, où est-ce qu'ils sont allés? Qu'est-ce qu'ils ont fait? Posez des questions.*

WISSENSSPIEL

Le test des connaissances

Jouez à trois. A regarde *p. 176* *et contrôle les réponses. B et C jouent.*

Jeder Spieler braucht neun Spielsteine, z.B. Münzen.
Wählt abwechselnd eine Aufgabe aus und legt für jede richtige Antwort eine Münze auf das Feld.
Wer zuerst drei Felder in einer Reihe belegt hat, hat gewonnen.

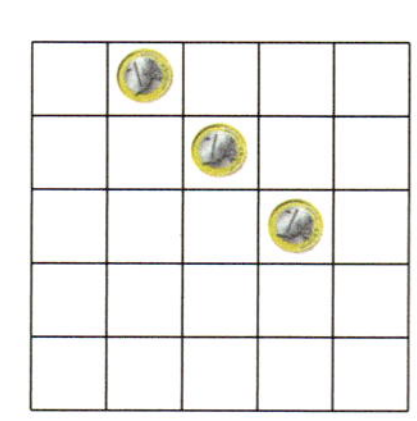

facultatif

Mets au passé composé: je pars, tu dors, il mange	*Complète:* J'ai une idée de cadeau pour Robert. Je vais [?] offrir un porte-monnaie.	être en forme ≠ ?	Leur *ou* les? *Complète:* – Tu connais ces types? – Non, je ne [?] connais pas, mais je [?] ai déjà parlé une fois.	*Quel pronom?* Céline et Ahmed rentrent. Je rentre avec [?].
Complète: Je n'aime pas les bottes *(blanc)*. 	*Complète:* Achète [?] eau minérale, [?] pommes et [?] café.	*Conjugue le verbe* lire *au présent.*	*Qu'est-ce qu'on peut visiter à Nantes? (3 endroits)*	*Pour les crêpes, il faut* ___ . 
Le ruban vert, *qu'est-ce que c'est?* 	*Comment est-ce qu'ils vont à l'école?* 	*Complète:* Valérie joue [?] la guitare. Paul et Tarik jouent [?] ping-pong.	Du hast etwas nicht verstanden. Was sagst du?	Erkläre den Weg bis zum Kino. 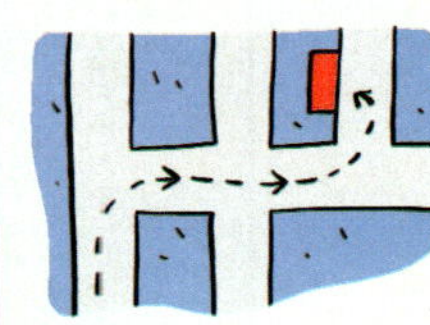
Où est-ce qu'ils ont mal? 	*Cinq vêtements:* 	*Quelles sont ces couleurs?* 	*Quel temps fait-il?* 	*Conjugue le verbe* venir *au présent.*
En français: 100 141 1000 329	*Qui vient de Nantes?* Ampère Jules Verne Guignol	*Complète:* – Où est-ce qu'on gare la voiture? – Je [?] gare près du château.	adorer ≠ ?	*Le sport (3 activités):* 

facultatif

HÖREN UND SCHREIBEN

Les aventures* de l'agent R10**

a *Écoutez et trouvez les erreurs.*

b *Formez des groupes. Chaque groupe regarde les dessins, raconte l'histoire et imagine: Qui est R10? Qu'est-ce qu'il cherche? Comment est-ce que l'histoire continue?*

WORTSCHATZ

Qui est-ce?

Décrivez un/e camarade. Donnez le maximum d'informations. Les autres devinent.

Exemple: Elle est brune, elle porte un jean bleu et une veste, elle est bonne en français mais elle n'aime pas les maths, c'est la copine de René, elle fait du handball et des rollers, elle est née le 10 avril 1990, elle habite près d'ici ...

* **l'aventure** *f.* das Abenteuer (englisch: adventure)
** **l'agent** *m.* der Agent

facultatif

Unité 1 Paris en rollers

Approches

Préparer la lecture

1 *Lisez les titres des séquences. De quoi va parler cette unité?*

Ils arrivent de partout …

Roberto est venu d'Espagne avec sa copine Maria.

Romain est de Paris. Il est avec son ami Thomas. Thomas est Allemand et il vient d'un village près de Munich.

Marion habite dans la banlieue parisienne. Son amie Louise vient de Narbonne. Elle veut visiter la capitale.

Voilà Brian. Il visite Paris et la France avec ses parents. Son pays, c'est le Canada. Il vient de Montréal et il parle français et anglais.

Tim vient des Pays-Bas. Il est pour tout le week-end à Paris. Il parle assez bien français, mais il ne connaît personne ici. Il adore faire du roller.

Magali vient de Liège. C'est en Belgique. Avec elle, il y a son cousin Mathieu. Il habite en France, à Paris.

Découvrir

2 **a** Schaut in den Text, ergänzt die Lücken und übersetzt:
Mathieu habite [?] France. Brian habite [?] Canada. Tim habite [?] Pays-Bas.

b Wann verwendet ihr „en“ und wann verwendet ihr „au“ und „aux“?

c Schaut in den Text. Welches Geschlecht haben „Espagne“ und „Belgique“?

S’entraîner

C 6/2
C 7/3 **3** ►► *Présentez-vous.* (→ Repères, p. 22/2)

* **l’espagnol** *m.* die spanische Sprache

venir
de Turquie / de Pologne / de Russie / de Croatie / d’Italie / du Maroc / du Portugal / du Viêtnam / du Kosovo / ___

parler
allemand / français / anglais/ turc / polonais / russe / italien / serbo-croate / arabe / portugais / vietnamien / ___

Activité

C 7/4 **4** *Regardez les photos de l’unité et le* Petit dictionnaire de civilisation, *p. 119–120.*
Trouvez les réponses.

1. Un quartier très moderne à Paris: c’est [?].
2. Une cathédrale très célèbre: son nom est [?].
3. Vous voulez découvrir la nature. La technique[1] vous intéresse. Vous voulez voir un film sur les mers. Vous allez à [?].
4. Le vieux[2] marché de Paris est maintenant un centre commercial. Ce sont [?].

Adresses utiles:
- Où dormir à Paris?
Accueil des Jeunes en France (AJF)
119, rue St Martin,
4e arrondissement
Tél: 00 33 / 8 42 77 87 80
- Le programme des spectacles:
www.pariscope.fr
- Avoir des informations:
Office de tourisme
127, avenue des Champs Elysées
Tél: 00 33 / 8 36 68 31 12

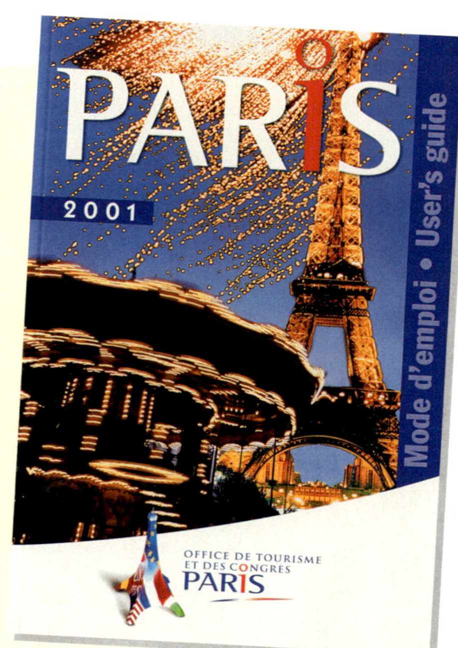

1 **la technique** [lateknik] die Technik 2 **vieux** alt

… pour participer à la balade en rollers dans les rues de Paris

Quand? ▸ Tous les vendredis soirs.
Chaque vendredi soir, une randonnée en rollers a lieu dans les rues de Paris.
Une balade pour faire la fête et (re)découvrir la capitale.

Où? ▸ Le départ est à 22 heures, Place d'Italie.
L'arrivée est à 1 h du matin, Place d'Italie.
Nous prenons chaque fois un nouvel itinéraire.

Qui peut participer? ▸ Chacune et chacun de vous peut participer à la balade.
Mais attention, nous sommes très nombreux, il faut savoir freiner quand on roule vite! Il y a une autre balade pour les débutants le dimanche après-midi: départ Place de la Bastille à 14 h 30.

Pour nous retrouver ▸ C'est simple:
prendre le métro, lignes 5, 6, 7. Station Place d'Italie.
www.pari-roller.com

Comprendre

C 8/1 **1** ►◄ *Louise téléphone à son amie Marion. Répondez à ses questions:*

1. Quand est-ce que la randonnée a lieu?
2. D'où est-ce que vous partez? À quelle heure?
3. Est-ce que beaucoup de gens participent à ces balades?
4. Est-ce que la balade est longue?

S'entraîner

C 9/3 **2** **a** ►◄ *Votre voisin/e aussi va à Paris. Il/Elle écrit pourquoi (une phrase avec* pour + *infinitif). Vous lui posez des questions. Quand vous avez trouvé la solution, vous changez de rôle.* (→ Repères, p. 23/6)

faire du roller — découvrir la ville — faire connaissance avec des gens — passer un week-end formidable — retrouver des amis — monter sur la Tour Eiffel — apprendre le français — voir un match de foot — visiter des musées — aller à un festival de hip-hop, ___

b ◐ *Et vous? Où est-ce que vous voulez aller? Pourquoi?*

Moi, je voudrais aller à (+ ville) ___ pour ___ .

C 8/2 **3** *Complétez le texte. Utilisez* chaque *ou* chacun/e. (→ Repères, p. 22/3–4)

Mathieu: J'ai trois sœurs. [?] a son caractère. Avec Claire, je discute. Avec Marie, je fais de la musique. Avec Camille, le clown de la famille, je rigole. C'est comme ça aussi avec mes copains. [?] a ses hobbies*, ses sports. [?] week-end, je fais du vélo avec Vincent et Margerie, et on prend [?] fois un nouvel itinéraire. Mes copains sont très importants pour moi. [?] matin, je passe chez Pierre pour aller avec lui au collège. [?] soir, j'écris des e-mails ou je téléphone à Jacob et Élise. Et je vois Romain et Pauline tous les jours parce qu'ils sont dans ma classe.

* **les hobbies** die Hobbys

C 9/4 **4** ►► *Posez des questions à vos camarades. Utilisez le verbe* savoir. (→ Les verbes, p. 123)

faire du roller
préparer un gâteau
poser une lampe
parler | anglais/ russe/___
chanter en français
jouer | au foot / au ping-pong / au handball / ___

Est-ce que tu sais nager?

Oui, je sais nager! / Non, je ne sais pas nager.

Est-ce que Jens et Jana savent jouer d'un instrument?

Je ne sais pas. Est-ce que tu sais jouer d'un instrument, Jens? Et toi, Jana?

Vocabulaire

5 *Quel sujet peut aller avec quel verbe? Formez des phrases possibles avec ces mots.*

la balade	*freiner*
la voiture	*participer* à qc
le garçon en rollers	*avoir lieu*
l'office de tourisme	*tomber*
le départ	*organiser* qc
le débutant	*faire* qc

L'office de tourisme organise une randonnée.

Activité

6 **a** ►◄ *Tous les jeunes veulent aller à la station «Place d'Italie». Regardez le plan de métro et trouvez la station «Place d'Italie» sur la ligne n° 5. Regardez où ils sont et répondez à leurs questions.*

1. Roberto et Maria sont à «Maison Blanche» sur la ligne 7.
2. Brian est à «Montparnasse Bienvenue».
3. Romain et Thomas sont à la Gare du Nord.

prendre la ligne ___ direction ___ .
descendre à ___ .

aller | jusqu'à ___
à ___ et prendre la ligne ___ jusqu'à ___ .

* **la direction** die Richtung ** **direct** direkt *** **changer** *hier:* umsteigen

b ◐ ►◄ *Faites des itinéraires de métro. Travaillez à deux.*

Je suis à la station «Réaumur Sébastopol» et je veux aller à la «Gare de Lyon». Qu'est-ce que je dois faire?

Préparer la lecture

1 *Regardez les photos de l'unité et cherchez les endroits sur le plan de Paris. Décrivez. Utilisez:*

dans le centre
dans la rue ___
près du / de la / des ___

Le quartier des Halles est près du centre Pompidou.

Ils découvrent Paris …

22 heures 15. Louise et Marion sont parties dans le groupe de tête avec des gens qui roulent vite. Ils passent par le quai d'Austerlitz, traversent la Seine et arrivent dans le quartier des Halles qui est encore plein de touristes. Ils passent devant l'église Saint-Eustache et continuent par le boulevard Sébastopol vers la gare du Nord. Il y a déjà des débutants qui ont renoncé. Ça va trop vite pour eux. Pas loin de la gare du Nord, Louise et Marion voient un garçon qui a l'air très fatigué.

Le Sacré-Cœur à Montmartre

Le quartier des Halles

«Ça ne va pas? demande Louise.
– Si, dit le garçon, ça va aller, je continue avec vous. Je m'appelle Brian, dit-il. Je viens de Montréal au Canada.
– Il va nous coller pendant tout l'itinéraire, dit Marion à l'oreille de Louise ...

La Seine

Le centre Pompidou

– Et alors? dit Louise, il a l'air gentil et il a des beaux yeux.»
Brian continue avec elles.
«C'est mieux quand on est avec des copines, dit-il à Marion qui ne répond rien.»
À Montmartre, ils font une petite pause pour boire. Une fille leur demande:
«Hm ... Vous n'avez pas un peu d'eau? On a soif et on n'a plus d'eau!»
‹On›, c'est Magali et Mathieu. Louise leur passe sa bouteille.
«Bois, dit-elle, buvez, on a une autre bouteille qui est pleine.
– On joue les Saint-Bernard* aujourd'hui? On attire tous les types crevés qui ont l'air sympa et toutes les filles qui ont soif, dit Marion ...
– Ben, les pauvres, ils tombent sur une fille qui est d'une humeur de chien aujourd'hui. Qu'est-ce que tu as?»

* **le Saint-Bernard** der Bernhardinerhund

Belleville, un quartier de toutes les couleurs

Comprendre

C 10/1 **2** **a** *Marion et Louise font connaissance avec Brian, Magali et Mathieu: Où et comment?*

b *Marion n'est pas de bonne humeur. Imaginez pourquoi.*

Découvrir

3 **a** des gens **qui** roulent très vite – un garçon **qui** a l'air très fatigué
Findet noch weitere Beispiele im Text und schreibt sie auf.

b Übersetzt die Beispiele. Welche deutschen Entsprechungen hat „qui"?

S'entraîner

C 10/2
C 11/3
4 **a** ►◄ *Posez des questions et répondez.* (→ Repères, p. 23/7)

Exemple: Les filles qui roulent dans le groupe de tête, c'est qui? C'est Louise et Marion.

1. Les filles	qui	*rouler* dans le groupe de tête
2. Les jeunes		*avoir* soif
3. Le garçon		*être* crevé
4. Les jeunes		*renoncer*
5. La fille		*passer* sa bouteille
6. Le garçon		*avoir* l'air gentil
7. La fille		*être* d'une humeur de chien

b ◐ *Présentez les personnages.* (→ Approches, p. 11)

Exemple:
Brian, c'est le garçon qui habite au Canada, qui parle français et anglais et qui visite la France avec ses parents.

Continuez avec:
Tim, Louise, Thomas, Maria.

Vocabulaire

C 12/5 **5** **a** *Trouvez un mot de la même famille.*

Exemple:
arriver → l'arrivée

arriver partir la rentrée le passage proposer qc
expliquer qc la connaissance boire qc chanter qc

b *Vous ne connaissez pas ces mots, mais vous pouvez les comprendre car vous connaissez un mot de la même famille. Quel est ce mot?*

la sortie la réponse la préparation la discussion l'entrée l'invitation

Écouter

6 **a** 🎧 *Roberto et Maria sont dans le métro. Écoutez le dialogue une première fois et répondez: Dans quelle station est-ce qu'ils sont? Où est-ce qu'ils veulent aller? Où est-ce qu'ils doivent descendre?*

b 🎧 *Écoutez le dialogue une deuxième fois: Quelles lignes est-ce qu'ils doivent prendre? Où est-ce qu'ils doivent changer?*

... et trouvent des nouveaux copains

Le quartier de la Défense

Maintenant, ils roulent à cinq. Ils vont faire la connaissance de Romain et Thomas pendant la grande pause à la Défense. Thomas est tombé. Il a un peu mal au bras et il saigne du nez. Louise lui donne un mouchoir.

«Toi, dit Marion, tu es Mère Teresa* en rollers.»
Ensuite, ils discutent des monuments qu'on doit visiter, des choses qu'il faut voir à Paris, des endroits où il faut aller ... Magali et Mathieu écoutent la conversation et donnent leur avis.
«L'endroit que je préfère, dit Mathieu, c'est le cimetière du Père Lachaise. C'est un vrai parc.
– Moi, dit Romain, je préfère la Villette. À cause de la Géode. Je trouve ça génial.
– Moi, dit Marion, j'aime bien le Trocadéro. C'est un endroit où on va bientôt passer. Il y a toujours des gens qui font du skate. C'est super sympa, ici.»
Une heure après, ils passent près d'une fille que son copain photographie devant la tour Eiffel. Marion freine pour les éviter, mais c'est juste!
«Eh, dit-elle, vous n'avez jamais vu la tour Eiffel?
– Non, répond Roberto que Maria photographie maintenant. Mais là, on n'a pas trop le temps, on va revenir demain.»
Ils continuent ensemble jusqu'à la cathédrale Notre-Dame que Maria et Roberto regardent de loin pendant trois minutes.
«On ne peut pas continuer, dit Romain. Sinon on va rater le dernier métro.
– D'accord, mais on peut encore boire un pot ensemble, non?»

Le cimetière du Père Lachaise

La Géode à la Cité des Sciences
et de l'Industrie

La cathédrale Notre-Dame

* **Mère Teresa (1910–1997)** Nonne, die sich um die Armen in Indien gekümmert hat

Comprendre

C 13/1 **1** **a** *Qu'est-ce qui va ensemble?*

Louise et Marion font la connaissance de	parce qu'il ne veut pas rater le métro.
Romain ne veut pas continuer	Romain et Thomas pendant la pause.
Louise donne un mouchoir à	Maria et Roberto qui prennent des photos.
Marion évite	Thomas qui saigne du nez.

b *De quoi est-ce que les jeunes parlent pendant la pause? Qui préfère quel endroit et pourquoi?*

c *Et vous? Regardez les photos de Paris dans cette unité: Quels sont les endroits qui vous intéressent?*

Découvrir

2 **a** des monuments **qu'**on doit visiter – l'endroit **que** je préfère
Findet noch weitere Beispiele im Text und schreibt sie auf.

b Übersetzt die Beispiele. Welche deutschen Entsprechungen hat „que"?

c Roberto que Maria photographie. Roberto qui photographie Maria.
Welches Bild passt zu welchem Satz? Warum?

S'entraîner

3 ►◄ *Qu'est-ce qui va ensemble?*
(→ Repères, p. 23/7)

Voilà une voiture		je trouve formidable.
		il y a de la place.
J'habite dans l'immeuble	où	la fête a lieu.
	que	vous voyez.
C'est un endroit		nous connaissons bien.
		je vais souvent.

C 13/3
C 14/4
4 **a** *Est-ce que vous connaissez la France? Complétez par* qui, que/qu', où *et répondez.*

Pour vos résultats, regardez p. 176.

1. le nom du fleuve [?] traverse Paris *(1 point)*
2. la ville [?] il y a le Gros Caillou *(5 points)*
3. une spécialité [?] on mange en Bretagne *(3 points)*
4. un aviateur [?] a donné son nom à l'aéroport de Lyon *(5 points)*
5. la ville [?] Jules Verne est né *(4 points)*
6. une opération [?] des élèves lancent contre la violence *(4 points)*
7. un cuisinier célèbre [?] a un restaurant à Lyon *(5 points)*

b ◐ *À vous. Préparez encore deux questions pour vos camarades.*

Écouter

C 13/2
5 *Qui parle? Donnez le bon numéro.*

Activité

6 *Regardez les photos de Paris dans cette unité. Choisissez un endroit qui vous intéresse puis visitez le site de la ville de Paris:*
http://www.paris-france.org./Parisweb/FR/VISITER
ou: http://www.parisbalades.com/

Cherchez cet endroit et faites une fiche pour le présenter à vos camarades.

Alternative: *Écrivez à l'office de tourisme* (127, avenue des Champs Elysées / F-75008 Paris) *et demandez des informations pour faire votre fiche.*

Née en 1889 pour l'Exposition Universelle
Elle est haute de 317 m.
Elle a 3 étages et elle pèse 101000 tonnes.

Qu'est-ce qu'on dit en français?

1

Du sagst, woher du kommst und wo du wohnst:	Je suis de/du/des ___ . / Je viens de/du/des ___ . J'habite en/au(x) ___ .
Du sagst, welche Sprachen du sprichst:	Je parle assez bien / un peu (français).
Du sagst, was du kannst:	Je sais (nager).
Du fragst, wo etwas stattfindet:	Où a lieu (le concert)?
Du sagst, dass etwas jeden Freitag stattfindet:	(La balade) a lieu tous les vendredis / chaque vendredi.
Jemand sieht müde/nett/sympathisch aus:	Il/Elle a l'air fatigué(e)/gentil(le)/sympa.
Jemand ist ganz schlecht gelaunt:	Il/Elle est d'une humeur de chien.
Du schlägst vor, noch etwas trinken zu gehen:	On peut encore boire un pot ensemble, non?

Grammaire

2 **Artikel und Präpositionen bei Ländernamen** (→ GH, p. 17/7)

	la France	le Canada	**les** Pays-Bas
Ils sont / Ils vont	en **France**	au **Canada**	aux **Pays-Bas**
Ils viennent	de **France**	du **Canada**	des **Pays-Bas**

Übersetze die Beispiele.

3 **Der unbestimmte Begleiter „chaque"** (→ GH, p. 17/8)

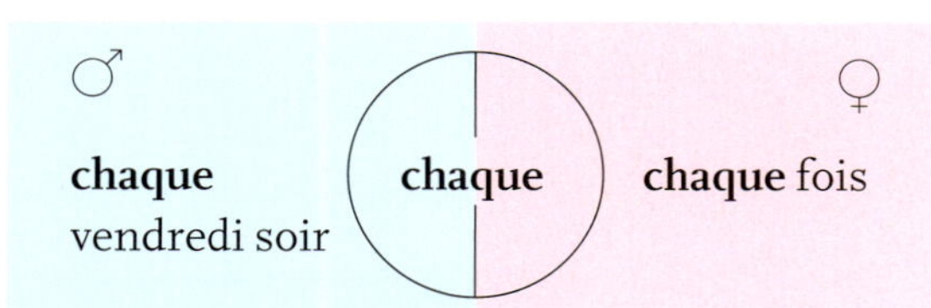

4 **Das unbestimmte Pronomen „chacun"** (→ GH, p. 18/9)

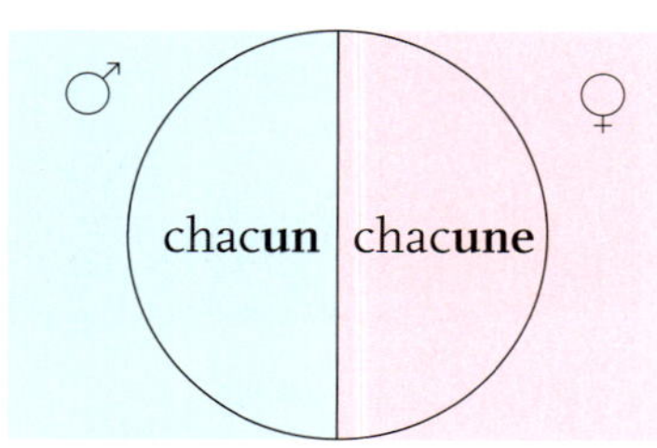

Voilà mes copains. Chacun peut participer à la balade.

Voilà mes copines. Chacune peut participer à la balade.

Chaque jeune peut participer à la balade.
Chacun peut participer à la balade.

Wann verwendest du „chaque", wann „chacun/e"?
„Chaque" steht vor einem ___ , nie alleine.
„Chacun" und „chacune" stehen anstelle eines ___ .

5 **Neue Verben** (→ GH, p. 18/10.1)

boire (→ p. 122)

6 📖 **„pour“ + Infinitiv** (→ GH, p. 18/10.2)

Elle va à Paris **pour apprendre le français.**
Il participe à la balade en rollers **pour découvrir Paris.**

Übersetze.

7 📖 **Die Relativpronomen** (→ GH, p. 19–20/11.1–11.3)

qui	Elle parle à un garçon	**qui** a l'air très fatigué.
	Elle parle à une fille	**qui** ne roule pas vite.
	Elle est partie avec des gens	**qui** roulent vite.
	Voilà des bouteilles	**qui** sont pleines.
que	C'est une cousine	**que** j'aime beaucoup.
	L'endroit	**que** Marion préfère, c'est le Trocadéro.
	Il y a des monuments	**qu'**il faut visiter.
	Elle a fait des photos	**qu'**elle va montrer à ses copains.

où Ils discutent des endroits **où** il faut aller.
C'est le restaurant **où** ils veulent manger ensemble.

a Übersetze die Sätze mit „qui“. Wofür steht „qui“ in den Beispielsätzen?

b „Qui“ ist immer das Subjekt des Relativsatzes. Auf „qui“ folgt deshalb ein ___ .

c „Que“ ist immer das Objekt des Relativsatzes. Deshalb folgt auf „que“ das ___ des Relativsatzes.

C 14/5
C 14/6
8 📖 **Die Verneinung mit „ne … rien“ und „ne … jamais“*** (→ GH, p. 20/12)

Les garçons	**n'** ont	**plus d'**eau.
Ils	**ne** veulent	**plus** continuer.
Marion	**ne** répond	**rien.**
On	**n'** a	**rien** dit.
Elle	**ne** va	**jamais** au théâtre.
Elle	**n'** a	**jamais** vu la Tour Eiffel.

a Beschreibe die Stellung der Verneinungen „ne … rien“ und „ne … jamais“ in Sätzen im „présent“ und im „passé composé“.

* Dieser Abschnitt ist nur für bayerische Schüler/innen neu.

b Übersetze:
1. Er sagt nichts.
2. Sie hat Paris nie gesehen.
3. Ich will nicht mehr diskutieren.
4. Ich habe nichts verstanden.
5. Sie will nie helfen.
6. Er kann nicht mehr weiterfahren.

S'entrainer

1 *Brian écrit à son copain. Complétez par* qui, que *et* où. (→ Repères, p. 23/7)

Paris est une ville [?] il faut voir! Il y a plein de choses [?] on peut faire ici, plein d'endroits super intéressants [?] on peut aller! J'ai fait beaucoup de photos [?] je vais te montrer à la rentrée. J'ai aussi participé à une balade en rollers. Là, j'ai fait la connaissance d'une fille super sympa [?] habite à Narbonne. Elle s'appelle Louise. Et j'ai deux nouveaux copains, Roberto et Maria, [?] viennent d'Espagne.

2 **L'Europe: un jeu**

a *Lisez les noms de pays et notez encore deux autres pays au tableau.*

 la Belgique
 la Turquie
 le Portugal
 la Pologne
 l'Angleterre
 les Pays-Bas
 l'Italie
 l'Autriche
 la Suède
 le Danemark
 le Luxembourg
 la Russie

b *Faites deux équipes et posez des questions.*

Quelle est la capitale du / de la / de l' / des ___ ?
___ , c'est dans quel pays?
(1 point pour une question correcte, 1 point pour une réponse juste)

Exemples:

Quelle est la capitale du Portugal?

Chemnitz, c'est dans quel pays?

Réviser

C 14/5
C 14/6 **3** *Qu'est-ce que vous faites souvent? Qu'est-ce que vous ne faites jamais?* (→ Repères, p. 23/8)

Exemple: Je vais souvent au cinéma, mais je ne joue jamais au foot.

aller au cinéma / au théâtre / ___ jouer au foot / au ping-pong / au volley / ___
écouter de la musique regarder des films d'horreur aller à la campagne / à la mer
manger des bonbons faire les courses / la cuisine faire des balades le soir / le week-end / ___

Activité

C 9/6 **4** *Quels sont les endroits où il faut aller dans votre ville / votre région? Les monuments qu'on doit visiter? Les choses qu'il faut voir? Formez des groupes. Chaque groupe fait une liste. Puis comparez les résultats. Faites une fiche pour chaque endroit et faites un dossier pour vos correspondants français.*

Préparer l'examen oral

5 *Tu peux passer trois semaines dans une famille en France. Pour trouver une famille, il faut donner des informations sur ta personne. Écoute et réponds aux questions.*

Vocabulaire

6 **a** *Qu'est-ce qui va ensemble?*

rater retrouver boire
traverser visiter participer à

le métro un monument un pot
une rue des amis une balade

b *Trouvez encore trois autres exemples.* (→ Liste alphabétique, p. 153)

Projet: La France

7 Lege dir einen Ordner an, in dem du Informationen über Frankreich sammelst und thematisch ordnest: Bilder, Fotos, Zeitungsartikel, Prospekte, Internetadressen, Gedichte oder Chansons ...
Ein Tipp für diese Unité: Was würdest du gerne in Paris besichtigen? Was gefällt dir an Paris?

Apprendre à apprendre

C 15/9 **8** **Wie du Vokabeln besser behalten und wiederholen kannst**

Du weißt schon, dass man Vokabeln besser behält, wenn man sie in thematischen Gruppen zusammenfasst.

– Du kannst Wörter z. B. in Sachgruppen ordnen. In Unité 1 hast du neue Wörter aus der Sachgruppe „les parties du corps*" (S. 127) und der Sachgruppe „la ville" gelernt. Schreibe alle neuen Wörter zu „la ville" heraus und ergänze deine Liste mit den Wörtern, die du schon kennst.
– Du kannst Wörter in Wortfamilien zusammenfassen (S. 18/5) und dann die Wortfamilien lernen.
– Du kannst Wortpaare bilden, die inhaltlich zusammenpassen (S. 15/5 und S. 25/6).

* **les parties du corps** die Körperteile

facultatif

Unité 2 La vie quotidienne

Approches

Préparer la lecture

C 18/2 **1** *Qu'est-ce qu'on peut manger? Qu'est-ce qu'on peut boire? Notez les mots que vous connaissez déjà.* (→ Liste alphabétique, p. 153).

Les repas

Le petit-déjeuner chez Romain: souvent un café au lait, du pain, du beurre, de la confiture, du miel.

Le déjeuner: pour commencer, parfois des crudités. Ensuite, de la viande ou du poisson avec des légumes ou une salade. Comme dessert: souvent du fromage, des fruits ou un yaourt.

Le dîner: souvent un potage et après, un plat chaud et un dessert.

C 18/1
C 18/3 **2** *Vos repas: Qu'est-ce que vous mangez le matin / à midi / le soir? Comparez aux repas de Romain.*

Il y a des jours où tout va mal

Nouveau message

Fichier Edition Affichage Message Insertion Formater ?

A : Louise

Cc : < cliquez ici pour entrer les destinataires en copie >

Objet : < cliquez ici pour entrer l'objet >

Mardi, 26 novembre, 18 heures

Chère Louise, je voudrais déjà être chez toi. Journée grise. Sept heures de cours. Hier, j'ai discuté au téléphone à dix heures du soir avec mon père. En ce moment, quand on se parle, on se dispute. Ensuite, je me couche mais je ne peux pas dormir et le matin, je ne peux pas me lever. Je suis crevée. Ce matin, je n'ai pas eu le temps de me doucher et de prendre mon petit-déjeuner. J'ai échangé trois mots avec ma mère qui n'est pas en forme non plus parce qu'elle a plein de problèmes au bureau …
Bon, la discussion avec papa, c'est à cause de Noël. Je dois passer le réveillon* avec ma grand-mère chez mon père et sa «chère» copine (elle s'appelle Mylène). Je vois déjà la fête: On s'ennuie chez eux. On ne mange jamais avant 23 heures parce que Mylène travaille dans son magasin jusqu'à huit heures du soir. Ça, ce n'est pas grave. Mais le repas est long. Quand la bûche** de Noël arrive, il est deux heures du matin. Et le 25! Nous nous offrons nos cadeaux, mon père et sa copine s'embrassent, et ils m'embrassent, et tout le monde s'aime, et on se dit «Joyeux Noël». Je passe toute la journée avec papa et Mylène qui veut faire amie-amie avec moi, mais elle peut toujours attendre. Le 26, ils retravaillent tous les deux, c'est toujours ça …
Ma mère passe Noël chez ses parents avec ma tante et mon oncle et des amis. Je voudrais être avec eux. Mon père veut bien, mais alors, je dois passer avec lui et sa Mylène le premier janvier. Moi, je veux être le 31 chez toi et oublier Paris et les problèmes pour huit jours.
J'arrête là pour aujourd'hui. Je n'ai pas encore fait mon devoir d'anglais et je dois préparer le dîner.
Bises, Marion
P.S. J'ai revu Romain et Thomas. On se retrouve samedi après-midi.

* **le réveillon** *hier:* Weihnachtsessen, das traditionell aus mehreren Gängen besteht und mit einem Kuchen (** la bûche) abschließt

Comprendre

C 19/1 **1** **a** ►◄ *Trouvez l'ordre chronologique.*

1. Elle ne peut pas dormir.
2. Elle se dispute avec son père.
3. Elle se couche.
4. Le soir, elle prépare le dîner.
5. Elle est en retard et ne peut plus se doucher.
6. Le lendemain matin, elle ne peut pas se lever.

b *Quel est le problème de Marion?*

Découvrir

2 ►◄ *Relisez le texte. Qu'est-ce que vous apprenez sur Noël en France? Comparez à l'Allemagne.*

S'entraîner

3 *Écoutez. Qu'est-ce qu'ils font? Utilisez un verbe réfléchi du texte.* (→ Repères, p. 35/3)

1. Laurent [?]. 2. Ils [?]. 3. Elle [?]. 4. Ils [?]. 5. Elle [?].

C 19/2
C19/3

4 *Formez les phrases.* (→ Repères, p. 35/3)

– Tu *(se lever)*? C'est l'heure.
+ Mais non, je ne *(se lever)* pas. C'est mercredi.

– On *(s'acheter)* une glace?

– Vous *(se retrouver)* où?
+ On *(se retrouver)* devant le cinéma.

– Vous ne pouvez pas *(se garer)* ici.
+ Et où est-ce que je peux *(se garer)*?
– Hm ... Bonne question.

– Je ne veux pas passer Noël en famille. Je *(s'ennuyer)*, je préfère sortir avec les copains.

Ils *(s'embrasser)*.

Jeu de rôle

5 ►◄ *Choisissez une de ces deux situations. Préparez le dialogue et jouez-le.*

1. Isabelle veut passer les vacances de Noël chez son copain / sa copine. Mais pour ses parents on doit passer Noël à la maison. Ils discutent.
2. Pierre imagine une fête de Noël différente. Il ne veut plus de cadeaux et ne veut plus faire de cadeaux. Sa sœur n'est pas de son avis.

Je ne veux plus ___ .
Je voudrais ___ .
Chez ___ , c'est mieux. On peut ___ .
Ici, c'est toujours la même chose.
On s'ennuie.
Je préfère donner de l'argent à ___ .
Il faut être solidaire avec ___ .
On dépense trop d'argent pour ___ .

Je ne suis pas d'accord. C'est une fête de famille. Tu ne peux pas faire ça.
On passe toujours ___ . Je ne comprends pas pourquoi ___ .
Moi aussi / non plus. Ce n'est pas possible.

Il y a des jours où tout va bien

Nouveau message

Fichier Edition Affichage Message Insertion Formater ?

A : Marion
Cc : < cliquez ici pour entrer les destinataires en copie >
Objet : < cliquez ici pour entrer l'objet >

Mercredi, 27 novembre
Salut Marion! Aujourd'hui, journée super. Ce matin, devoir sur table (maths), bon, là je n'ai pas beaucoup révisé ce week-end. Mais je me suis bien débrouillée parce que je suis assez forte en maths. Cet après-midi, après les cours, on a joué au ping-pong avec Alexis et Arthur. Mais je ne peux pas me décider pour l'un ou pour l'autre. Alexis est beau et super sympa, Arthur a des beaux yeux verts, il est drôle, avec lui on rigole. Je crois que je les aime tous les deux, et mon amie Camille (tu ne la connais pas encore) a le même problème. D'ailleurs, on aime toujours les mêmes garçons mais on ne se dispute pas pour eux. Et puis «aimer» est un grand mot. Je pense que mon amitié pour Camille et pour toi, c'est pour la vie, parce qu'avec vous, on se dit tout. Les garçons, pour le moment, c'est pour quelques semaines ou quelques mois. J'ai des copines, elles croient qu'on peut se décider pour un garçon à quinze ans. À mon avis, elles croient au Père Noël et elles vont tout droit à la cata avec des idées pareilles. Samedi, il y a une fête chez Camille et les choses vont peut-être se décider à ce moment. Moi, tu sais, je ne veux pas me faire trop de soucis. Toi, je trouve que tu te fais du souci pour tout. La copine de ton père n'est pas méchante, pour elle non plus ce n'est pas facile avec toi. Vous ne vous connaissez pas encore assez bien. Et puis, ton père t'adore. Tu te compliques la vie pour rien. Passe Noël avec eux. Après, tu vas venir ici et on va bien s'amuser.
Je te laisse. Ma mère m'appelle pour mettre le couvert. Je t'embrasse! Donne le bonjour à Thomas et Romain.
Bises, Louise

Comprendre

C 22/1 **1** ►◄ *Qu'est-ce que vous apprenez dans ce texte sur:*

– Louise et l'école
– Louise et le sport
– Louise et les garçons
– Louise et ses amies

2 **a** *Qu'est-ce que Louise pense du problème de Marion? Répondez.*

Louise pense que ___ .
Elle trouve que ___ .

se faire trop de soucis — se compliquer la vie — adorer — ne pas / être méchante — ne pas / se connaître assez

b ◐ *Imaginez. Qu'est-ce que Marion va penser ou faire après le message de Louise?*

S'entraîner

3 *Qu'est-ce qu'ils pensent? Utilisez:*

Il/Elle | pense / croit | que ___ .

C 23/4 **4** *Qu'est-ce que vous avez fait hier? Décrivez votre journée. Utilisez un maximum de ces verbes au passé composé.* (→ Repères, p. 35/3)

se lever   se doucher   se préparer   se disputer   s'ennuyer   s'amuser   se coucher

Discuter

C 23/5 **5** **a** *Relisez le message de Louise. Qu'est-ce que Louise pense de son amitié pour Marion et Camille?*

b *Regardez la photo. Qu'est-ce qu'ils pensent de l'amitié? Lisez.* Un/e ami/e c'est ...

c *Un/e ami/e pour vous, qu'est-ce que c'est? Qu'est-ce qui est important dans une amitié? Discutez.*

À mon avis, l'amitié, c'est une question de temps, il faut ___ .   Avec un/e ami/e, on peut ___ .
Un ami et un copain, ce n'est pas la même chose ___ .   Je suis d'accord avec ___ .
Je pense qu'on ne peut pas dire ça.   Quand on se voit souvent, ___ .

Typiquement français?

Odile est une femme active. Comme presque toutes les jeunes femmes, elle travaille. Pendant ce temps, Sandrine, 20 mois, est chez sa nourrice. On ne trouve pas toujours de place à la crèche et les grands-parents sont loin ou n'ont pas le temps. Heureusement, il y a des nourrices qui gardent les enfants, aussi après l'école, quand les parents rentrent tard.

Sabine et Luc sont terriblement heureux: ils ont enfin seize ans et conduisent une voiture: Attention! Seulement avec leur père ou leur mère à côté d'eux.

Les Français aiment toujours les fêtes de famille. On se retrouve parfois à la «maison de campagne». C'est souvent la maison des grands-parents où on passe le week-end ou ses vacances.

Les Fournier ont invité des amis à l'apéritif. Boissons, amuse-gueule, ... mais avant, tout le monde joue aux boules.

Les jeunes en France passent souvent leurs vacances dans des camps de vacances: colonies de vacances pour les 6 à 12 ans, vacances sportives pour les grands.

Lucien, 15 ans et demi et Mira, 16 ans s'intéressent à leur ville et ils participent activement au Conseil Municipal Jeunes de leur ville. Aujourd'hui, ils discutent du problème des tags* dans leur quartier.

* **les tags** *(m.)* die Graffiti

Comprendre

C 24/1 **1** *Relisez le texte et comparez.*

> Chez nous, beaucoup de femmes ne travaillent pas.

En France, ___ .
Les Français ___ . Chez nous, ___ .

Découvrir

2 **a** Übersetzt. Heureusement, il y a des nourrices. – Sabine et Luc sont heureux.

b Findet weitere Beispiele für Adverbien auf „-ment" in dem Text.

c Von welchen Adjektiven werden diese Adverbien abgeleitet? Schreibt diese Adjektive in der männlichen und weiblichen Form auf. Aus welcher Form des Adjektivs wird das Adverb gebildet?

S'entraîner

C 24/3a **3** **a** *Formez les adverbes.* (→ Repères, p. 36/5)

typique – grave – sûr – terrible – joyeux – long

b *Utilisez ces adverbes dans une de ces phrases.*

1. C'est [?] anglais.

2. Elle chante [?].

3. Il n'est pas [?] blessé.

4. Ils sont [?] contents.

5. Elle va [?] arriver en retard.

6. Ils se regardent [?] dans les yeux.

C 25/3b **4** *Adjectif ou adverbe? Complétez.*
C 25/4 (→ Repères, p. 36/5)

actif – activement?

1. C'est un élève très [?].
2. Il participe [?] au cours.

courageux – courageusement?

3. Je connais un garçon très [?].
4. Il a [?] sauvé un petit enfant.

confortable – confortablement?

5. Il ne dort pas très [?].
6. Le lit n'est pas très [?].

facile – facilement?

7. Pour moi, les devoirs de maths sont [?].
8. Je les fais [?].

malheureux – malheureusement

9. [?], on va rater le train.
10. Pourquoi est-ce que tu es [?]?

5 **a** *Qui est «A», Adrien ou Adrienne? Est-ce qu'on peut toujours l'entendre?* (→ Repères, p. 36/4)

b *Écoutez encore une fois. Écrivez la forme de l'adjectif que vous entendez.*

Vocabulaire

C 24/2 **6** **a** *Quel est l'intrus et pourquoi?*

1. une nourrice, un animal, un serveur, une vendeuse
2. la crèche, l'école, l'aéroport, le collège
3. la colonie de vacances, la maison de campagne, l'immeuble, l'appartement
4. se doucher, se disputer, se lever, se coucher
5. réviser, jouer aux boules, faire les devoirs, apprendre
6. faire la cuisine, mettre le couvert, laver un pull, écouter de la musique
7. discuter, crier, parler, écouter

b *À vous. Préparez un intrus pour vos camarades.*

Activité

7 *Typiquement allemand? Typiquement ___ ? Présentez à vos correspondants français des choses qui sont typiques de votre pays / de votre région.*

Qu'est-ce qu'on dit en français?

1

Du sagst, dass du todmüde bist:	Je suis crevé/e.
Du sagst, dass jemand nicht in Form ist:	Il/Elle n'est pas en forme.
Du sagst, dass jemand viele Probleme hat:	Il/Elle a plein de problèmes.
Du gibst einen Grund an:	C'est à cause de (ses parents).
Du findest, dass jemand sich zu viele Sorgen macht:	Il/Elle se fait trop de soucis.
Du findest, dass sich jemand das Leben schwer macht:	Il/Elle se complique la vie.
Du möchtest wissen, ob sich jemand für etwas interessiert:	Est-ce que tu t'intéresses à (l'histoire)?
Du sagst, dass du gut zurechtkommst:	Je me débrouille bien.
Du beendest einen Brief:	J'arrête là. / Je te laisse. / Je t'embrasse. / (Grosses) Bises.
Du lässt Grüße an jemanden ausrichten:	Donne le bonjour à (Thomas et Romain).

Grammaire

2 **Neue Verben** (→ GH, p. 22/15.1–15.2)

s'ennuyer wie: **payer**

se lever wie: **acheter** ⚠ Je me lève

croire und **conduire** (→ p. 122)

3 🕮 **Die reflexiven Verben** (→ GH, p. 22–23/15.3)

je	**me** lève	je	**m'**appelle
tu	**te** lèves	tu	**t'**appelles
il/elle/on	**se** lève	il/elle/on	**s'**appelle
nous	**nous** levons	nous	**nous** appelons
vous	**vous** levez	vous	**vous** appelez
ils/elles	**se** lèvent	ils/elles	**s'**appellent

a Worin unterscheiden sich die reflexiven Verben von den anderen Verben?

Marion **s'est levée** à 7 heures.
Romain et Thomas **se sont couchés** à 10 heures.

b Reflexive Verben werden im „passé composé" mit ___ konjugiert. Du musst also auf die Angleichung des Partizips achten.

c Übersetze.
1. Romain ist gut zurechtgekommen.
2. Louise und Camille haben sich gut amüsiert.
3. Thomas und Lisa haben sich gelangweilt.

4 Die Adjektive auf „-if/-ive“ (→ GH, p. 21/13)

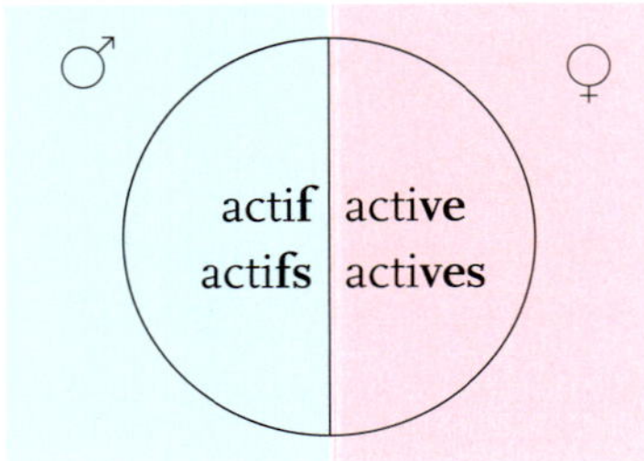

Il est act**if** et sport**if**. Elle est acti**ve** et sporti**ve**.
Ils sont acti**fs** et sporti**fs**. Elles sont acti**ves** et sporti**ves**.

5 Die Adverbien auf „-ment“ (→ Annexe, p. 115; GH, p. 21/14)

Typiquement français?
Ils discutent **inutilement**.

seul/seul**e**	→	seule**ment**
heureux/heur**euse**	→	heureuse**ment**
actif/acti**ve**	→	active**ment**
typique *m./f.*	→	typique**ment**
terrible *m./f.*	→	terrible**ment**
inutile *m./f.*	→	inutile**ment**

⚠

gentil/gentille	→	**gentiment**
bon/bonne	→	**bien**

Merke
Wie ist jemand/etwas?
Elle est **gentille**.
→ Adjektiv.
Wie macht man etwas?
Elle lui parle **gentiment**.
→ Adverb.

6 🕮 Der Nebensatz mit „que“ (→ GH, p. 24/16)

Louise pense **que l'amitié pour Marion, c'est pour la vie.**
Elle trouve **que Marion se fait trop de soucis.**
Elle croit **que Marion se complique la vie.**

a Übersetze die Sätze und vergleiche die Wortstellung im Nebensatz im Deutschen und im Französischen.

b Übersetze:
1. Ich glaube, dass das typisch deutsch ist.
2. Marion denkt, dass sie sich Weihnachten langweilen wird.
3. Louise findet, dass Thomas und Romain sympathisch sind.

7 🕮 Die Verben mit der Vorsilbe „re-“ (→ Annexe, p. 115; GH, p. 24/15.4)

Mes parents **re**travaillent tous les deux. J'ai **re**vu Romain et Thomas.

a Was bedeutet die Vorsilbe „re-“?

b Findet das entsprechende Verb mit „re-“ und übersetzt.

1. Hier, il a fait chaud. Ce matin, il a fait froid. Mais cet après-midi, il [?] chaud.
2. Il lit le texte, mais il ne le comprend pas. Alors, il le [?].
3. Elle dit et [?] la même chose.
4. Elle a lavé son pantalon mais il est encore sale. Alors, elle le [?].
5. Ils viennent ici chaque jour. Ils vont [?] demain, c'est sûr.

S'entraîner

1 **a** *Donnez votre avis sur l'amitié. Avec quelle(s) phrase(s) est-ce que vous êtes d'accord? Utilisez:* je pense que, je crois que. (→ Repères, p. 36/6)

> Moi aussi, je pense que l'amitié, c'est très important.

1. L'amitié, c'est très important.
2. Être amis, c'est s'amuser ensemble.
3. Il faut avoir le même âge pour être amis.
4. Il faut habiter au même endroit pour rester amis.
5. Un ami qui vous critique n'est pas un ami.
6. On peut tout dire à un ami.
7. Un ami doit m'aider quand j'ai des problèmes.

b ◐ *À vous. Qu'est-ce que vous pensez/croyez? Formulez une phrase.*

2 ►► *Posez des questions à vos camarades.* (→ Repères, p. 35/3)

> À quelle heure est-ce que tu te couches le soir?

À quelle heure est-ce que ___?	*se lever*
Quand est-ce que ___?	*se coucher*
Est-ce que ___?	*s'appeler*
Comment est-ce que ___?	*s'ennuyer*

Réviser

3 ►◄ **Les verbes en «-yer»**

Formez deux groupes. Notez le tableau dans votre cahier. Le groupe A dit une lettre et un chiffre, par exemple «b2». Le groupe B note: «tu t'ennuies». Puis, le groupe B dit une lettre et un chiffre et le groupe A note. À la fin, vous corrigez: 1 point pour chaque réponse juste. Qui a gagné?
(→ Les verbes, p. 121)

	1 je	2 tu	3 il	4 nous	5 vous	6 elles
a essayer						
b s'ennuyer						
c nettoyer						
d payer						

Vocabulaire

4 **a** *Qu'est-ce qu'il y a sur la table? Regardez l'image (2 min). Fermez votre livre et notez le maximum de choses. N'oubliez pas l'article.*

b ◐ *Qu'est-ce qu'on peut trouver sur une table à midi? Notez un maximum de choses en deux minutes.*

5 *Formez des groupes et notez le maximum d'exemples en cinq minutes:*
Un jour où tout va bien, c'est un jour où ___ .
Un jour où tout va mal, c'est un jour où ___ .

Un jour où tout va mal, c'est un jour où il pleut, où on fait un devoir sur table, où …

Préparer l'examen oral

C 26/7 **6** 🎧 *Tu es avec une copine qui ne parle pas français. Vous avez acheté des souvenirs et maintenant vous avez faim. Vous allez dans une crêperie. Choisis ta crêpe. Écoute et réponds aux questions du serveur et de ta copine.*

Les Classiques

La Super .... *5.18 €*
(Jambon + œuf + emmental + champignons)
La Florentine .... *5.18 €*
(Jambon + œuf + emmental + tomate)
La Provençale .... *5.18 €*
(Jambon + œuf + emmental + ratatouille)
La Complète .... *4.42 €*
(Jambon + œuf + emmental)
La 4 Saisons .... *5.18 €*
(Jambon + œuf + emmental + salade)
La Crémière .... *4.42 €*
(Fromage de chèvre chaud + salade)
La Paysanne .... *4.42 €*
(Saucisse + œuf + emmental + tomate)

en choisissant vos ingrédients:

Œuf *Tomate*
Emmental *Champignons*
Jambon *Oignons*
Bacon *Anchois*
Saucisse *Thon*

Projet: La France

7 Kennst du französische Rezepte (www.recettesdecuisine.net)? Gibt es Dinge, die dir „typisch französisch" erscheinen? Probiere ein Rezept aus und berichte deiner Klasse darüber.

Apprendre à apprendre

C 26/8 **8** **Keine Angst vor schnellen Sprechern**

a Wenn jemand zu schnell spricht, kannst du ihn darauf hinweisen. Was kannst du in einer solchen Situation sagen?

b 🎧 Höre dir diese Gespräche an. Was sagen die Personen, wenn sie jemanden nicht verstehen? Ergänze deine Liste. Lerne mindestens zwei dieser Sätze auswendig und wende sie im Unterricht an.

facultatif

Ce soir, c'est Noël

Une chanson de Louis Chedid

Ce soir, on s'embrasse, on s'aime
Le monde efface ses problèmes
Pour quelques heures, on oublie tout
On met du bonheur partout
C'est comme une autre peau
Sous un autre manteau
Y a comme un statu quo
Ce soir

Refrain:
Ce soir, c'est Noël
Tout le monde s'aime, ce soir
C'est pas comme demain
C'est pas comme la veille
Oui, ce soir, c'est Noël
Tout le monde s'aime ce soir
Un instant irréel
La nuit parallèle
Drôle de phénomène
C'est pas comme demain
C'est pas comme la veille
Ce soir, c'est Noël

Comme une illusion, un mirage
Comme un arrêt sur image
Il n'y aura que de bonnes nouvelles
Un paradis artificiel, ce soir
Et même si ce n'est qu'un cache-misère
Malgré le froid, le plein hiver
Y a une chaleur particulière
Ce soir

2 **le monde** die Welt **effacer qc** etw. auslöschen 3 **quelques** einige, ein paar 4 **le bonheur** das Glück 5 **autre** *(m./f.)* andere/r **la peau** die Haut 6 **le manteau** der Mantel 7 **le statu quo** der gegenwärtige Zustand 11 **tout le monde** alle 13 **la veille** der Vorabend 16 **l'instant** *(m.)* der Augenblick **irréel/le** unwirklich 17 **parallèle** *(m./f.) hier:* ebenso 18 **drôle de phénomène** eine komische Erscheinung 22 **l'illusion** *(f.)* die Illusion, die Einbildung **le mirage** die Täuschung, der trügerische Schein 23 **un arrêt sur image** ein Standbild 24 **il n'y aura que** es wird nur geben 25 **artificiel/le** *adj.* künstlich 26 **le cache-misère** der Umhang, der zum Verdecken schlechter Kleidung getragen wird 27 **malgré** trotz **le plein hiver** der tiefste Winter 28 **la chaleur** die Wärme **particulier/-ière** *adj.* besondere/r

À vous. Écrivez une autre strophe pour la chanson. Vous pouvez utiliser les verbes
manger boire discuter offrir se dire se retrouver se raconter s'ennuyer se disputer

Unité 3 Les médias

Approches

Qu'est-ce qu'on regarde cette semaine?

Programmes Lundi à Dimanche

Lundi – TF1 – 20 h 50

Navarro
Série policière française
Qui veut tuer Navarro? Le commissaire a peur, sa fille aussi est en danger.

Mardi – 5e – 18 h 50

La vie des animaux: Les éléphants
Documentaire

Mercredi – arte – 20 h 45

Les mercredis de l'histoire
Magazine

Jeudi – M6 – 20 h 55

Le grand Hit
Émission musicale

Vendredi – CANAL+ – 19 h 55

Match de foot en direct du Stade de France: France-Italie
Sport

Comprendre

C 29/1 **1** *Qui parle de quelle émission? Regardez le texte et répondez.*

Exemple:
Arthur parle du match de foot sur Canal+.

S'entraîner

C 29/3 **2** ►◄ *Posez des questions à votre camarade qui répond.*

Exemple:
– Les séries policières te plaisent?
\+ Oui, elles me plaisent parce qu'il y a beaucoup d'action. / Non, elles ne me plaisent pas parce qu'il y a de la violence.

les séries policières — les jeux — les films — les films d'amour — les actualités — les magazines — les émissions musicales — les émissions de sport — les documentaires

Il y a de l'action. / Il n'y a pas d'action. — Il y a de la violence. — Ce n'est pas moral. — C'est toujours pareil. — J'adore / Je déteste les ___ . — ___ , ça (ne) m'intéresse (pas). — C'est ennuyeux. — On apprend beaucoup de choses. — On n'apprend rien. — C'est drôle.

Au ciné

Le fabuleux destin d'Amélie Poulain, un film de Jean-Pierre Jeunet

Amélie a eu des parents très bizarres et elle a toujours été seule. À vingt-deux ans, elle est serveuse dans un café de Montmartre. Dans son quartier, dans son immeuble, il y a beaucoup de gens un peu bizarres ou malheureux. Alors, elle a une idée: réparer leur vie. Un jour, elle rencontre un jeune homme qui fait la collection des photos qu'il trouve près des photomatons* …

* **le photomaton** der Passbildautomat

Romain, Thomas et Marion sortent du cinéma.

Marion: Il est super, ce film. J'ai adoré l'actrice. Je ne sais plus comment elle s'appelle.

Thomas: Audrey Tautou. Elle joue très bien. Et ses yeux! Je n'ai jamais vu des yeux pareils.

Marion: Oui! Tous les acteurs sont bons. Et puis, c'est trop drôle. C'est plein de gags. Et toi, Romain, ça t'a plu?

Romain: Hm … Montmartre, le ciel toujours bleu, le café, je trouve que ça fait un peu carte postale.

Marion: C'est fait exprès! Ça va bien avec l'histoire du film. Quelqu'un qui veut faire du bien aux autres, ça change …

Romain: Tu vas encore nous dire qu'il y a un message sur l'amour, l'amitié, sur …

Marion: Mais non, j'aime bien les films où il y a de la fantaisie, des gens sympa. Je vois que ce n'est pas ton film préféré. Il n'y a pas assez de suspense.

Romain: Bof, disons que ce n'est pas très passionnant. Jean-Pierre Jeunet a fait des films super. Aussi des films de science-fiction. «Alien, … Alien …» – Je ne sais plus quel numéro.

Thomas: Euh … «Alien 4!» Je me demande comment il peut faire des films si différents!

Marion: Moi, j'ai horreur des films de science-fiction. J'aime mieux les histoires réalistes.

Romain: Tu trouves qu'elle est réaliste, ton Amélie?

Thomas: Je ne comprends pas pourquoi vous discutez comme ça. À mon avis, on ne peut pas comparer ces deux films.

Comprendre

C 30/1 **1** **a** *Qu'est-ce que vous apprenez sur Amélie Poulain?*
C 30/2

b *Retrouvez les critiques positives et négatives du film. Faites une liste.*

critiques positives	critiques négatives
Le film est super.	Ça fait un peu carte postale.
___	___

c *Et vous?*
Est-ce que vous aimez les films réalistes ou plutôt les films de science-fiction?

S'entraîner

C 30/3 **2** ►► *A demande à B de poser une question à C. B pose la question et C répond.* (→ Repères, p. 49/3)
C 30/4

avec qui / jouer au basket   pourquoi / regarder des séries   où / aller en vacances
quand / être né(e)   combien de frères et de sœurs / avoir
à qui / écrire un e-mail   quand / écouter de la musique   quel(s) film(s) / préférer
quels fruits / aimer   quand / jouer au foot / faire du sport / ___
comment / parler anglais/français / ___

Vocabulaire

C 31/5 **3** *Notez des mots et des expressions pour parler d'un film ou d'une émission de télévision.*
(→ Liste alphabétique, p. 153)

l'histoire,
l'acteur/l'actrice,
la musique, le problème ___

4 ►◄ *Préparez à deux une devinette. Utilisez votre liste de l'exercice 3 et décrivez un film ou une émission sans dire le titre. Présentez vos devinettes à vos camarades. Vos camarades doivent deviner le titre de l'émission / du film.*

Choisissez votre livre

◀ Cette B.D. de science-fiction raconte l'histoire du football jusqu'à sa disparition. L'argent et la violence sont les grands ennemis du sport.
On n'a pas besoin d'aimer le foot pour adorer cette B.D. Cauvin raconte bien et les dessins de Bilal sont mieux encore.

«Comme au cinéma» de Florence Seyvos: ▶ Éric Déloire, 17 ans, veut faire des films, voilà son rêve. Il est amoureux de Cécile, qui doit jouer dans ses futurs films. Mais voilà, un jour Cécile tombe amoureuse d'un Allemand. Elle veut partir avec lui pour l'Allemagne ... Comment va réagir Éric?

◀ Dans cette nouvelle B.D. de Tito, on retrouve la banlieue, bien sûr, ses drames, sa violence. Tout finit bien ou mal? On lit vite jusqu'à la fin et quand on a fini, on relit calmement pour admirer les dessins de Tito.

Rachid regarde la télé du matin au soir. Alors, ses parents ont une idée: Rachid doit passer ses vacances chez son grand-père dans un petit village du Maroc. Là, il va découvrir une vie différente. ▶

◀ Des histoires de Maupassant qui font peur et qui finissent mal. Quand on ferme le livre, on se demande si on va pouvoir dormir.

Comprendre

C 32/1 **1** **a** *Vous êtes vendeur ou vendeuse. Proposez un des livres ou une des B.D. aux clients.* (→ Texte, p. 44)

1. Je n'aime pas trop les romans, ils sont souvent trop longs. Et je préfère les histoires pas trop réalistes.

2. Je déteste les B.D. Je cherche un roman d'amour.

3. J'aime beaucoup les B.D. avec des beaux dessins. Mais j'aime aussi les romans policiers.

4. J'aime le sport et j'aime lire et regarder des B.D.

b *Choisissez un livre ou une B.D. de la page 44 qui vous plaît et dites pourquoi.*

c *Cherchez des informations sur l'auteur ou le dessinateur de ce livre / cette B.D.*
(→ Petit dictionnaire de civilisation, p. 118)

S'entraîner

C 32/3 **2** *Complétez avec les formes du verbe* choisir. (→ Liste des verbes, p. 122)

Écouter

C 33/4
C 33/5

3 **a** *Qu'est-ce que Sophie dit? Utilisez* demander si/s', vouloir savoir si/s'. (→ Repères, p. 49/3)

b *Écoutez encore une fois. Notez les questions de Sophie, imaginez des réponses et jouez la scène à trois.*

Activités

4 *Vous êtes à l'office de tourisme de Grenoble. Il y a deux jeunes qui ne parlent pas français. Vous les aidez. Préparez les questions et les réponses. Utilisez* demander si/s', vouloir savoir si/s' *et jouez la scène.* (→ Repères, p. 49/3)

1. Haben Sie auch Prospekte* in Deutsch?
2. Kennen Sie ein Hotel, das nicht teuer ist?
3. Können Sie zwei Zimmer für uns reservieren?
4. Können wir den Bus nehmen, um zum Hotel zu fahren?
5. Haben Sie einen Stadtplan?
6. Haben Sie ein Programm vom Jazz-Festival?
7. Muss man Plätze reservieren?
8. Sind die Eintrittskarten teuer?
9. Wo können wir die Eintrittskarten kaufen?
10. Wo findet das Festival statt?

Vielen Dank für die Hilfe. Auf Wiedersehen.

* der Prospekt: **le prospectus** [ləpʀɔspɛktys]

5 *Qui lit quoi dans votre classe? Demandez à vos camarades et faites le hit-parade.*

6 *Présentez votre roman/B.D./histoire préféré(e) à vos camarades.*

Le livre / La B.D. raconte l'histoire de ___ .
C'est l'histoire d'un garçon / d'une fille qui ___ .
C'est une histoire fantastique/policière/d'amour/___ .
Le texte / Les dessins / Les photos / ___ me plaît/plaisent.
facile intéressant/e ennuyeux/-se bizarre drôle passionnant/e

Quand Zidane était petit

Louise est devant son ordinateur avec son nouveau copain Arthur. Ils lisent des interviews de la famille de Zinédine Zidane, le célèbre joueur de foot. Il était comment, Zidane, quand il était petit?

Adresse http://www.zidane.fr

Liens Démarrage de Internet Guide des chaînes Infos sur Internet Explorer Le meilleur du Web Personnalisation des liens

Sa mère: À l'école, ça n'allait pas trop fort. Mais le foot l'intéressait, le judo aussi. Il allait à l'école à Castellane et quand il rentrait, il ne faisait pas souvent ses devoirs. Il jetait son sac et prenait le ballon pour aller jouer avec ses copains. Il était un peu capricieux, mais c'était son seul défaut … Il était gentil … Il l'est toujours.
Au début de sa carrière, tout ça ne me plaisait pas trop. Mais c'est sûr, nous étions fiers de lui. Toute la famille et tous les gens de notre quartier étaient fiers de lui. Mais chaque fois qu'il joue, j'ai peur, on se blesse vite dans ce métier.
Déjà avant la Coupe du monde en 98, les gens ne le laissaient plus tranquille, mais après il n'avait plus cinq minutes à lui, mais je crois que ça lui plaisait.

Sa sœur, Lila: Quand il était petit, il avait les cheveux longs et on ne voulait pas les couper parce qu'ils étaient magnifiques … Zizou n'était pas le préféré, mais il était chouchouté.
C'était formidable, il devait avoir quatre ou cinq ans, et il voulait faire comme les grands frères, toujours plus. Il avait tout le temps envie de faire des choses. Il avait la passion du foot très jeune, mais aussi la passion du tennis.
Quand il n'avait pas assez de copains pour faire un match de foot, il jouait au tennis. Il bougeait tout le temps.
C'est quelqu'un de très généreux, il sait donner de son temps, écouter les autres.

Comprendre

1 ►◄ *Trouvez les phrases dans le texte qui vont avec les dessins et lisez-les.*

Découvrir

C 35/2
C 35/3

2 **a** Von welcher Zeit erzählen Zidanes Mutter und Schwester?

b Schreibt alle „imparfait"-Verbformen aus dem Text heraus und vervollständigt die Liste mit Hilfe der Repères. (→ Repères, p. 49/4)

	être	avoir	prendre	faire	aller
je					
tu					
il/elle/on	était				
nous					
vous					
ils/elles					

Écouter

3 **a** *Est-ce qu'ils parlent du présent ou du passé? Levez la main quand vous entendez une forme de l'imparfait.*

b *Écoutez encore une fois et notez pour chaque phrase l'infinitif du verbe et le temps qu'ils utilisent.*

S'entraîner

4 *Zidane maintenant et Zidane quand il était petit. Continuez la colonne de droite. Mettez les verbes à l'imparfait.* (→ Texte, p. 47)

Maintenant,	Avant, quand il était petit,
il a les cheveux courts.	il avait les cheveux longs.
le foot l'intéresse.	
il ne va plus à l'école.	
il est gentil.	
il sait écouter les autres.	
il ne fait plus comme ses frères.	

5 **a** *Qu'est-ce que Louise et ses copines faisaient quand elles étaient petites? Utilisez l'imparfait.*

1. aller à l'école

2. apprendre beaucoup de choses

3. se disputer

4. s'amuser

b *Et toi? Qu'est-ce que tu faisais quand tu avais huit ans? Utilise l'imparfait et des expressions de temps.* (→ Repères, p. 49/4)

toujours souvent tous les matins
l'après-midi le lundi / le mardi / ___
le week-end chaque jour

Repères

Qu'est-ce qu'on dit en français?

1

Du sagst, dass jemand anderen Gutes tun will:	Il/Elle veut faire du bien aux autres.
Du sagst, dass jemand etwas sammelt:	Il/Elle fait la collection (des photos).
Du sagst, dass jemand sich verliebt hat:	Il/Elle est tombé(e) amoureux(-se) de qn.
Du sagst, dass etwas nicht besonders gut läuft:	Ça ne va pas trop fort.
Du sagst, dass etwas absichtlich so gemacht ist:	C'est fait exprès.
Du sagst, dass etwas gut zu etwas passt:	Ça va bien avec (l'histoire du film).
Du sagst, dass etwas immer das Gleiche ist:	C'est toujours pareil.
Du sagst, dass dir etwas (nicht) gefällt :	Ça me plaît. / Ça ne me plaît pas.
Du findest etwas spannend:	C'est passionnant.
Du findest etwas (un)realistisch:	C'est / Ce n'est pas réaliste.
Du findest etwas kitschig :	Ça fait un peu carte postale.
Du findest etwas grässlich:	J'ai horreur de ça.

Grammaire

2 🕮 **Neue Verben** (→ GH, p. 26/17.1–17.2)

choisir, finir, réagir (→ p. 122) Konjugiere „choisir" und „réagir" in deinem Heft.
plaire (→ p. 123) **jeter** wie: **appeler**

3 🕮 **Die indirekte Rede/Frage** (→ GH, p. 28/18)

Marion: Comment est-ce que l'actrice s'appelle?	Marion demande **comment** l'actrice s'appelle.
Marion: Je préfère les histoires réalistes.	Marion dit **qu'**elle préfère les histoires réalistes.
Marion: Romain, est-ce que le film t'a plu?	Marion demande à Romain **si** le film lui a plu.

Beschreibe die Umwandlung von direkter in indirekte Rede. An welche Veränderungen musst du bei der Umwandlung denken?

4 🕮 **Die Formen des „imparfait"** (→ GH, p. 27/17.3)

a Das „imparfait" wird aus dem Stamm der ___ gebildet.

(nous) faisons ▶

	faire	⚠	être
je	**fais**ais	j'	étais
tu	**fais**ais	tu	étais
il/elle/on	**fais**ait	il/elle/on	était
nous	**fais**ions	nous	étions
vous	**fais**iez	vous	étiez
ils/elles	**fais**aient	ils/elles	étaient

b Konjugiere zwei der folgenden Verben im „imparfait" in deinem Heft:
manger, commencer, dire, lire, voir, finir, prendre

S'entraîner

1 ◐ *Qu'est-ce qu'ils disent? Utilisez* dire que ___ . (→ Repères, p. 49/3)

2 **a** ►◄ *Qu'est-ce qui te plaît? Qu'est-ce qui ne te plaît pas? Interrogez votre camarade.*

b *Qu'est-ce qui (ne) plaît (pas) à votre camarade? Racontez aux autres.*

La gym ne me plaît pas.

Les balades me plaisent.

La gym ne lui plaît pas.

Les balades lui plaisent.

la gym   les balades   les jeux de cartes   le ping-pong   le tennis   le dessin   la boxe
les clowns   la danse   la musique   le hip-hop   les dominos   le basket   le cirque

3 **a** ✎ ►◄ *Notez dix formes des verbes* choisir, finir, réagir, dormir, partir, sortir, découvrir, ouvrir *en allemand. Échangez vos cahiers avec votre voisin/e et écrivez les formes des verbes en français. Qui finit le premier? Corrigez ensemble.* (→ Liste des verbes, p. 122)

du fährst weg
wir suchen aus
ich ___

tu pars
nous ch___

b ◐ *Écrivez une phrase avec chaque forme.*

Réviser

4 *Mettez les verbes entre parenthèses au passé composé.* (→ Les verbes, p. 121–123; GH, p. 13–14/5.5–5.6)

Marie: Isabelle, Julien et moi, nous *(visiter)* la ville. Nous *(prendre)* le tramway et le bus et nous *(marcher)* pendant des heures.
Nous *(voir)* le centre, le musée, la cathédrale, nous *(se promener)* dans le parc et nous *(monter)* au château. Après, nous *(retourner)* dans le centre. Nous *(aller)* dans un passage avec des magasins pour acheter des souvenirs. Mais là, nous *(perdre)* Julien. Anabelle et moi, nous *(chercher)* notre ami partout: Nous *(aller)* dans le parc, nous *(monter)* au château ... on *(être)* partout. Pas de Julien. Mais enfin, quand nous *(descendre)* du château, je *(voir)* notre copain: Il se promenait avec une jeune fille sur les quais!

Recherche

5 *Cherchez un programme de télévision français sur internet: www.t7j.com.*
Choisissez votre programme et présentez-le à vos camarades.

Projet – La France

6 Sammle Informationen zu Schauspielern, Sängern, Filmen, Fernsehen, Büchern, Comics, Jugendzeitschriften aus Frankreich und stelle eine/n deiner Klasse vor.

Préparer l'examen oral

C 34/6 **7** 🎧 *Tu es en France avec un copain qui ne parle pas français. Aide-le.* Du gehst mit ihm in eine Buchhandlung und dolmetschst das Gespräch zwischen der Verkäuferin und deinem Freund.

Apprendre à apprendre

C 37/7 **8** **Keine Angst vor fehlenden Wörtern**

Gib nicht gleich auf, wenn du ein Wort nicht weißt. Schließlich kannst du auch Gesten einsetzen und es gibt immer mehrere Möglichkeiten dasselbe auszudrücken.
So kannst du zum Beispiel in einem Geschäft nach dem Preis fragen:

Ça fait combien?
Quel est le prix?
Ça coûte combien?
Est-ce que c'est cher?

À toi. Du suchst das Kino „Rex". Wie kannst du nach dem Weg fragen? Finde mehrere Möglichkeiten.
Lege eine Kartei für verschiedene Situationen an und notiere alle Ausdrucksmöglichkeiten, die du schon kennst. Im Laufe der Zeit kannst du die Karten vervollständigen.

Choisissez votre magazine

Regardez ces magazines pour les jeunes en France. Quel(s) magazine(s) ou quel(s) article(s) est-ce que vous voudriez lire? Pourquoi?*

* **vous voudriez** ihr möchtet

Unité 4 Sans tambour ni trompette

Préparer la lecture

1 **a** *Regardez les dessins et les titres des chapitres et formez des groupes. Chaque groupe décrit un dessin et note son texte sur une feuille.*

1. Où est-ce que la scène a lieu?
2. Qu'est-ce que les personnages font?
3. À votre avis, qui sont les personnages, qu'est-ce qu'ils pensent ou disent?

b *Chaque groupe présente ses résultats aux autres.*

c *Imaginez ensemble l'histoire.*

1. Mardi, à 21 heures, dans un couloir du métro à Paris

Il était 21 heures. Ce mardi-là, Patricia Launay chantait depuis deux heures dans un couloir de la station République. Il y avait devant elle un bon nombre de personnes qui écoutaient un petit moment ses chansons: Ils mettaient un peu d'argent dans la boîte de la guitare, puis ils s'en allaient. Mais un homme, un grand brun, était là depuis le début. Il portait des lunettes noires. Il écoutait Patricia et la regardait sans arrêt mais il n'applaudissait pas. Patricia le trouvait bizarre. Depuis un moment, on entendait aussi une trompette et un saxophone: C'était le groupe des S.T.N.T. ou «Sans tambour ni trompette», qui jouait pas très loin de Patricia. Dans ce groupe, il y avait trois musiciens: le gros Mathurin et son saxophone, Martin et sa trompette, Juju et son tambour, une drôle de fille aux cheveux roses. Très agressifs, les S.T.N.T. suivaient partout Patrica. Quand ils se mettaient près d'elle, on n'entendait plus la jolie voix de la jeune fille. Pourquoi cette méchanceté?

2. Un type est arrivé

Jouer avec les S.T.N.T. à côté n'avait pas de sens. Et puis, il était déjà assez tard et Patricia était fatiguée. Tout à coup, un type a foncé vers elle. Il a bousculé la jeune fille qui rangeait sa guitare et l'instrument

est tombé. Patrica, furieuse, a regardé sa guitare: Ouf ! Elle n'était pas cassée. Elle est allée sur le quai pour prendre son métro. Elle est passée devant les S.T.N.T. qui lui ont lancé un regard ironique. Alors, Patricia est revenue vers eux. Elle a demandé à Juju: «On peut savoir pourquoi vous me suivez comme ça? Il n'y a pas assez de place dans le métro?» Juju et ses camarades n'ont pas répondu. Patricia est allée sur le quai. Là, elle a revu l'homme aux lunettes noires. C'était peut-être sa direction? Il la regardait, hésitait ... Elle est vite montée dans le métro.

3. Mercredi, à minuit

Le lendemain, c'était mercredi et le mercredi, Patricia ne jouait jamais dans le métro parce qu'elle s'occupait d'un petit garçon, Olivier Garcin. D'habitude, elle le gardait jusqu'à huit heures du soir mais quelquefois, elle restait très tard quand les parents sortaient. Elle apportait souvent sa guitare et chantait pour l'enfant.

Mais ce soir-là, la guitare est restée dans sa boîte parce que l'enfant était malade. Les Garcin sont rentrés à 23 heures. Ils ont encore discuté un moment, puis la jeune fille est rentrée chez elle. La porte était ouverte. Bizarre ... Dans la pièce, tout était en désordre. Il y avait des livres et des vêtements partout mais surtout, sa guitare, sa belle guitare était cassée. Ce n'était pas sa guitare du métro, la guitare qu'elle tenait encore à la main. Non, l'instrument cassé était sa guitare préférée, un beau cadeau de son grand-père pour ses quinze ans.

Elle a foncé au commissariat. Elle a raconté son histoire à un inspecteur qui n'était pas très sympathique: «Écoutez, on n'a pas cambriolé votre appartement puisqu'on ne vous a rien volé. Une guitare cassée, c'est dommage, mais enfin, ce n'est pas bien grave. Alors, comme ça vous jouez dans le métro? Ce n'est pas sérieux. Et ça peut être dangereux. Il y a peut-être là des types qui ne vous aiment pas?»

4. 🎧 Jeudi soir, dans le métro

Des ennemis? Fallait-il soupçonner les S.T.N.T.? Ce soir-là, Patrica est retournée dans le métro. Le groupe était là. Elle est allée tout droit vers les trois musiciens et leur a raconté son histoire. «Mais tu joues comme un pied, ma petite, a lancé Juju, alors qu'est-ce que tu veux faire d'un bon instrument?» «Vous êtes jaloux, a répondu Patrica, et je ne sais même pas pourquoi vous m'en voulez. Est-ce que vous avez cambriolé mon appart, oui ou non?»

«Non! ont crié les trois jeunes, et maintenant tu te casses ou on te ...» Patrica est allée dans un autre couloir et a sorti sa guitare de la boîte. À ce moment-là, elle a vu l'homme aux lunettes noires qui marchait vers elle. Elle a eu peur, le genre de panique qu'on ne peut pas expliquer. Elle a pris sa guitare et est repartie plus loin, mais à ce moment-là, trois types sont arrivés derrière elle. L'un d'eux a poussé Patrica contre le mur du couloir. Il tenait un couteau. Les deux autres rigolaient et chantaient. Les gens qui passaient ne faisaient pas attention à Patricia qui criait: «Mais laissez-moi, je ne vous ai rien fait!» et ils n'entendaient pas non plus l'homme au couteau qui la menaçait: «Tu nous dis où elle est ou on te casse les dents.» «Mais qui? disait Patrica, de qui est-ce que vous parlez?» «Tu fais l'imbécile? Bon, je commence par ton joli petit nez, disait le type, et on va voir si ...» Tout à coup, elle a entendu les S.T.N.T. qui hurlaient: «Lâchez cette fille. Police! Au secours!» Les trois hommes ont tout de suite lâché Patricia qui a couru droit devant elle, droit sur ... l'homme aux lunettes noires. C'était trop, elle a crié et perdu connaissance.

5. 🎧 Vendredi matin à l'hôpital Saint-Louis

Patricia dormait à moitié quand ils sont entrés dans sa chambre. Elle a d'abord vu un grand bouquet de fleurs et derrière ce bouquet, Mathurin et son saxophone. Et derrière lui, sont arrivés Juju et son tambour, puis Martin et sa trompette.

«Euh, c'est pas trop mal pour une chambre d'hôpital» a dit Martin.

«Hm ..., a dit Juju, tu as plutôt l'air en forme! Tu sors quand?»

«Nous, on sort du commissariat, a dit Mathurin. Tu veux savoir pourquoi?»

Et il lui a tout expliqué.

«Tu sais le type qui est presque tombé sur ta guitare mardi? C'était un dealer. Il a jeté la drogue dans ta guitare à cause des flics qui le suivaient. Après, il voulait la reprendre, bien sûr, et il a cambriolé ton appart. Il a cherché et il n'a rien trouvé. Alors hier, ils sont venus à trois et tu connais la suite de l'histoire.»

«On est arrivés au bon moment» a dit Martin.

«Hm ... a dit Juju, elle a perdu la voix. C'est dommage, juste au moment où elle va devenir célèbre.»

«Célèbre? Moi? a dit Patricia ... Pourquoi? Ne me dites pas que cette histoire est dans le journal.»

«L'homme aux lunettes noires, a dit Mathurin, tu sais bien, le type qui t'écoutait pendant des heures ... Tu n'as rien remarqué?» ▸

«Elle n'a même pas reconnu Mabjoun! Ma pauvre Patricia, tu as besoin de lunettes» a rigolé Martin.
Mabjoun, le célèbre chanteur? Là, Patrica est vraiment restée sans voix. «Eh oui, a continué Mathurin, tu ne sais même pas qu'il cherche des jeunes pour son concert au Zénith. Hier, il voulait te parler. Nous, tu comprends, on espérait aussi, alors on n'aimait pas trop le voir à tes pieds ... mais bon. Tu as gagné. Allez, ça se fête!»
Alors les S.T.N.T. ont pris leurs instruments et un drôle de concert a commencé. Une infirmière, furieuse, a ouvert la porte.
«Mais qu'est-ce que c'est que cette bande de sauvages, c'est un hôpital ici! Pas le Zénith!»
Mais à ce moment-là, un homme, jeune, aux lunettes noires, une guitare à la main est passé devant l'infirmière. Il lui a fait un joli sourire et il est entré dans la chambre. Et tout le monde est resté la bouche ouverte ...

Comprendre

Après le premier chapitre

C 42/1 **2** **a** *Qu'est-ce que vous apprenez sur ces cinq personnages? Notez toutes les informations et faites une liste dans votre cahier. Utilisez le présent.*

Patricia	Les S.T.N.T.	L'homme ___
chante	groupe de ___	
joue ___		

b *À votre avis, pourquoi est-ce que les S.T.N.T. suivent Patricia?*

Après le deuxième chapitre

C 42/2
C 42/3 **3** *Racontez les quatre étapes de l'action. Utilisez le passé composé.*

bousculer ▲ --- guitare / tomber ▲ --- Patricia / partir ▲ --- voir / homme ▲ --->

Après le troisième chapitre

C 43/4 C 43/5 **4** **a** *L'inspecteur interroge Patricia. Répondez pour elle.*

1. Vous n'êtes pas chez vous, le soir?
2. Qu'est-ce que vous avez fait, ce soir?
3. À quelle heure est-ce que vous êtes rentrée?
4. La porte était fermée ou ouverte?
5. Est-ce qu'on a volé ou cassé quelque chose?

b *À votre avis, qui a cambriolé l'appartement de Patricia? Imaginez pourquoi.*

Après le quatrième chapitre

C 43/6 **5** **a** *Mettez les phrases dans l'ordre.*

1. Patricia est allée vers eux et leur a raconté l'histoire.
2. Jeudi soir, Patricia est retournée dans le métro.
3. Un type a poussé Patricia contre le mur. Il avait un couteau.
4. Elle a eu peur et elle est repartie plus loin.
5. Après, elle est allée dans un autre couloir et a sorti la guitare de sa boîte.
6. Les hommes ont lâché Patricia qui a couru droit sur ... l'homme aux lunettes noires.
7. Elle a vu l'homme aux lunettes noires qui marchait vers elle.
8. Tout à coup, elle a entendu les S.T.N.T. qui hurlaient: «Police! Au secours!»
9. Les S.T.N.T. étaient déjà là.
10. À ce moment-là, trois types sont arrivés.
11. Le type menaçait Patricia.

b *À votre avis, pourquoi est-ce que l'homme aux lunettes noires suit Patricia?*

Après le cinquième chapitre

C 45/8 **6** **a** *Qu'est-ce que vous apprenez sur*
– *le type qui a foncé sur Patricia dans le deuxième chapitre?*
– *le type aux lunettes noires?*

b *À votre avis, pour qui est-ce que l'histoire finit bien/mal? Justifiez votre réponse.*

Activité

7 *Sur la quatrième page de couverture des livres, on trouve souvent un résumé de l'histoire, une partie de l'histoire avec un commentaire ou/et un dessin. Faites une quatrième de couverture pour «Sans tambour ni trompette».*
Ou: Faites une B.D. avec «votre histoire». (→ Préparer la lecture, p. 53)

Découvrir

8 **a** *Répondez aux questions.*

1. Welches Bild stellt eine Situation dar, welches eine neu einsetzende Handlung?

2. Welche Sätze des zweiten Kapitels (Zeile 1–8 bis „... l'instrument est tombé.") passen zu welchem Bild? Schreibt sie in zwei Spalten heraus. Welche Zeitform benutzt man zur Beschreibung der Situation, welche für neu einsetzende Handlungen?

b Nennt weitere Beispiele im zweiten Kapitel für Beschreibungen und Handlungen.

S'entraîner

C 46/12 C 47/13 **9** *Regardez les deux dessins et racontez l'histoire. Utilisez l'imparfait ou le passé composé.*
(→ Repères, p. 60/2)

être / attendre / regarder

arriver / bousculer / tomber

10 *Voilà ta chambre avant et après. Comment est-ce qu'elle était? Qu'est-ce que tu as changé? Utilisez l'imparfait et le passé composé.* (→ Repères, p. 60/2)

Il y avait / Il n'y avait pas ___ . / C'était ___ .
Le/La/Les ___ étai(en)t ___ . Je devais ___ .
Je ne pouvais pas ___ . Je n'aimais pas ___ .

J'ai ___ .
faire ranger changer acheter mettre
nettoyer poser renoncer à trouver

11 **a** *Demandez à vos camarades ce qu'ils faisaient d'habitude quand ils avaient huit ans (neuf, dix ans).*

b *Demandez à vos camarades ce qu'ils ont fait/vu/eu à huit ans (neuf, dix ans) pour la première fois.*

C47/14 **12** **a** *Formez les phrases qui vont ensemble.* (→ Repères: p. 61/3)

Tout à coup, j'ai vu une voiture 1	a parce qu'elle était malade.
Au centre-ville, j'ai vu des musiciens 2	b et les garçons achetaient les boissons.
Les filles faisaient des crêpes 3	c et sa sœur rangeait la cuisine.
Martin rangeait la chambre 4	d qui chantaient très bien.
Elle n'est pas allée au concert 5	e quand le dealer a cambriolé son appartement.
Après le travail, il a pris le bus, 6	f il a fait les courses et il est rentré.
Patricia était chez les Garcin 7	g qui roulait vers moi.

b *À vous. Écrivez trois phrases comme en* **a** *. Coupez-les en deux. Votre voisin/e forme les phrases qui vont ensemble.*

Qu'est-ce qu'on dit en français?

1

Du findest etwas/jemanden merkwürdig:	C'est un drôle de (film) / une drôle de (fille).
Du sagst, dass viele Leute da waren:	Il y avait un bon nombre de personnes.
Etwas erscheint dir sinnlos:	Ça n'a pas de sens.
Du sagst, was du zu deinem 15. Geburtstag vorhast:	Pour mes quinze ans, je vais (faire une fête).
Du findest etwas schade:	C'est dommage.
Du findest, dass jemand etwas sehr schlecht macht:	(Tu joues) comme un pied.
Du fragst jemanden, ob er/sie böse auf dich ist:	Tu m'en veux? / Vous m'en voulez?
Du sagst jemandem, dass er/sie abhauen soll:	Tu te casses.
Du findest, dass sich jemand dumm stellt:	Il/Elle fait l'imbécile.
Du rufst um Hilfe:	Au secours!
Du sagst, dass jemand in Form zu sein scheint:	Il/Elle a l'air en forme.
Du sagst, dass man etwas feiern sollte:	Ça se fête!
Du sagst, dass jemand sprachlos ist:	Il/Elle est resté(e) la bouche ouverte / sans voix.
Du sagst, dass jemand in Ohnmacht gefallen ist:	Il/Elle a perdu connaissance.
Du sagst, dass jemand im richtigen Augenblick gekommen ist:	Il/Elle est arrivé(e) au bon moment.

Grammaire

2 **Der Gebrauch von „imparfait" und „passé composé" im Text** (→ GH, p. 30/19.3)

Hintergrund	**Vordergrund**
Beschreibung eines Zustands, einer Situation	Handlung, Ereignisse, Aktion
Frage	**Frage**
Was war schon?	Was ist geschehen?
imparfait	**passé composé**

L'enfant **était** malade. ↘

Les Garcin **sont rentrés** à 23 heures. Ils **ont** encore **discuté** un moment, puis la jeune fille **est rentrée** chez elle. ↙

La porte **était** ouverte. Dans la pièce, tout **était** en désordre. Il y **avait** des livres et des vêtements partout. La guitare **était** cassée. ↘

Patricia **a foncé** au commissariat, elle **a raconté** son histoire à un inspecteur ↙

qui n'**était** pas très sympathique.

3 Der Gebrauch von „imparfait“ und „passé composé“ im Satz (→ GH, p. 30/19.4)

1. Parallel verlaufende Handlungen

Le type **écoutait** et **regardait** Patricia, mais il n'**applaudissait** pas.

Le type écoutait

et regardait Patricia

mais il n'applaudissait pas

2. Während eine Handlung verläuft, setzt eine andere Handlung ein.

Patricia **dormait** quand ils **sont rentrés**.

Patricia dormait ils sont rentrés

3. Eine Handlung folgt auf eine andere – schon abgeschlossene – Handlung.

Il **est entré** dans l'appartement, il **a cherché** partout, il **a cassé** la guitare et il **est parti**.

Il est entré il a cherché il a cassé il est parti

4 Neue Verben (→ GH, p. 29/19.1–19.2)

foncer, **lancer**, **menacer** wie: **commencer**

espérer wie: **préférer**

devenir und **tenir** wie: **venir**

applaudir wie: **finir**

courir und **suivre** (→ p. 122–123) Konjugiere „applaudir“ und „tenir“ in deinem Heft.

C 44/7 ## 5 Die Inversionsfrage (→ GH, p. 31/20)

Est-ce qu'il fallait soupçonner les S.T.N.T.? → **Fallait-il** soupçonner les S.T.N.T.?

In literarischen Texten findest du diese Frageform häufig.

Réviser

1 ►◄ *Posez les questions et répondez.* (→ Annexe, p. 117)

Exemple:
– Le premier prix, qu'est-ce que c'est?
+ C'est une guitare.

2 **a** *Quels verbes sont conjugués avec* être, *quels verbes avec* avoir *au passé composé? Faites deux listes.*

aller passer rester manger lire écrire
être avoir commencer rentrer écouter
plaire tomber suivre venir faire
pouvoir partir participer arriver

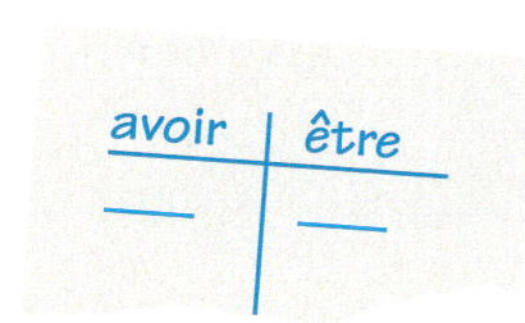

b *Regardez votre liste et mettez les verbes au passé composé.*

1. En été, Manon *(aller)* à Paris. Puis, elle *(passer)* deux semaines chez sa copine à La Baule.
2. Ludovic *(partir)* à dix heures quinze. Il *(rentrer)* très tard chez lui. Qu'est-ce qu'il *(faire)*?
3. Manon et Sophie (*arriver*) à l'heure. Mais le concert *(commencer)* en retard.
4. Stéphanie et Frédéric *(venir)* chez nous à quatre heures et ils *(rester)* jusqu'à dix heures. Nous (*écouter*) des CD et nous *(écrire)* un message à nos correspondants allemands.
5. Mon copain Brian *(participer)* à «Pari roller». Malheureusement, il *(tomber)* et il *(ne pas pouvoir)* continuer.

S'entraîner

C 46/12 **3** ◐ ►► *Imaginez ensemble une histoire: A commence, B continue, puis C etc. Utilisez un temps du passé*
C 47/13 *et les expressions de la liste.* (→ Apprendre à apprendre, p. 64/8)

A: Je dormais.

B: Tout à coup, le téléphone a sonné.

C: Ensuite, …

puis après ensuite tout à coup une heure après deux jours après l'après-midi
le lendemain cet été enfin plus tard ce matin-là ce soir-là ____

Vocabulaire

C 46/11 **4** *À quoi est-ce que vous pensez quand vous entendez le mot* musique? *Formez deux groupes et jouez au «ping-pong». Le groupe qui ne peut pas continuer a perdu.*

5 *Préparez un sondage sur la musique et faites-le dans votre classe. Utilisez les mots de l'exercice 4.*

Exemples:
Est-ce que tu vas au concert?
Quelle musique est-ce que tu préfères?
Est-ce que tu joues d'un instrument?

Préparer l'examen oral

6 **a** *Écoutez le texte: quel dessin correspond le mieux au texte?*

C 47/16 **b** *Écoutez encore une fois et racontez les vacances des Forestier.*

Projet – La France

7 *Cherchez des informations sur le métro de Paris et présentez une station. Vous pouvez chercher dans une encyclopédie ou sur Internet.*

Ces adresses peuvent vous aider:
http://www.ratp.fr
http://www.100anslemetro.com
http://www.smartweb.fr/fr/guide/transports/index.html
Maison de la RATP, 54, quai de la Rapée, 75599 Paris Cedex 12

Apprendre à apprendre

C 47/15 **8** **Keine Angst vor dem Grammatiklernen**

Grammatikregeln prägen sich leichter ein, wenn du sie selbst – wie in den „Découvrir"-Übungen oder in den „Repères" – mit eigenen Worten formulierst. Zum tieferen Einprägen von Regeln, Formen oder zum Gebrauch der neuen Grammatik ist es hilfreich, ein Schema oder eine Liste zu erstellen, in der du die wichtigsten Punkte der Regel in Stichworten einträgst. Diese Liste oder das Schema hängst du eine Weile über deinem Schreibtisch oder im Klassenraum auf.

Das kannst du gleich mit dem Gebrauch des „imparfait" und „passé composé" ausprobieren.

imparfait	passé composé
Was war schon? → Beschreibung 1. Parallel laufende Handlungen: Il écoutait Patricia et la regardait. 2. ____	Was ist passiert? → Aktion

Signalwörter

D'habitude	Tout à coup

Téléphone: Métro (C'est trop)

En voiture s'il vous plaît, s'il vous plaît
Métro, c'est trop, métro, c'est trop (bis)
Assis, debout
T'es en train, en train (ter)
Regarde dans la vitre, c'est toi dans la glace
Les autres derrière toi, qui se voient sur la voie
Qui se voient sur ta voie
Métro, c'est trop, métro, c'est trop
Métro, c'est trop, métro, c'est drôle
Sortie, non par ici
Monte monte monte monte, monte monte monte monte
Monte les escaliers monte, monte les escaliers monte (bis)
Roule roule roule comme la mer
Roule roule roule escaliers roulant
Roule roule roule comme la mer
Roule roule roule escaliers volant
Rue-toi, rue-toi
Rue-toi dans la rue, rue, toi, dans les brancards (ter)
Métro, c'est trop, métro, c'est trop
Métro, c'est beaucoup trop
Métro, c'est trop
Dans la vitre, tu te vois sur la voie (bis)
Sur ta voie, ta voie, ta voie, ta voie, ta voie
Le matin, tous les soirs sur ta voie, ta voie, ta voie, ta voie
Ta voie, ta voie
Métro police, métro police
Métro police, métro police
Terminus
Descends, tout le monde descend (ter)
Descends, descends
Tatatatatatatatatata
Tatatatatatatatatata
Métro, c'est trop, métro, c'est trop
Métro, c'est beaucoup trop
Métro, c'est trop, publicité dans la cité
Métro, c'est trop, métro, c'est beaucoup trop
Publicité dans la cité
Affiches, tu t'en fiches, non?

1 **En voiture!** Einsteigen, bitte! 2 **bis** zweimal singen 3 **(être) assis** sitzen 3 **(être) debout** stehen 4 **ter** dreimal singen 5 **la vitre** die Fensterscheibe 5 **la glace** der Spiegel 10 **la sortie** der Ausgang 12 **les escaliers** *m. pl.* die Treppe 13 **rouler** rollen 14 **l'escalier roulant** die Rolltreppe 16 **volant** fliegend 17 **se ruer** sich auf etwas stürzen 18 **ruer dans les brancards** sich sträuben 28 **le terminus** die Endstation 35 **la cité** *hier:* **la ville** 37 **la pub(licité)** die Werbung 38 **tu t'en fiches** es ist dir egal

Unité 5 L'avenir est à nous!

Approches

L'histoire de Jérémy et Elsa

1 Jérémy a deux ans et demi, Elsa a trois ans. Ils vont à l'école maternelle où ils font connaissance.

On peut entrer à l'école maternelle à deux ans. ▶

2 Ils ont cinq et six ans et entrent ensemble à l'école primaire de leur quartier où ils vont passer cinq années scolaires.

L'école primaire: cinq années. ▶

3 Les voilà maintenant au collège. Ils sont en sixième. Quatre ans après, ils vont passer le brevet.

Le collège: quatre années (de la 6e à la 3e). À la fin de la 3e, on passe le brevet. ▶

4 Après le brevet, leurs chemins se séparent: Elsa va dans un lycée professionnel (L.P.). Elle s'intéresse aux métiers de la restauration. Jérémy va passer son bac dans un lycée d'enseignement général.

Le L.P.: deux années jusqu'au B.E.P. Après le B.E.P., on peut encore continuer deux années pour passer le bac pro.

Le lycée: trois années. Après le bac, on peut aller à l'université.

5 Au lycée, Jérémy tombe amoureux, il rate une année et il redouble sa classe. Mais l'année d'après, il passe son bac.

6 Après son B.E.P. et son bac pro, Elsa se spécialise: elle choisit un métier plutôt masculin et devient sommelière.

Comprendre

C 49/1
C 49/2

1 *Relisez les textes et répondez aux questions.*

1. Combien de temps est-ce qu'Elsa et Jérémy ont passé à l'école maternelle?
2. Jérémy a neuf ans. Dans quelle école est-ce qu'il est?
3. Elsa veut apprendre un métier. Dans quelle école est-ce qu'elle va?
4. Quel âge a Elsa quand elle passe son bac pro?

Comparer

2 **a** *Votre classe correspond à quelle classe en France?*

b *Chez nous, c'est différent … Comparez.*

Chez nous, on a quatre années d'école primaire ___ .

Chez nous, on ne va pas ___ .

Activité

3 *Faites une affiche pour présenter le système scolaire de votre pays.*

Préparer la lecture

1 *À quoi est-ce que vous pensez quand vous entendez le mot* école*? Notez ces mots au tableau.*

Du nouveau à l'école

Qu'est-ce que tu voudrais changer dans ton école ou dans ta vie d'élève?
Le «Journal des 15 ans» a fait une enquête.
Des jeunes ont répondu.

Quand on doit faire des devoirs sur table, je déteste l'école. J'y vais avec la peur au ventre. Quand j'en sors, ça va mieux, mais je sais que ça va bientôt recommencer. On pourrait faire des devoirs et des tests sans notes. Autre chose: On ne fait pas assez de voyages scolaires. **Pierre-Yves, 14 ans et demi**

Je voudrais avoir un cartable électronique. C'est un ordinateur qui remplace les livres et les cahiers, mais c'est mieux. Il y a déjà des programmes d'histoire, par exemple. On y trouve un grand nombre d'images et d'informations. **Raphaël, 15 ans**

L'école? On n'y va pas pour s'amuser, mais pour apprendre. Ça a toujours été comme ça. Mais je voudrais changer les rapports avec les profs et aussi entre nous. Souvent, les garçons sont trop agressifs. Et les filles ne savent pas comment réagir. Il n'y a pas assez de respect. **Charlotte, 14 ans**

On pourrait choisir ses matières très tôt au collège, et faire du sport ou de la musique tous les jours. Il y a trop d'élèves par classe. **Bastien, 13 ans**

Je voudrais avoir une classe et des murs propres et des ordinateurs qui marchent. Mais le vrai problème, c'est l'avenir. On ne voit pas vraiment le rapport entre les cours et notre futur métier, on ne sait pas pourquoi il faut aller si longtemps à l'école et pourquoi il faut y apprendre toutes ces choses. **Laetitia, 16 ans**

En troisième, on fait des stages dans une entreprise ou dans un magasin. Mais ces stages sont trop courts. Ça ne sert à rien. Tu n'y apprends rien du tout. **Lucile, 14 ans**

Je suis pour un an d'école ou d'apprentissage dans un autre pays. Et cela pour tous les élèves. J'ai passé six mois dans une école allemande. C'était un peu dur au début parce que je ne comprenais rien, mais j'en suis revenu avec plein de nouveaux amis et de nouvelles idées. **Samuel, 17 ans**

Comprendre

C 50/1 **2** *C'est qui? Faites des devinettes pour vos camarades.*

Exemple: Qui veut faire des tests sans notes?

Discuter

C 52/7 **3** *Est-ce que vous voulez changer quelque chose dans votre collège? Quoi et pourquoi?*

On pourrait ___ .
Je suis pour/contre ___ .
Il faut changer ___ .
Je voudrais ___ .

Découvrir

4 **a** Übersetzt. Wofür steht „y“ und „en“? (→ Repères, p. 77/3–4)

1. J'**y** vais avec la peur au ventre.
2. On n'**y** va pas pour s'amuser.
3. On **y** trouve un grand nombre d'images.
4. On ne voit pas pourquoi il faut **y** apprendre toutes ces choses.
5. Quand j'**en** sors, ça va mieux.
6. J'**en** suis revenu avec plein de nouveaux amis.

b Formuliert die Sätze um.

J'**y** vais avec la peur au ventre.
→ Je vais **à l'école** avec la peur au ventre.

On n'**y** va pas pour s'amuser.
→ On ne va pas ___ .

S'entraîner

5 **a** *Écoutez et devinez. Qu'est-ce que vous entendez?* Y *ou* en? *De quels endroits est-ce qu'ils parlent?* (→ Repères, p. 77/3–4)

C'est ___ .

la cuisine — la campagne — la piscine — l'école — le marché aux puces — le cinéma — le CDI

b *À vous. Formulez une phrase pour vos camarades. Utilisez* y *ou* en. *Vos camarades devinent.*

C 51/4
C 52/5

6

►◄ *Faites des mini-dialogues. Utilisez* en *et* y. (→ Repères, p. 77/3–4)

Exemple:

– Quand est-ce qu'il sort de la maison?
+ Il en sort à huit heures.

sortir/maison

monter/train

descendre/train

entrer/bureau

sortir/bureau

entrer/supermarché

sortir/supermarché

rentrer/maison

Vocabulaire

7

a *Regardez les mots en couleur. Vous connaissez sûrement un mot de la même famille ou un mot allemand ou anglais. Lisez le texte et trouvez le sens* des mots.*

Pendant leur scolarité, les élèves doivent passer quelques jours dans une entreprise. Les jeunes stagiaires peuvent y faire la connaissance de milieux professionnels, et y parler avec des apprentis et d'autres employés. Ils peuvent s'informer sur les différents services et sur les différents métiers qu'on exerce dans cette entreprise. Quelques jours dans un magasin, dans un bureau, dans un restaurant montrent aux collégiens des aspects de la vie active qu'ils ne peuvent pas imaginer sans cette expérience.

* **le sens** der Sinn

Le monde du travail

Louise, Camille et Arthur, qui sont en troisième, font leurs stages.
Arthur s'intéresse aux voyages, aux carrières de la santé, de l'environnement, de l'informatique, mais on ne trouve pas facilement un stage dans ces métiers-là. Alors, il va dans le magasin de son oncle: une boucherie. Mais Arthur n'aime pas la viande et déteste ce métier. Mettre six steaks saignants sur du papier rose et les peser, ça lui donne mal au cœur pendant toute la journée. Les clients le regardent bizarrement.
Alors, il laisse tomber et s'occupe de la caisse, nettoie les étagères et fait des photos de steaks pour son rapport de stage.

Camille a de la chance. Elle connaît quelqu'un qui connaît quelqu'un dans une radio locale et elle peut y passer trois jours. C'est super. Elle choisit les CD avec l'animateur, et elle prépare avec lui une émission pour les jeunes. Elle peut même lui donner des conseils.

Louise aussi a de la chance. Elle veut devenir agricultrice. Elle va dans la ferme des Forestier. Louise aime bouger, être dehors. Son avenir, elle ne le voit pas dans un bureau ou derrière un guichet de la poste.
Elle discute beaucoup avec ses «patrons» et Jérôme, leur fils.
«C'est super chez vous, je n'ai pas envie de retourner à l'école.
– Alors, n'y retourne pas! dit Jérôme.
– Jérôme! Après la troisième, Louise, tu peux aller dans un lycée agricole et revenir ici pendant les vacances, dit Madame Forestier, tu sais, aujourd'hui, il faut savoir beaucoup de choses pour être agriculteur.»

Comprendre

C 53/1 **1** **a** *Voici leur rapport de stage*. Qui a écrit quoi?*

1	2	3
La famille était super sympa et j'ai adoré le travail …	C'était l'horreur là-bas. J'ai passé des journées terribles	*C'était chouette. J'ai même pu donner des conseils …*

* **le rapport de stage** der Praktikumsbericht

b ◐ *Leur stage leur a plu ou ne leur a pas plu? Expliquez pourquoi.*

___ (n') a (pas) aimé ___ parce que ___ .
___ a détesté ___ . Pour ___ , c'était l'horreur.

Vocabulaire

C 53/2
C 54/3 **2** **a** Schreibt die Überschriften auf Karteikarten und ordnet die Wörter den Überschriften zu.

les médias **la famille** **la ville** **la campagne** **les hobbies** **le monde du travail**

le patron le client la ferme l'agriculteur l'animateur
le fils la boucherie passer un CD le journal la radio locale

b Ergänzt die Karteikarten um weitere Wörter.

c ◐ Gibt es Wörter, die unter zwei Überschriften passen? Warum?

Exemple: J'ai mis «la ferme» avec «le monde du travail» et avec «la campagne». On y travaille et c'est à la campagne.

Écouter

3 🎧 *Où est-ce qu'ils ont fait leur stage?*

1 un magasin de vêtements,
2 un café, 3 une boulangerie, 4 un Jardin des plantes, 5 une piscine

S'entraîner

Avant l'exercice 4 révisez l'impératif et les pronoms objet. Faites les exercices p. 79/1 et 2.

C 54/5
C 54/6
4 *Qu'est-ce qu'ils disent? Formez les phrases. Utilisez* m', lui, nous, les, leur. (→ Repères, p. 78/5)

ne pas / oublier

ne pas / attendre

ne pas / photographier

ne pas / faire trop de cadeaux

ne plus / écrire

ne pas / jeter

Activité

5 **a** *Formez des groupes de trois. Faites une liste des métiers que vous connaissez déjà et une liste des endroits où on peut exercer* ces métiers.* (→ Petit dictionnaire, p. 167)

b *Faites des devinettes pour vos camarades.*

Exemples:
Elle garde les petits enfants. C'est qui? (la nourrice)
Elle travaille dans un CDI. C'est qui? (la documentaliste)

* **exercer qc** etw. ausüben

L'avenir d'Arthur

Comprendre

1 **a** *Répondez aux questions.*

1. Où sont les deux jeunes et qu'est-ce qu'ils font?
2. Quels sont les métiers qui intéressent Arthur?

b *Finissez ces phrases.*

1. Médecin, c'est un beau métier, mais ___ .
2. Moniteur ou guide, c'est bien parce que ___ .
3. Je peux devenir concepteur de jeux sur Internet parce que je ___ .

Découvrir

2 **a** Findet aus dem Text alle Aufforderungssätze mit Pronomen heraus. Bildet die dazugehörige Verneinung.

Exemple: Sauvez-la. → Ne la sauvez pas.

b Wo stehen die Pronomen im bejahten und im verneinten Befehlssatz? Welche beiden Pronomen verändern sich?

S'entraîner

3 *Transformez les indications d'exercices.* (→ Repères, p. 78/5)

1. Imaginez la scène et jouez la scène.
   → Imaginez la scène et jouez-la.
2. Lisez le texte et corrigez le texte.
3. Écoutez l'histoire et corrigez l'histoire.
4. Écrivez un dialogue et jouez le dialogue.
5. Lisez la phrase et complétez la phrase.
6. Choisissez un verbe et conjuguez le verbe.
7. Cherchez les noms et notez les noms au tableau.

C 56/2
C 57/3
4 ►◄ *Qu'est-ce qu'ils disent? Utilisez l'impératif.* (→ Repères, p. 78/5)

1. s'embrasser

2. se laver

3. s'amuser bien

4. se lever

5. se poser des questions

6. se peser

Conversation

C 56/1
C 57/4

5 *Qu'est-ce que tu voudrais faire? Qu'est-ce que tu ne voudrais pas faire?*

Je voudrais Je ne voudrais pas	être ___ .	
	aider les gens.	
	m'occuper de/d'___ .	
	travailler dans	une usine. une école.
Je m'intéresse à	l'informatique.	
	la nature.	
	___	

Activité

6 *Préparez une fiche sur un métier qui vous intéresse.*

Moniteur/Monitrice de ski

Il faut
- être sportif/sportive et en forme.
- aimer la montagne, la nature, l'hiver, mais aussi le contact avec les gens.
- savoir expliquer et être bon professeur.
  On doit donner des cours, préparer les pistes, aider les blessés quand il y a des accidents*.
  Un problème: On ne travaille pas toute l'année. Il faut encore avoir un autre métier pour l'été.
  On peut déjà être moniteur/monitrice à 18 ans.

Concepteur/Conceptrice multimédia

Il faut
- avoir des idées.
- s'intéresser à la technique des ordinateurs.
- bien connaître les programmes.
- savoir organiser.
- aimer travailler avec les autres.
  Le concepteur / La conceptrice prépare des CD ou des DVD.
  On peut travailler dans une entreprise ou être indépendant**.

* **un accident** ein Unfall
** **être indépendant/e** *hier:* freiberuflich arbeiten

Qu'est-ce qu'on dit en français?

1

Du sagst, in welche Klasse du gehst:	Je suis en (classe 9 / troisième).
Du gibst an, in welche Schule du gehst:	Je vais (dans une «Realschule» / dans une «Gesamtschule» / au collège / au lycée).
Du sagst, dass du eine Prüfung ablegen wirst:	Je vais passer (le brevet / le bac).
Du sagst, dass jemand sitzen geblieben ist:	Il/Elle a redoublé.
Du möchtest wissen, welche Fächer jemand mag:	Quelles matières est-ce que tu aimes?
Du gibst an, in welchen Fächern du (nicht so) gut bist:	Je (ne) suis (pas très) bon(ne) en (maths).
Du schlägst etwas vor:	On pourrait (travailler ensemble).
Du fragst jemanden, welcher Beruf ihn interessiert:	Quel métier t'intéresse?
Du gibst an, für welche Laufbahn du dich interessierst:	Je m'intéresse aux carrières (de la santé / de l'environnement / ___).
Du sagst, was du werden möchtest:	Je voudrais devenir (animatrice / vendeur / ___).
Du sagst, dass du eine Lehre / ein Praktikum machen möchtest:	Je voudrais faire un apprentissage / un stage.
Etwas ist zu nichts nütze:	Ça ne sert à rien.

Grammaire

2 Der Plural der Nomen auf „-al" (→ GH, p. 32/21)

le journ**al** → les journ**aux**
l'anim**al** → les anim**aux**

⚠ Ausnahme: le festiv**al** → les festiv**als**

3 📖 Das Pronomen „y" (→ GH, p. 32–33/22.1–22.2)

– Tu vas **à l'école**?
– Tu es déjà allé **en France**?
– Qu'est-ce qu'on trouve **dans ces programmes**?
– La disquette est **sur l'étagère**?

\+ Oui, j'**y** vais.
\+ Oui, j'**y** suis allé deux fois.
\+ On **y** trouve des informations.
\+ Non, elle n'**y** est pas.

a Übersetze die Fragen und Antworten. Wofür steht das Pronomen „y"?

b Beschreibe die Stellung von „y" im Satz.

4 📖 Das Pronomen „en" (→ GH, p. 33–34/22.3–22.4)

– Quand est-ce que tu sors **de l'école**?
– Quand est-ce que Samuel est revenu **d'Allemagne**?

\+ J'**en** sors à 4 heures.
\+ Il **en** est revenu en décembre.

a Übersetze die Fragen und Antworten. Wofür steht das Pronomen „en"?

b Beschreibe die Stellung von „en" im Satz.

c Ersetze die Ortsangaben durch „y" oder „en":

1. Juliette va à l'école.
2. Paul sort du magasin.
3. On trouve des informations dans ces programmes.
4. Tu vas au C.D.I.?
5. Il va revenir du collège à quatre heures.

5 Die Objektpronomen beim Imperativ (→ GH, p. 34/22.5)

Ne **la** regarde pas comme ça.	Regarde-**la**.
Ne **lui** donne pas mon livre.	Donne-**lui** mon livre.
Ne **les** prends pas.	Prends-**les**.
Ne **me** dis pas ça.	Dis-**moi** tout.

a Beschreibe die Stellung der Objektpronomen bei

– einem bejahten Imperativ,
– einem verneinten Imperativ.

⚠ N'y vas pas. Vas-y. [vazi]

b Hört diesen Dialog an und sprecht ihn nach.

– Tu ne parles pas **à ce garçon**, d'accord?
+ Comment ça?! Je ne **lui** parle pas?
– Non, tu ne **lui** parles pas.
+ Mais enfin, je peux ...
– Non, ne **lui** parle pas!

c Wählt eine Situation aus und bereitet einen Dialog nach dem Muster von **b** vor.

1. Tu n'écoutes pas **ces gens**, c'est compris?
2. Tu ne vas pas **au cinéma** ce soir, d'accord?
3. Tu ne demandes pas d'argent **à ta grand-mère**.

6 Neue Verben

remplacer wie: **commencer**
servir wie: **sortir**

Konjugiere „servir" in deinem Heft.

Réviser

1 **a** ►◄ *Donnez des conseils à vos camarades. Utilisez l'imperatif.* (→ GH, p. 11–12/5.1–5.3)

Exemple: Réponds à une annonce.

Je voudrais trouver une correspondante.
répondre à – annonce
demander à – prof de français
regarder – magazines pour jeunes
écrire – annonce

On voudrait faire un voyage de classe en France.
choisir – région
écrire à – office de tourisme
faire – programme
réserver – chambres

Je voudrais mieux apprendre le français.
lire – textes
écouter – radio française
chercher – correspondant
faire – bilans autocorrectifs – carnet

b ◐ *À vous. Donnez des conseils.*

On voudrait une école propre.

Je voudrais faire un stage dans une entreprise.

2 ►◄ *Imaginez des questions à ces réponses. Il y a plusieurs possibilités.*

1. Non, je n'y vais pas, j'ai trop de travail.
2. Où ça? Je ne les vois pas.
3. Pas encore, mais je l'écris tout de suite.
4. Bien sûr, je le connais depuis trois ans.
5. Non, je ne lui parle jamais.
6. Non, je ne peux pas la finir, je n'ai plus faim.
7. Oui, je l'admire beaucoup.
8. Je leur offre un CD.

Exemple:
1. Est-ce que tu vas au match de foot?

S'entraîner

3 ►◄ *Posez des questions. Vos camarades répondent et utilisent* y. (→ Repères, p. 77/3)

Qu'est-ce qu'on fait à l'école?

On y apprend des langues, on y fait de la musique.

à l'école? en montagne? à la gare?
dans un magasin? au cinéma?
au restaurant? à la poste?
dans le métro? au musée?
à la cuisine? dans la salle de bains?

4 *Traduisez.*

1. Bitte, sag ihm nichts.
2. Hilf mir!
3. Schau mich an!
4. Hört mir zu!
5. Hör nicht auf sie! (Annick und Stéphane)
6. Folge uns!
7. Bitte, erklären Sie mir das.
8. Ruf mich um 5 an!

Vocabulaire

5 **a** *Est-ce que ces mots sont masculins ou féminins?* (→ Liste alphabétique, p. 153)

information proposition conversation
explication disparition opération
pollution punition station

apprentissage voyage image
fromage village chômage message
page plage coquillage stage

b *Complétez la règle.*

Les mots en «-tion» sont toujours ___ . Les mots en «-age» sont souvent ___ .

c ◐ *Faites des rimes avec ces mots.*

Une souris au chômage
mange un fromage en voyage.

Préparer l'examen oral

6 🎧 *Pour faire un stage dans un restaurant en France, tu téléphones au restaurant pour savoir s'ils prennent des stagiaires*. Écoute et réagis.*

* **le/la stagiaire** der/die Praktikant/in

Projet: La France

7 Suche im Internet eine französische Firma deiner Wahl. Schreibe ihr eine E-Mail. (Du kannst z.B. fragen, ob du ein Praktikum machen kannst.) Drucke deine Mail und die Informationen über diese Firma aus und stelle sie deinen Mitschülern vor.
Tipp: www. [französische Firma oder Marke].fr

Apprendre à apprendre

C 57/5 **8** **Wie du dir das Geschlecht von Nomen merken kannst**

An den Endungen eines Nomens kannst du häufig das Geschlecht des Nomens ablesen. Achte also auf die Endungen und merke sie dir: Wörter auf „-ment" sind zum Beispiel immer männlich. Finde Beispiele hierfür und notiere sie.
Mache auch Übung 5, formuliere die dazugehörigen Regeln und schreibe dir diese Regeln in dein Heft.

facultatif

Regardez le C.V.[1] de Thomas et écrivez votre C.V. en français.

Thomas Holtmeier
Forstenrieder Weg 5
82065 Baierbrunn
Allemagne
☎ : 0049/89/77 32 78 63
e-mail : thomholt@gmx.net

Célibataire[2]
17 ans
Allemand

FORMATION

Études › *Realschulabschlussprüfung (Brevet allemand) Munich, 2004*

Langues › *Allemand : langue maternelle*
› *Anglais : lu, écrit, parlé*
› *Français : Niveau DELF*

Informatique › *Word XP,*
› *html – bonnes connaissances Internet*

ACTIVITÉS ASSOCIATIVES

› *Gardien de but[3], TSV Solln*
› *Aide-moniteur de ski*

LOISIRS

› *Sport*
› *Informatique*
› *Langues (différents séjours à Paris)*

EXPÉRIENCES PROFESSIONNELLES

Depuis mai 2003 *Bauhaus (Magasin de bricolage) Caissier une fois par semaine*

11/2002-3/2003 *Porteur de journaux*

Adresses utiles

Vous voulez faire un stage dans votre ville jumelée?
Vous cherchez un travail pendant les vacances?
Vous voulez travailler p. ex. deux mois à Disneyland à Paris?

Voici deux adresses qui peuvent vous aider:
Deutsch-Französisches Jugendwerk
Molkenmarkt 1–3
10179 Berlin
Telefon: 030 / 288 757-0
http://www.dfjw.org.de

Zentralstelle für Arbeitsvermittlung (ZAV)
Villemombler Straße 76
53123 Bonn
Telefon: 0228 / 713-0
www.arbeitsamt.de/zav/services/jobs/fra.html

1 **le C.V.** der Lebenslauf
2 **célibataire** *m./f.* ledig
3 **le gardien de but** der Torwart

Unité 6 Au chantier international de Mayne

Approches

Préparer l'écoute

1 *Retrouvez la Provence sur la carte de France, p. 101. Puis, lisez les informations dans le dictionnaire de civilisation (→ p. 118–119): Qu'est-ce que vous voyez sur les photos?*

🎧 En Provence

Touriste: Vous avez des oliviers?
Paysan: J'en ai. Regardez: Cet arbre est un olivier.
Touriste: Ah bon! Il a l'air très vieux. Il porte encore des olives?
Paysan: Il en porte des kilos.
Touriste: Vous faites aussi de la lavande?
Paysan: J'en fais un peu. J'ai un champ par là-bas. Je la vends à Grasse.
Touriste: Et des moutons, vous avez des moutons?
Paysan: Je n'en ai plus. J'ai vendu le troupeau.
Touriste: Et vous avez un cheval?
Paysan: J'en ai deux.
Touriste: Mais les ânes, il n'y en a plus beaucoup, hein?
Paysan: Non, mais il y a beaucoup de touristes.

Comprendre

C 59/1 **2** *Vrai ou faux? Que disent-ils?*

1. Le paysan n'a plus d'oliviers.
2. Le vieil olivier ne porte plus d'olives.
3. Le paysan fait de la lavande.
4. Il n'a pas de moutons.
5. Il a trois chevaux.
6. Il y a encore beaucoup d'ânes.

S'entraîner

C 59/2 **3** ►◄ *Posez des questions et répondez.* (→ Repères, p. 93/5)

– Est-ce que tu as un ordinateur?
+ Oui, j'**en** ai un. / Non, je n'**en** ai pas.

Utilisez:

un ordinateur   des jeux vidéo   des rollers   un skate
des frères et sœurs*   des CD de ___   des B.D. de ___
une adresse e-mail   un baladeur   un caméscope
des poissons   un cheval   un instrument   un chien
des copains/copines qui font ___ .

Et pour les réponses:

Oui, j'en ai	un/e / deux / trois. plusieurs. beaucoup. peu. trop.
Non, je n'en ai	pas. plus.

* **des frères et sœurs** Geschwister

La décision

Magali est venue à Paris pour l'anniversaire de son cousin Mathieu. Avec Marion et Romain, ils discutent de leurs projets de vacances.

Mathieu: Alors, tu as décidé de partir avec nous?

Romain: Heu … Je n'arrive pas à me décider … Je réfléchis. D'un côté, j'ai assez envie de passer mes vacances avec vous, mais de l'autre, je me demande si ce n'est pas trop crevant pour des vacances.

Marion: Tu n'as pas encore cent ans et tu es costaud! Et on ne travaille pas tout le temps, on peut aussi visiter la région.

Magali: Et puis, ça change de la ville et du collège. C'est près d'Avignon et la Provence, c'est magnifique!

Marion: Moi, je rêve d'aller là-bas.

Romain: Ouais, mais on n'a pas tous les mêmes rêves. Je ne sais pas si pour moi, ce genre de vacances …

Magali: Pour le savoir, il y a une solution: Essayer.

Mathieu: Romain, c'est génial, un chantier international, ça permet de faire connaissance avec plein de gens différents, ils viennent de tous les pays du monde.

Magali: Enfin presque. Et la maison de Mayne, c'est super. Mon grand frère y est allé l'année dernière. Il a pleuré quand il est parti! Il est tombé amoureux d'une Américaine.

Romain (rigole): Ben, vous voyez que c'est dangereux! Et qu'est-ce qu'il a fait à Mayne, ton frère?

Magali: Il a replanté des arbres. En Provence, il y a souvent des incendies en été, malheureusement. Mais là-bas, on peut aussi apprendre à restaurer une maison, à construire un chemin, on peut s'occuper du jardin …

Romain: Mais je ne sais pas faire ces choses.

Marion: Mais on te dit qu'on apprend! Il y a des gens qui vous aident à faire tout ça!

Romain: Vous avez dit qu'on couche sous la tente. Je n'en ai pas!

Mathieu: J'en ai une pour deux personnes.

Marion: Allez, Romain, arrête de peser le pour et le contre. Ça empêche de prendre une décision!

Comprendre

C 60/1
C 60/2

1 *Répondez aux questions.*

1. Où sont les jeunes et de quoi est-ce qu'ils discutent?
2. Qui est contre le projet de vacances et pourquoi?
3. Comment est-ce que les autres réagissent? Retrouvez leurs arguments. Notez-les.

S'entraîner

2 ►► *Formez un maximum de phrases qui commencent par ces expressions:*

Moi, je rêve de ___ . Hier, j'ai décidé de ___ .
Ma sœur / Mon père / ___ m'empêche toujours de ___ .
S'il te plaît, est-ce que tu peux arrêter de ___?
Est-ce que tu peux m'aider à ___ . Je voudrais apprendre à ___ .
Je n'arrive pas à ___ . J'ai envie de ___ .

Exemple:
Moi, je rêve de partir en France.

C 61/5 **3** *Formez les phrases. Utilisez* à *ou* de. (→ Liste des mots, p. 149)

Mon copain m'aide toujours	à	prendre une décision?
Il faut arrêter	de/d'	passer leurs vacances ensemble.
Est-ce que Romain va arriver		apprendre une langue.
Nous apprenons		faire mes exercices de maths.
Les jeunes ont décidé		peser le pour et le contre.

Recherche

4 *Cherchez des informations sur les chantiers internationaux et présentez vos résultats en classe.*

www.yahoo.fr
→ recherche:
chantier + international

Jugend für Europa
Deutsche Agentur für das
EU-Aktionsprogramm JUGEND

Heussallee 30
D–53113 Bonn

Tel.: 0228/9506220
Fax: 0228/9506–222
E-Mail: jfe@jfemail.de

Jeux de rôle

5 ►◄ *Préparez le dialogue et jouez-le en classe.*

Louise ruft Camille an.
Die beiden Freundinnen begrüßen sich.
Louise sagt Camille, dass sie davon träumt, mit ihr die Ferien zu verbringen, und fragt ihre Freundin, ob sie schon ihre Eltern gefragt hat.
Camille bejaht.
Louise fragt, ob Camilles Eltern ihr erlaubt haben, mit Louise zusammen wegzufahren.
Camille verneint. Ihre Eltern schaffen es nicht, zu einer Entscheidung zu kommen. Ihre Mutter hat Angst. Sie sagt, dass es vielleicht zu gefährlich ist.
Louise meint, dass auch ihre Eltern nicht aufhören das Für und Wider abzuwägen. Ihr Vater meint, dass sie noch zu jung sind.

6 ◐ ►◄ *A veut faire une randonnée à vélo en Provence pendant quinze jours et dormir sous la tente. A veut partir avec B. B n'est pas vraiment d'accord ... Cherchez des arguments pour et des arguments contre ce projet, puis préparez un dialogue à deux et jouez-le en classe.*

Préparer la lecture

1 Um welche Art Text handelt es sich? Woran erkennt ihr das?

Premiers jours au chantier

1er juillet

Incroyable, mais vrai! Magali et moi, on sort de la tente et on voit un garçon qui sort de la maison. C'était Roberto. Le Roberto du «Pari Roller». Le monde est petit! On a pris notre petit-déjeuner ensemble et on a beaucoup parlé. Il n'est plus avec Maria.

Ici, c'est formidable. C'est encore plus beau que la Côte d'Azur. C'est plus sauvage et surtout très tranquille. J'adore ce paysage, les vieilles maisons, le jardin et la nature. Pierre et sa femme qui s'occupent du chantier, habitent à Mayne toute l'année. Ils travaillent tout le temps, mais ils rigolent avec nous et ils sont moins stressés que les adultes que je connais à Paris.

Romain ne regrette pas d'être ici. Nous avons décidé de travailler dans les collines. Des collines entières ont brûlé.

3 juillet

Nous sommes allés en voiture au pied d'une colline. L'incendie a eu lieu l'année dernière, mais tout était encore noir. L'horreur! On ne sait pas si cet incendie était criminel ou si c'était un accident! Le feu peut prendre aussi à cause d'un verre cassé. Un morceau de verre, c'est presque aussi dangereux qu'une allumette.

J'ai pris un coup de soleil. J'ai planté quelques arbres. Pas beaucoup, mais c'est moins facile qu'on croit d'abord.

Je parle beaucoup avec Roberto. Il me photographie tout le temps.

7 juillet

Hier et avant-hier, on a continué à replanter. Aujourd'hui, excursion à Marseille. Nous sommes allés sur le vieux port, sur la Canebière. Nous avons mangé sur une plage et nagé dans la mer. Génial!

Les repas ici sont bons, meilleurs qu'à la cantine: On les prépare nous-mêmes. On fait tout ensemble: les courses, la vaisselle. Et il ne faut pas oublier de ranger les tentes. L'avantage, c'est que ça va vite.

10 juillet

Je trouve toujours que tout est passionnant. Le seul inconvénient, c'est que, Roberto et moi, on n'est jamais seul, enfin pas souvent. J'ai envoyé des cartes postales, aussi à mon père et à Mylène.

Comprendre

C 62/1 **2** **a** *Qui a écrit le texte? Justifiez votre réponse.*

b *Lisez le texte et répondez. De qui ou de quoi est-ce qu'on parle?*

1. Il n'est plus avec Maria.
2. Ils ont pris le petit-déjeuner ensemble.
3. Ils habitent à Mayne toute l'année.
4. Il ne regrette pas d'être à Mayne.
5. Il peut prendre à cause d'un verre cassé.
6. Il a eu lieu l'année dernière.
7. Les jeunes les préparent eux-mêmes.
8. Il ne faut pas oublier de faire ça.

Le chantier de Mayne

c ◐ *Trouvez encore trois exemples. Votre voisin/e devine de qui ou de quoi vous parlez.*

3 *Relisez le texte. Qu'est-ce que vous apprenez sur la vie et le travail à Mayne?*

Découvrir

4 **a** *Traduisez les phrases.*

Les gens sont **moins** stressés **qu**'à Paris.
C'est encore **plus** beau **que** la Côte d'Azur.

b Sucht weitere Sätze mit Vergleichen im Text.

c Wie vergleicht man im Französischen?

S'entraîner

C 62/3
C 63/4 **5** **a** *Comparez.*

Utilisez:
+ plus / = aussi / – moins | *adjectif* + que.
(→ Repères, p. 92/3)

Pensez à l'accord de l'adjectif!

1.	Paris/Lyon	+ grand
2.	le français / l'anglais	= facile
3.	le tennis / la randonnée	+ crevant
4.	le travail de jardin / le travail sur un chantier	– dur
5.	un film d'horreur / un film de science-fiction	= terrible
6.	les B.D. de ___ / les B.D. de ___	– intéressant
7.	la Seine / le Rhône	– long
8.	un car / une voiture	+ grand
9.	le train / l'avion	+ confortable
10.	une allumette / un morceau de verre	= dangereux

C 64/5 **b** ◐ *Continuez. Comparez deux films/émissions/jeux vidéo/B.D./chanteurs/acteurs/CD/journaux/sports/livres que vous connaissez. Donnez votre avis.*

Vous pouvez utiliser:

vieux bizarre intéressant ennuyeux dangereux facile long sympa
passionnant joli célèbre cool terrible génial dur moche court
cher méchant drôle courageux pratique réaliste beau inutile sérieux

Écouter

6 **a** *Écoutez le dialogue et répondez aux questions.*

1. Combien de personnes participent à la conversation?
2. De quoi est-ce qu'elles discutent?
3. Est-ce qu'elles sont d'accord? Qu'est-ce qu'elles pensent?

b *Qui préfère la ville? Qui préfère la campagne? Écoutez encore une fois et notez leurs arguments.*

Discuter

7 *À vous. Est-ce que vous préférez vivre en ville ou à la campagne? Pourquoi? Discutez.*

Jeu de rôle

C 64/6 **8** **a** ►◄ *Marion écrit dans son journal: «Romain ne regrette pas d'être au chantier.» Pourquoi? Travaillez à deux. Posez des questions à Romain et imaginez ses réponses.*

Vous pouvez demander	quel travail il a fait. si le travail était dur. s'il a visité la région. si ce genre de vacances lui plaît. si les autres jeunes étaient sympa. de quel pays les autres venaient. s'il a fait la connaissance de quelqu'un. s'il est tombé amoureux. s'il a envie de travailler encore une fois sur un chantier international.

b *Enregistrez* l'interview de* **a** *sur une cassette et présentez-la à vos camarades.*

* **enregistrer qc** etw. aufnehmen

Une discussion

Il fait nuit, mais encore chaud. Les jeunes ont fini de manger, mais ils sont encore à table dans la cour de la maison et ils parlent de ceci et de cela. Roberto et Marion se tiennent la main.

«C'est la plus belle nuit de l'été, dit Magali.

– On se demande pourquoi les peuples se font la guerre, dit Roberto, on est si bien ensemble.

– Le monde n'est pas un chantier international, dit Mathieu.

– Si, justement, répond Roberto. Tu me donnes une idée. On pourrait organiser un chantier international pour les présidents les plus agressifs de tous les pays. Leurs guerres ont brûlé assez de collines et de maisons. On leur demande de replanter et de reconstruire et de faire la cuisine ensemble.

– Les présidents sont des vieux et presque toujours des hommes. Ils sont nuls, rigole une fille.

– Tu dis n'importe quoi, dit Magali. J'habite dans un quartier où il y a tout le temps la guerre: c'est la guerre des jeunes, des bandes de jeunes. Il suffit d'être différent ou d'avoir d'autres habitudes et ils ne t'acceptent plus! Et les filles sont quelquefois pires que les garçons.

– Les gens ont peur des autres. Les plus agressifs sont souvent les plus malheureux et les personnes les plus dangereuses sont presque toujours les plus faibles, dit Romain.

– Tu parles! dit Magali. Tu peux donner trente mille explications. Mais moi, je n'excuse pas les gens qui déclarent la guerre à d'autres pays ou à leurs voisins, qui veulent être les plus forts et qui ne laissent pas respirer les autres.

– Je ne veux pas excuser, j'essaie de comprendre! répond Romain.

– Je pense vraiment que ça ne suffit pas de comprendre, dit Magali. Ça ne suffit pas pour changer le monde. Même parler ne suffit pas. Il faut se rencontrer. La meilleure solution, c'est de faire quelque chose ensemble.

– Mon grand-père dit toujours: Faites l'amour, pas la guerre, dit Mathieu.

– À propos, dit quelqu'un. Qui fait la vaisselle ce soir?»

Comprendre

C 65/1 **1** **a** *Répondez aux questions.*

1. Où sont les jeunes et qu'est-ce qu'ils font?
2. De quoi est-ce qu'ils parlent?
3. Qui n'est pas d'accord avec qui? Trouvez deux exemples dans le texte.
4. «Les gens ont peur des autres»: Quelle est l'explication de Romain?
5. Quelle est la «meilleure solution» pour changer le monde?

b *Quelle est la phrase du texte que vous préférez? Apprenez-la par cœur.*

S’entraîner

2 ►► *Présentez ces personnages. Utilisez le superlatif.* (→ Repères, p. 93/3.2)

Exemple: C’est l’infirmière la plus gentille de l’hôpital.

1. l’hôpital – une infirmière gentille

2. le magasin – un vendeur sympa

3. le théâtre – une bonne chanteuse

4. le chantier international – un moniteur sportif

5. la ville – un bandit dangereux

6. le bureau – une secrétaire stressée

7. la famille – un enfant capricieux

8. le quartier – un chien méchant

9. l’école – un prof généreux

C 65/2 **3** ►◄ *Posez des questions à vos camarades. Utilisez le superlatif.* (→ Repères, p. 93/3)

Exemples:
À ton avis, quelle est la meilleure marque de ___ .
À la télé, quelle est la série la moins intéressante?
Quelle est la matière la plus facile?

la voiture   la marque   la série
l'acteur / l'actrice   le joueur de foot
le quartier   le métier   le pays   la ville

beau   joli   sympa
facile   ennuyeux   passionnant
utile   grand   ___

Vocabulaire

4 **a** *Quels verbes vont avec quels noms? Il y a plusieurs possibilités.*

déclarer	un pays
avoir	une décision
trouver	une carte postale
prendre	une explication
faire	une solution
donner	un arbre
visiter	la vaisselle
envoyer	une habitude
planter	la guerre
regarder	le paysage

b *Choisissez quatre de ces expressions et formez des phrases.*

Discuter

5 **a** *Que faire? Quelle est la meilleure solution? Choisissez un problème et discutez.*

Mon frère écoute toujours des CD que je n'aime pas.

Mon copain ne me parle plus.

Je voudrais sortir le soir, mais mes parents ne sont pas d'accord.

?

La meilleure solution, c'est de lui parler / de s'expliquer / d'oublier / de faire qc ensemble / de se disputer / de lui déclarer la guerre / de lui poser des questions ___

À mon avis, ___   Ça ne suffit pas de ___   Je pense vraiment que ___   Si justement!
J'essaie de comprendre / de trouver une explication / de trouver une solution.
Tu parles!   Tu dis n'importe quoi!   Tu me donnes une idée.   Ça ne sert à rien.

b *Préparez un dialogue sur le thème choisi et jouez-le en classe.*

Qu'est-ce qu'on dit en français?

1

Du sagst, dass etwas vorhanden ist / nicht (mehr) vorhanden ist:	Il y en a. / Il n'y en a pas. / Il n'y en a plus.
Du beschreibst, wie jemand aussieht:	Il/Elle a l'air (vieux/vieille/sympa/malade).
Du sagst, dass du einen Sonnenbrand hast:	J'ai pris un coup de soleil.
Du sagst, dass du es nicht schaffst etwas zu tun:	Je n'arrive pas à (me décider.)
Du sagst, dass man eine Sache von verschiedenen Seiten betrachten soll:	Il faut peser le pour et le contre.
Du betrachtest etwas von zwei Seiten:	D'un côté ___ , mais de l'autre ___ .
Du nennst die Vorteile / die Nachteile von etwas:	L'avantage / L'inconvénient, c'est ___ .
Du sagst, dass es nicht reicht etwas zu tun:	Ça ne suffit pas de (comprendre).
Du bittest um Entschuldigung:	Excuse-moi. / Excusez-moi.
Du sagst, dass jemand von diesem und jenem spricht:	Ils/Elles parlent de ceci et de cela.
Du findest, dass jemand dummes Zeug redet:	Tu dis n'importe quoi. / Tu parles!
Du machst jemanden auf etwas aufmerksam:	Tu vois que (c'est dangereux).
Du sagst, dass etwas schwerer ist als man denkt:	C'est moins facile qu'on croit.

Grammaire

2 **Das Adjektiv „vieux/vieil/vieille"** (→ GH, p. 35/23.1)

♂			♀
un **vieux** cheval	**vieux**	**vieille**	une **vieille** photo
un **vieil** olivier	**vieil**	**vieille**	une **vieille** église

♂			♀
des **vieux** chevaux	**vieux**	**vieilles**	des **vieilles** photos
des **vieux** oliviers	**vieux**	**vieilles**	des **vieilles** églises

Traduisez:

1. ein altes Dorf
2. alte Flugzeuge
3. ein alter Schrank
4. eine alte Schule
5. zwei alte Filme
6. ein alter Mann
7. eine alte Postkarte
8. ein altes Krankenhaus
9. alte Häuser
10. ein altes Instrument

3 **Die Steigerung der Adjektive** (→ GH, p. 35–36/23.2–23.3)

1. Der Komparativ

♂			♀		
+	plus	grand(s) que	+	plus	grande(s) que
=	aussi		=	aussi	
–	moins		–	moins	

C'est **plus beau que** la Côte d'Azur.
Elle est **aussi gentille que** sa sœur.
Les gens à la campagne sont **moins stressés qu'**en ville.

⚠ bon/bonne → meilleur/e que
mauvais/mauvaise → pire que

a Übersetze: Louise ist genauso so groß wie Marion, aber Roberto ist größer als Romain.

2. Der Superlativ

♂		♀	
le plus **le** moins	grand	**la** plus **la** moins	grand**e**
les plus **les** moins	grand**s**	**les** plus **les** moins	grand**es**

	Superlativ + Nomen	Nomen + Superlativ
C'est une **belle** nuit.	C'est **la plus belle** nuit.	
C'est un film **intéressant**.		C'est le film **le plus intéressant**.

b Beschreibe die Satzstellung mit Superlativen

– bei Adjektiven, die vor dem Nomen stehen,
– bei Adjektiven, die hinter dem Nomen stehen.

⚠ le meilleur / la meilleure / les meilleur(e)s	der/die beste / die besten
le/la pire / les pires	der/die schlechteste / die schlechtesten

c Übersetze: die ältesten Häuser – das schönste Gebäude – die kleinste Klasse – der älteste Mann – der beste Film – der kleinste Computer – der kälteste Winter

4 Neue Verben

permettre wie: **mettre** **vendre** wie: **attendre**

réfléchir wie: **finir** **construire** wie: **conduire**

envoyer wie: **payer**

5 Das Pronomen „en" (→ GH, p. 37/24)

– Vous vendez de la lavande?	+ Oui, j'**en** vends.
– Tu as besoin de ton jeu vidéo?	+ Non, je n'**en** ai pas besoin.
– Vous avez des oliviers?	+ Oui, j'**en** ai beaucoup.
– Tu as acheté du café?	+ Oui, j'**en** ai acheté un kilo.
– Est-ce que tu as un frère?	+ Oui, j'**en** ai un.

S'entraîner

1 **a** *Traduisez.*

1. Je n'arrive pas à traduire cette phrase!
2. Il faut apprendre à faire des recherches sur Internet.
3. Monsieur, Jan m'empêche de finir mon exercice!
4. Nous avons oublié de répondre à la question numéro trois.
5. Arrêtez de parler allemand.
6. Est-ce que tu peux m'aider à ranger la classe?

b *Écrivez trois phrases en français. Utilisez un verbe + à/de + infinitif.* (→ Liste des mots, p. 149)

2 *Qu'est-ce que vous préférez? Pourquoi? Comparez.* (→ Repères, p. 92/3)

Je préfère (une maison à la campagne) à (un appartement en ville) parce que c'est plus/moins ___ .

tranquille   cher   joli   intéressant   bon
pratique   drôle   ennuyeux   facile   vieux   ___

1. une maison à la campagne – un appartement en ville

2. un steak saignant – un steak bien cuit

3. un petit magasin – un supermarché

4. un roman – une B.D.

5. un film d'amour – un film de science-fiction

6. le foot – le handball

3 **a** *Faites le guide. Utilisez le superlatif.*
(→ Repères, p. 93/3.2)

C'est la plus grande ville de la région.

1

la ville / grand / région

2

le sport / passionnant / région

3

l'hôtel / tranquille / village

4

la plage / joli / pays

5

le champ de lavande / beau / Provence

6

le poisson / bon / marché

7

la fête / joyeux / village

8

l'église / vieux / village

b *Posez aux autres des questions sur votre pays/ville/village. Utilisez le superlatif.*

Où est-ce qu'il y a les plus jolies plages?

Quel est le monument le plus important?

Réviser (→ GH, p. 9/31; p 21/13; p. 35/23.1)

4 *Complétez. Utilisez un adjectif. Attention à l'accord!*

actif sportif
vieux nouveau
amoureux
capricieux beau
dangereux

1. Tu as une [?] veste? Non, je l'ai depuis longtemps, elle est déjà [?].
2. Marion et Louise font du roller. Elles sont très [?].
3. Camille est moins [?] que sa copine. Elle préfère rêver sur son lit.
4. Est-ce que Marion est tombée [?] de Roberto?
5. Attention, parfois, la mer peut être [?].
6. L'année dernière, les jeunes ont restauré un [?] hôpital de 1878.
7. En Provence, il y a des très [?] plages.
8. J'adore ce petit village de Provence, c'est un très [?] endroit.
9. Cette petite fille n'arrête pas de pleurer, elle n'a pas mal, mais elle est très [?].

Préparer l'examen oral

C 61/6 **5** *À l'auberge de jeunesse de Fontaine de Vaucluse, près d'Avignon, tu rencontres deux jeunes qui veulent y passer la nuit. Ils ne parlent pas français. Alors, tu les aides. Écoute, traduis pour eux et réagis.*

Projet – La France

6 *«Mayne, c'est près d'Avignon et la Provence, c'est magnifique!» Cherchez des informations sur ces endroits et la Provence.* (→ Kleines Landeskundliches Wörterbuch / Reiseführer / Internet)

- Où est la Provence?
- Quelles sont les villes les plus importantes?
- Parlez un peu du paysage, du climat.
- Parlez d'un ou de deux problèmes de la région.
- Qu'est-ce qu'on peut y faire pendant les vacances?

Ces adresses peuvent vous être utiles:

www.provenceweb.fr
www.ot-avignon.fr
www.ot-islesurlasorgue.fr

Office du Tourisme d'Avignon
41, Cours Jean-Jaurès
F-84000 Avignon
Tel. 04 32 74 32 74 – Fax 04 90 82 95 03

Apprendre à apprendre

C 66/3a **7** **Wie du eine Erzählung richtig verstehen kannst**

Wenn du eine Erzählung liest, geht es nicht darum, jedes einzelne Wort zu verstehen. Wichtiger ist es, den Zusammenhang zu verstehen. Halte fest, was du verstanden hast, indem du versuchst folgende Punkte zu rekonstruieren:
- Welche Personen spielen eine Rolle?
- Wie stehen die Personen zueinander?
- Wo und wann ist etwas passiert?
- Welches sind die wichtigsten Etappen der Handlung?

Probiere es gleich mit der Geschichte „Pierrot, mon héros" aus.
(→ p. 97–99)

Préparer la lecture

1 **a** *Cherchez le Jura sur la carte de France, p. 101.*

b *Cherchez des informations sur ces noms dans le petit dictionnaire de civilisation.*
(→ Landeskundliches Wörterbuch, p. 120)

l'Occupation

la Résistance

le Maquis

Pierrot, mon héros

J'ai quinze ans et j'habite à Lons-le-Saunier, dans le Jura, je m'appelle Pierre Charnal et j'ai un grand-père qu'on appelle Grand-Pierre. En 1944, il avait quinze ans et il habitait avec sa sœur aînée, son frère aîné et ses parents dans une ferme du Jura. À cette époque-là, on l'appelait Pierrot, comme moi maintenant. Pierrot, un petit nom que je déteste, parce que ça fait clown et terriblement ringard, même si Pierrot, ça rime avec héros.

La ferme de Grand-Pierre a brûlé pendant la dernière guerre mondiale, mais mes parents ont fait reconstruire une belle maison au même endroit. Grand-Pierre a perdu ses parents et sa sœur pendant cette guerre. Mais, il n'aime pas parler de cette époque. Et il ne répond pas à nos questions sur lui, sur la disparition de ses parents, sur la ferme. À mon avis, il a trop de mauvais souvenirs. Je sais aussi qu'il est entré très jeune dans la Résistance et quand j'ai choisi l'allemand deuxième langue à l'école, il n'a pas été très content, mais il n'a rien dit. Quelquefois, il regarde même mes livres.

Un jour où il lisait le journal comme d'habitude, quelque chose de bizarre est arrivé. Je faisais mes devoirs dans la salle de séjour et j'écoutais la cassette de mon livre d'allemand. C'était une histoire idiote d'enfants perdus dans la Forêt Noire. Une mère demandait: «Hast du sie gesehen?» Le père, désespéré, criait comme au théâtre: «Nein! Ich habe niemanden gesehen!»

Grand-Pierre a jeté son journal par terre et a crié aussi:

«Qu'est-ce que ça veut dire?»

J'ai arrêté la cassette. Je croyais à un reproche.

«Heu ... je ... fais trop de bruit?

– Non, cette phrase en allemand, là, sur ta cassette, qu'est-ce que ça veut dire?

– Ça veut dire: «Je n'ai vu personne». C'est l'histoire de deux enfants qui ...

– Ton histoire ne m'intéresse pas, a dit Grand-Pierre. Repasse-moi la phrase!»

le héros der Held 5 **aîné/e** ältere/r 9 **ringard/e** *fam.* altmodisch, lächerlich 9 **même si** selbst wenn 10 **rimer** sich reimen 12 **mondial/e** Welt- 13 **faire reconstruire qc** etw. wieder aufbauen lassen 20 **jeune** jung *m./f.* 20 **la Résistance** der Widerstand (→ Landeskundliches Wörterbuch, p. 120) 23 **même** sogar 25 **arriver** *hier:* geschehen 28 **idiot/e** idiotisch 29 **la Forêt Noire** der Schwarzwald 30 **désespéré/e** verzweifelt 33 **par terre** auf den Boden 36 **le reproche** der Vorwurf 37 **le bruit** der Lärm 43 **(re)passer** *hier:* (noch einmal) vorspielen

On a écouté vingt fois: «Ich habe niemanden gesehen!» Grand-Pierre avait l'air bouleversé. Il tremblait et avait des larmes dans les yeux. Moi, je ne comprenais rien. Au bout d'un moment, il a retrouvé son calme et il m'a raconté son histoire.

«J'avais ton âge, c'était la guerre et l'Occupation. Il y avait souvent des hommes qui arrivaient la nuit à la ferme, des garçons de la région et une fille que je ne connaissais pas. Ils repartaient avec des provisions. Je posais des questions, mais personne n'y répondait. Marcel, mon frère aîné ne dormait plus chez nous, mais lui aussi, venait souvent la nuit et repartait avec un sac plein de linge et de fromage. Ma mère se faisait du souci, mon père, qui n'était déjà pas très bavard, ne parlait plus du tout, ma sœur Agnès, qui voulait devenir institutrice, n'arrêtait pas de lire ou alors elle aidait mes parents. On ne parlait pas des visites nocturnes, mais je savais bien que mon frère faisait partie d'un réseau de résistants et je savais aussi que je ne devais pas le savoir. Je l'admirais et tu penses bien que je voulais le suivre le plus tôt possible.

C'était le début des grandes vacances. À cette époque-là, on avait encore trois mois de vacances. Je travaillais aux champs avec mes parents et le dimanche, j'allais pêcher. Un dimanche, je suis parti très tôt, vers cinq heures du matin, à la rivière, car je voulais pêcher quelques heures et rentrer avec le repas de midi dans mon sac.»

Là, mon grand-père a fait une pause. Il avait une drôle de voix. Mais il a continué:

«Je n'étais pas là depuis une heure quand j'ai eu un drôle de pressentiment. Je n'avais pas encore assez de poisson pour toute la famille, mais je suis quand même rentré. Quand je suis arrivé près de la ferme, j'ai vu de loin des voitures noires et des soldats. J'ai vu mon père, ma mère et ma sœur, que des soldats poussaient dans un camion. Je me suis caché derrière des buissons. Il y avait encore plein de soldats partout. J'entendais des cris, des ordres hurlés en allemand. Ensuite, les hommes se

2 **bouleversé/e** erschüttert 3 **trembler** zittern 3 **la larme** die Träne 4 **au bout d'un moment** nach einer Weile 5 **le calme** die Ruhe 8 **l'Occupation** die Besatzung (⟶ Landeskundliches Wörterbuch, p. 120) 13 **les provisions** *f.* der (Lebensmittel-) Vorrat 19 **plein de linge** voll mit Wäsche 22 **bavard/e** geschwätzig 23 **l'institutrice** *f.* die Grundschullehrerin 25 **la visite** der Besuch 25 **nocturne** *m./f.* nächtlich 26 **faire partie de qc** angehören 27 **le réseau de résistants** die Widerstandsorganisation 31 **le plut tôt possible** so bald wie möglich 38 **pêcher** angeln 39 **tôt** früh 39 **vers cinq heures** gegen fünf Uhr 45 **le pressentiment** die Vorahnung 47 **quand même** trotzdem 51 **le camion** der LKW 52 **le buisson** der Busch 53 **le cri** der Schrei 53 **l'ordre** *m.* der Befehl

sont dispersés autour de la ferme. Ils cherchaient quelqu'un. Mon frère? Moi? Les deux, je pense.

Quelqu'un s'est approché du buisson où j'étais caché. Je me suis fait tout petit. La tête entre les bras, j'ai attendu un moment. Et quand j'ai relevé la tête j'ai vu un jeune soldat qui me regardait. Un brun aux yeux verts qui m'a dit à voix

basse, en français, avec cet accent que je détestais: «Ne bouge pas, reste où tu es». Ensuite, j'ai entendu: «Kurt! Kurt!» Alors, il est retourné vers les autres soldats. Il a crié, «Ja, ja» et une phrase en allemand à ses camarades qui s'approchaient, il l'a répétée plusieurs fois, parce que les autres n'entendaient pas.

Pierrot, je ne sais pas l'allemand, mais le son de cette phrase-là, je l'ai dans ma tête depuis plus de soixante ans. Ensuite, ce Kurt et ses camarades sont montés dans les camions et ils sont partis.»

Grand-Pierre n'a plus rien dit. Mais moi, je voulais tout savoir, alors cette fois, j'ai insisté. Il a soupiré:

«La suite, Pierrot, tu peux l'imaginer. Je suis resté longtemps derrière mon buisson. Le soleil était déjà chaud, mais j'avais froid, très froid. Je suis finalement rentré dans la cour et j'ai vu notre chien par terre: il avait un trou dans la tête. Je suis allé dans la cuisine. Sur la table, il y avait des bols de café au lait encore pleins. Et une tartine de beurre et un livre à côté du bol de ma sœur. Elle lisait à table, une mauvaise habitude, mes parents avaient horreur de ça. J'ai mangé la tartine et j'ai fait un sac.»

«Le chien, la tartine de beurre, le livre, le sac.» Il s'arrête là. Il ne peut pas dire qu'il est parti dans le maquis pour retrouver son frère. Il ne dit pas que les SS ont fusillé son père, déporté sa mère et sa sœur. Il ne dit pas non plus qu'ils ont brûlé la ferme, deux jours après. Il dit: «Plus tard, bien plus tard, dans les années soixante, soixante-dix, j'ai toujours pensé que ce Kurt allait revenir.

– Tu voudrais le revoir?»

Il ne répond pas. Il appuie sur le bouton: «Ich habe niemanden gesehen.» crie la voix d'un mauvais acteur.

1 **se disperser** sich verteilen 1 **autour de** … um … herum 5 **s'approcher** sich nähern 9 **relever qc** etw. erheben 12 **à voix basse** leise 20 **le son** der Klang 27 **soupirer** seufzen 31 **finalement** schließlich 32 **le trou** das Loch 34 **le bol** die Schale 35 **plein** voll 41 **le maquis** der Buschwald *hier:* die französische Partisanengruppe (⟶ Landeskundliches Wörterbuch, p. 120) 42 **fusiller qn** jdn erschießen 42 **déporter qn** jdn in ein Konzentrationslager verschleppen 49 **appuyer sur qc** auf etw. drücken 49 **le bouton** der Knopf

facultatif

Bonnes vacances!

Séquences supplémentaires à la carte

SÉQUENCE 1
(p. 102)
La fête de la musique à Paris
Die Fragen mit „qu'est-ce qui“ und „qu'est-ce que“
Die Relativpronomen „ce qui“ und „ce que“

La fête de la musique

SÉQUENCE 2
(p. 104)
Ils avaient tout organisé
Das „plus-que-parfait“
Zwei Objektpronomen beim Imperativ

«Chalon dans la rue»

SÉQUENCE 3
(p. 106)
Rencontres sportives
Die „mise en relief“

Pré Saint Gervais

SÉQUENCE 4
(p. 108)
À la gare de départ
„être en train de faire qc“ und „venir de faire qc“

Biarritz

Calais
Lille
Rhin
Meuse
Sambre
Amiens
Somme
Le Havre
Rouen
Reims
Caen
Seine
Paris
Marne
Meuse
Metz
St.-Malo
Nancy
Strasbourg
Moselle
Rhin
Le Mans
Seine
Troyes
Rennes
Colmar
Orléans
V o s g e s
Loir
Mulhouse
Saône
Loire
Tours
Besançon
St. Nazaire
Dijon
Doubs
Nantes
Loire
Cher
Chalon-sur-Saône
J u r a
Lons-le-Saunier
Poitiers
Saône
La Rochelle
Annecy
Rhône
Clermont-Ferrand
Limoges
Lyon
Loire
Isère
Charente
Angoulême
St.-Étienne
A l p e s
M a s s i f
Grenoble
Isère
Bordeaux
Dordogne
Cère
Drac
C e n t r a l
Rhône
Lot
Lot
Durance
Aveyron
Garonne
Verdon
Avignon
Tarn
Nîmes
Durance
P r o v e n c e
Nice
Biarritz
Toulouse
Adour
Montpellier
Grasse
Bayonne
Aix-en-Provence
Pau
Sète
Marseille
Garonne
Ariège
Aude
Narbonne
P y r é n é e s
Perpignan

La fête de la musique à Paris

Comprendre

1 ►◄ *Mathieu téléphone à Romain. Il pose des questions et Romain répond. Jouez le dialogue au téléphone.*

Mathieu demande
- si Romain a téléphoné à Thomas;
- si Thomas va venir;
- si Louise va venir aussi;
- quand Louise va passer le brevet.

S'entraîner

2 ►◄ *Posez ces questions à vos camarades.*
Utilisez qu'est-ce qui *ou* qu'est-ce que.
(→ Repères, p. 110/2)

* **plus difficile** schwieriger; **plus intéressant** interessanter

1. [?] tu préfères: le rap ou le hip-hop?
2. [?] tu as fait hier?
3. [?] est plus difficile*: le français ou les maths?
4. [?] te plaît à la télé?
5. [?] est plus intéressant*: regarder un match de foot ou regarder un match de tennis?

C 70/3 **3** *Complétez. Utilisez* ce qui *ou* ce que. (→ Repères, p. 110/3)

Activité

C 69/1 **4** *Est-ce qu'il y a une fête de la musique chez vous?*
Recherchez des informations:

Quand est-ce qu'elle a lieu? Et où?
Qu'est-ce qu'on peut entendre?
Quels groupes jouent?

Ils avaient tout organisé

Tim et son copain français Frédéric sont partis de Paris à vélo. Ils avaient décidé ce voyage depuis longtemps. Ils voulaient traverser la France de Paris à Marseille à vélo pendant trois semaines. Frédéric avait acheté des cartes et préparé leur itinéraire jour par jour, il avait fait la liste des campings et des auberges de jeunesse qui se trouvaient sur leur chemin et il avait aussi réservé leurs places. Les deux garçons avaient prévu des étapes de 100 kilomètres par jour.

«Improviser, ce n'est pas ton truc, dit Tim à Frédéric.
– Oui, j'aime mieux être sûr» répond Frédéric.

Tout s'est passé presque comme prévu jusqu'au 22 juillet où Frédéric a eu un pneu crevé … C'était la quatrième fois depuis leur départ. Ils étaient près de Chalon-sur-Saône.

Frédéric: Zut! On a encore des rustines*?
Tim: Une.
Frédéric: Donne-la-moi.

Mais cette fois, ils ne sont pas arrivés à réparer le pneu. De plus, Tim avait un problème de freins. Il a fallu pousser les vélos jusqu'à Chalon.

Alors, ils sont allés à l'auberge de jeunesse.

* **la rustine** der Flicken

Pendant qu'ils montent leur tente, Sandrine leur parle du festival qui s'appelle «Chalon dans la rue». Il y a des spectacles de rues avec des clowns, des chanteurs, des artistes.

Comprendre

C 71/1 **1** **a** *Tim et Frédéric préparent leur voyage. À quoi est-ce qu'il faut penser? Ils font une liste. Complétez-la.* (→ Texte)

acheter des cartes
préparer ___
___

b *Racontez.*
1. Pourquoi est-ce qu'ils doivent rester à Chalon?
2. Où est-ce qu'ils passent la nuit et comment?
3. Pourquoi est-ce que Tim dit: «Ça vaut le coup d'improviser?»

S'entraîner

C 71/3 **2** *Transformez les phrases. Utilisez deux pronoms après l'impératif.* (→ Repères, p. 112/6)

Exemple:
1. Donne-la-moi.

C 71/2 **3** *Mettez les verbes entre parenthèses au plus-que-parfait.* (→ Repères, p. 111/5)

1. Il était malheureux à Paris. Avant, il *(habiter)* à la campagne.
2. Nous voulions traverser la France à vélo. Avant, nous *(préparer)* ce voyage pendant des mois.
3. Quand nous sommes arrivés au cinéma, le film *(déjà commencer)*.
4. Quand les jeunes sont enfin arrivés à la gare, le train *(partir)*.
5. À 19 ans, Svenja a fait un stage en France. À 17 ans, elle *(faire)* un stage en Belgique.
6. Quand mon copain est arrivé chez moi, nous *(déjà sortir)*.
7. Ils ont poussé leurs vélos jusqu'à Chalon parce qu'ils *(ne pas arriver)* à réparer le pneu.
8. Ah, vous avez passé la nuit à l'auberge de jeunesse! Est-ce que vous *(réserver)* avant?

Activité

4 **a** ►◄ *Regardez la carte de France, page 101. Retrouvez l'itinéraire possible de Tim et Frédéric de Paris à Marseille sur la carte. Notez les noms des villes où ils vont passer.*

b *À vous. Regardez la carte de France et préparez un itinéraire possible. Quels endroits est-ce que vous voulez visiter? Comment est-ce que vous allez voyager*?*

* **voyager** reisen

Rencontres sportives

Les villes de Pré-Saint-Gervais et de Giengen sont jumelées depuis 1970. Des échanges ont lieu sur tous les plans: Sport, musique, stages, voyages, Internet ... Ce week-end, c'est au Pré-Saint-Gervais que les équipes de basket se rencontrent. Hier, ce sont les femmes qui ont joué et c'est l'équipe allemande qui a gagné. Aujourd'hui, ce sont les équipes masculines qu'on peut applaudir. Les dix joueurs sont bons. Pendant les vingt premières minutes, les Allemands ont le dessus, mais ensuite la situation se renverse.

Ensuite, il y a un grand buffet où tout le monde se retrouve.

Comprendre

C 72/1 **1** *Comparez les phrases suivantes avec le texte. Est-ce que c'est vrai ou faux?*

1. Depuis plus de trente ans, les villes de Pré-Saint-Gervais et de Giengen font des échanges sportifs et culturels.
2. Ce week-end, il y a une rencontre des équipes de basket en Allemagne.
3. Hier, les Françaises ont gagné le match.
4. Aujourd'hui, les équipes masculines jouent.
5. Au début, les Allemands jouent mieux que les Français, mais plus tard, un Français marque des points.

S'entraîner

2 *Complétez. Utilisez* c'est / ce sont ___ qui/que/qu'. (→ Repères, p. 113/8)

C 71/2 **3** ►◄ *Tu n'as pas bien compris. Alors, tu demandes encore une fois. Ton partenaire donne la réponse.*

Exemples:
– C'est à 10 heures que le train part?
+ Non, c'est à 11 heures que le train part.

1. C'est à 10 heures que le train part? (11 heures)
2. C'est l'exercice 3, page 5 qu'il faut faire en maths? (l'exercice 5, page 3)
3. C'est Sébastien qui a marqué 2 points pendant le match? (Philippe)
4. C'est avec Marion qu'on va au cinéma? (Magali)
5. C'est Vincent qui a réparé son vélo? (son père)
6. C'est pour Sylvie qu'ils vont acheter un cadeau? (Sylvain)
7. Ce sont les B.D. de Tintin que tu aimes lire? (Lucky Luke)

Activité

4 *Choisissez entre* **a** *et* **b** *et racontez.*

a Vous jouez dans une équipe? Vous avez déjà joué contre d'autres équipes? Où? Contre qui? Qui a gagné?

b Votre ville/village est jumelé/e avec une ville / un village français/e? Est-ce que vous avez des échanges sportifs? Ils ont lieu quand? Où? Depuis quand? Souvent? Qu'est-ce que vous faites après les matchs?

facultatif

À la gare de départ

Maria prend des cours de vacances près de Biarritz. Les jeunes ont des cours de conversation française le matin, mais ils font souvent des excursions. Aujourd'hui, ils vont dans les Pyrénées. Ils viennent d'arriver à la gare de départ du petit train de la Rhune. Le petit train est un vieux train qui monte à 905 mètres d'altitude dans la montagne. On peut redescendre à pied à la gare de départ par un petit sentier balisé en vert.

Le petit train de la Rhune

Maria et ses amis vont prendre leurs billets.

Dans le train, ils regardent le paysage. Ils voient des petits chevaux sauvages et dans le ciel, un grand oiseau.

En haut, le paysage est fantastique. Il y a beaucoup de vent. Maria écrit ses cartes postales.

Comprendre

C 73/1 **1** **a** *Cherchez des informations dans le Petit dictionnaire de civilisation, p. 118–119.*

Biarritz | le massif de la Rhune | les Pyrénées

b *Dans quelles phrases du texte est-ce que vous trouvez ces informations? Justifiez vos réponses.*

1. Maria apprend le français sur la côte atlantique.
2. Maria et ses amis arrivent en retard à la gare du train de la Rhune.
3. Ils ne doivent pas attendre longtemps le train.
4. Le massif de la Rhune est dans les Pyrénées, pas loin de Biarritz.
5. Les jeunes vont redescendre à pied à la gare de départ.
6. Sur le chemin du retour, il y a des signes verts.

S'entraîner

2 *Qu'est-ce qu'ils sont en train de faire? Complétez. Utilisez* être en train de + *infinitif.* (→ Repères, p. 113/10)

1. regarder les actualités

2. faire ses devoirs

3. réparer le vélo de Mélanie

4. jouer au ping-pong

5. faire la vaisselle

6. planter des arbres

C 74/3 **3** *Formez les phrases. Utilisez* venir de + *infinitif.* (→ Repères, p. 113/11)

1. Les jeunes ne sont pas contents parce qu'ils / rater / le train de la Rhune.
2. Maria est fière parce qu'elle / gagner un rallye.
3. Nous sommes fatigués parce que nous / faire une excursion.
4. Je suis content parce que tu / prendre une bonne décision.
5. Je n'ai presque plus d'argent sur moi parce que je / prendre les billets.
6. Les gens descendent parce que le train / arriver sur le massif de la Rhune.

facultatif

SÉQUENCE SUPPLÉMENTAIRE 1

Qu'est-ce qu'on dit en français?

1

Du meinst, dass etwas wie immer ist:	C'est comme toujours.
Du sagst, dass jemand eine Prüfung macht:	Il/Elle passe (le brevet).
Du willst wissen, was mit jemandem los ist:	Qu'est-ce qui lui arrive?
Du findest, dass jemand sehr zufrieden aussieht:	Il/Elle a l'air très content(e).

Grammaire

2 **Die Frage mit „qu'est-ce qui" und „qu'est-ce que"** (→ GH, p. 39/26)

	Merke
Qu'est-ce qui intéresse un garçon de 15 ans?	Qu'est-ce qui + Verb
Qu'est-ce qui l'intéresse?	Qu'est-ce qui + Objektpronomen + Verb
Qu'est-ce que tu fais? **Qu'est-ce qu'**il chante?	Qu'est-ce que + Subjekt + Verb

a Übersetze die Fragen. Wann verwendest du „qu'est-ce qui" und wann „qu'est-ce que"?

b Stelle Fragen:

1. Was singt er?
2. Was sagt sie?
3. Was ist besser?
4. Was hörst du?
5. Was interessiert dich?
6. Was gefällt ihr?
7. Was machst du?
8. Was ist richtig?

3 **Die Relativpronomen „ce qui" und „ce que"** (→ GH, p. 40/27)

	Merke
– Qu'est-ce qui l'intéresse? + Je ne sais pas **ce qui** l'intéresse.	ce qui (+ Objektpronomen) + Verb
– Qu'est-ce que Louise chante? + Je ne sais pas **ce que** Louise chante.	ce que + Subjekt + Verb

a Übersetze die Beispielsätze. Wann verwendest du „ce qui", wann „ce que"?

b Übersetze ins Französische.

1. Ich weiß nicht, was er gesagt hat.
2. Ich weiß nicht, was dich interessiert.
3. Ich weiß nicht, was ihm gefällt.
4. Ich weiß nicht, was Thomas entschieden hat.
5. Ich weiß nicht, was richtig ist.
6. Ich weiß nicht, was es bedeutet.
7. Ich verstehe nicht, was sie sagt.
8. Ich weiß nicht, was sie macht.

facultatif

Qu'est-ce qu'on dit en français?

4

Du gibst an, wie lange du etwas machen wirst:	(Je vais travailler) pendant trois semaines.
Du sagst, dass etwas nicht deine Sache ist:	Ce n'est pas mon truc.
Du sagst, dass du ein Problem mit etwas hast:	J'ai un problème de (freins).
Du sagst, dass du keine Zeit hast:	Je n'ai pas le temps.
Du sagst, dass alles ausgebucht/besetzt ist:	Tout est complet.
Du schlägst vor, zu einer Veranstaltung zu gehen:	On y va?
Du findest, dass eine Sache es wert ist:	Ça vaut le coup.

Grammaire

5 🕮 **Das „plus-que-parfait"** (→ GH, p. 41/28.1–28.3)

1. Die Bildung

j'	**avais** parlé	j'	**étais** arrivé(e)
tu	**avais** parlé	tu	**étais** arrivé(e)
il/elle/on	**avait** parlé	il/on	**était** arrivé
		elle	**était** arrivée
nous	**avions** parlé	nous	**étions** arrivé(e)s
vous	**aviez** parlé	vous	**étiez** arrivé(e/s)
ils/elles	**avaient** parlé	ils	**étaient** arrivés
		elles	**étaient** arrivées

Beschreibe die Bildung des „plus-que-parfait".

2. Der Gebrauch

Avant, ils **avaient préparé** ce voyage. — En juillet, ils **sont partis** à vélo. — Maintenant, ils sont à Chalon.

Vorvergangenheit — Vergangenheit — Gegenwart

Ergänze die Sätze. Verwende das „plus-que-parfait".

1. J'étais fatigué parce que je *(participer)* à «Pari Roller».
2. Tim et Frédéric étaient fatigués parce qu'ils *(partir)* très tôt le matin.
3. Nous étions fatigués parce que nous *(aller)* à la piscine.
4. Sandrine était fatiguée parce qu'elle *(travailler)* toute la journée.

6 **Zwei Objektpronomen beim Imperativ** (→ GH, p. 42/29)

Merke	direktes Objektpronomen	indirektes Objektpronomen	⚠		
Imperativ +	le	moi	me	→	moi
	la	toi	te	→	toi
	les	nous			
		vous			
		leur			

SÉQUENCE SUPPLÉMENTAIRE 3

Qu'est-ce qu'on dit en français?

7

Du sagst, dass zwei Städte eine Partnerschaft haben:	(Pré-Saint-Gervais et Giengen) sont jumelées.
Du sagst, dass jemand im Vorteil ist:	(Les Allemands) ont le dessus.
Du sagst, dass jemand einen Treffer erzielt / einen Punkt gemacht hat:	Il/Elle a marqué un point.
Du sagst, dass ihr eine Revanche / ein Rückspiel haben werdet:	On va prendre notre revanche.

Grammaire

8 📖 **Die „mise en relief“** (→ GH, p. 43/31)

L'équipe allemande a gagné.	**C'est** l'équipe allemande **qui** a gagné.
Hier, **les femmes** ont joué.	**Ce sont** les femmes **qui** ont joué hier.
Tu dois goûter **le couscous**.	**C'est** le couscous **que** tu dois goûter.
Les équipes se retrouvent **à Giengen**.	**C'est** à Giengen **que** les équipes se retrouvent.
La rencontre a lieu **ce week-end**.	**C'est** ce week-end **que** la rencontre a lieu.

a Erkläre, wann du „c'est / ce sont ... **qui**“ und wann du „c'est / ce sont ... **que**“ verwenden musst.

b 🎧 Höre die Sätze an und übersetze sie ins Französische.

SÉQUENCE SUPPLÉMENTAIRE 4

Qu'est-ce qu'on dit en français?

9

Du sagst, dass du gerade etwas getan hast:	Je viens de (téléphoner à Maria).
Du sagst, dass du dabei bist, etwas zu tun:	Je suis en train de (travailler).
Du sagst, dass du etwas tun wirst:	Je vais (acheter les billets).
Du sagst, dass du den Zug verpasst hast:	J'ai raté le train.
Du willst wissen, wie lange die Fahrt dauert:	Combien de temps dure le trajet?

Grammaire

10 📖 **„être en train de“ + Infinitiv** (→ GH, p. 44/32)

Elle **est en train d'**acheter des cartes postales.
Nous **sommes en train de** faire nos exercices.

Übersetze die Beispielsätze.

11 📖 **„venir de“ + Infinitiv** (→ GH, p. 44/33)

Le train **vient de** partir.
Nous **venons de** faire nos exercices.

Übersetze die Beispielsätze.

Merke

Je **viens de** faire qc.	Je **suis en train de** faire qc.	Je **vais** faire qc.
▲	▲	▲ →
Vergangenheit	Gegenwart	Zukunft

Annexe

L'alphabet Das Alphabet

a [a]	d [de]	g [ʒe]	j [ʒi]	m [ɛm]	p [pe]	s [ɛs]	v [ve]	y [igʀɛk]
b [be]	e [ə]	h [aʃ]	k [ka]	n [ɛn]	q [ky]	t [te]	w [dubləve]	z [zɛd]
c [se]	f [ɛf]	i [i]	l [ɛl]	o [o]	r [ɛʀ]	u [y]	x [iks]	

Les signes dans la phrase Die Zeichen im Satz

la minuscule – *LA MAJUSCULE* – *l'apostrophe* f. – *le trait d'union* – *l'accent circonflexe* m. – *l'accent aigu* m. – *l'accent grave* m. – *le «c» cédille*

Samedi, c'est l'anniversaire de Jêrome! Il fait une fête et il invite ses amis: deux garçons et trois filles. Mercredi après-midi, les copains achètent des cadeaux. Hélène achète le CD «Joyeux anniversaire». René regarde une BD – elle est super, mais trop chère. Et moi? (Je n'ai pas encore d'idée ...)

les points de suspension – *les parenthèses* f. – *les guillemets* m. – *le tiret* – *le point d'exclamation* – *la virgule* – *les deux points* – *le point* – *le point d'interrogation*

La transcription phonétique Die Lautschrift

Les consonnes Die Konsonanten

[b] banane, bonbon
[d] danse, ordinateur
[f] photo, soif
[g] gare, guide
[k] classe, chocolat
[l] la, ville
[m] mardi, aimer, film
[n] non, tonne
[ŋ] camping
[ɲ] campagne, Bretagne
[p] page, répondre
[ʀ] rue, livre
[s] *scharfes „s" wie in* Kuss: ça, merci, sonner, passer
[z] *summendes „s" (tritt nur zwischen zwei Vokalen, als Bindungs -s bzw. -x oder in der Schreibung „z" auf) wie in* rasen: maison, les‿enfants, six‿heures, zéro
[ʃ] „sch" *wie in* Tasche: chercher, poche
[ʒ] „j" *wie in* Garage: agenda, jouer
[t] tour, mettre
[v] vélo, livre, élève

Les voyelles Die Vokale

[a] *kurzes „a" wie in* Ball: ami, femme
[ɑ] *langes „a" wie in* Bahn: ne ... pas, gâteau
[ɛ] *offenes „e" wie in* Ende: mais, disquette, c'est
[e] *geschlossenes „e" wie in* See: école, bébé
[ə] *stummes „e" wie in* Kabel: le, de, regarder
[i] idée, guide, lit, stylo
[o] *geschlossenes „o" wie in* Floh: trop, pauvre
[ɔ] *offenes „o" wie in* doch: poste, sortir
[ø] *geschlossenes „ö" wie in* böse: jeudi, Monsieur
[œ] *offenes „ö" wie in* öffnen: fleuve, cœur
[u] „u" *wie in* Mut: où, bonjour, sous
[y] „ü" *wie in* müde: unité, muscle, minute

Les semi-voyelles **Die Gleitlaute**

[ɥ] c**ui**sine, min**ui**t
[j] cai**ll**ou, fami**ll**e, doss**i**er
[w] **oi**seau, hist**oi**re, **ou**i

Les voyelles nasales **Die nasalierten Vokale**

[ɑ̃] **en**f**an**t, c**an**tine, l**am**pe
[ɔ̃] p**on**t, rac**on**ter, pard**on**
[ɛ̃] **un**, dess**in**, f**aim**, cop**ain**

Les jours de la semaine **Die Wochentage**

lundi [lɛ̃di]	vendredi [vɑ̃dʀədi]
mardi [maʀdi]	samedi [samdi]
mercredi [mɛʀkʀədi]	dimanche [dimɑ̃ʃ]
jeudi [ʒødi]	

Les mois de l'année **Die Monate**

janvier [ʒɑ̃vje]	juillet [ʒɥijɛ]
février [fevʀije]	août [u(t)]
mars [maʀs]	septembre [sɛptɑ̃bʀ]
avril [avʀil]	octobre [ɔktɔbʀ]
mai [mɛ]	novembre [nɔvɑ̃bʀ]
juin [ʒɥɛ̃]	décembre [desɑ̃bʀ]

Comment former des mots **Wie man Wörter bildet**

L'adverbe **Das Adverb**

In Unité 2 hast du gelernt, dass man Adverbien aus Adjektiven ableiten kann.
Die Grundregel lautet: weibliche Form des Adjektivs + **-ment.**

Hier nun einige Adverbien, die du aus Adjektiven ableiten kannst, die du bereits kennst:

activement	gravement	malheureusement	⚠ Ausnahme: gentil/le → genti**ment**
agressivement	heureusement	seulement	
courageusement	inutilement	sûrement	
drôlement	joyeusement	terriblement	
facilement	longuement	typiquement	

Adjektive, die auf Vokal enden, hängen **-ment** an die männliche Form an:

vrai/e → vrai**ment**

Le préfixe re- **Die Vorsilbe re-**

Die Vorsilbe **re-** entspricht häufig dem deutschen „wieder / noch einmal" oder „zurück":

commencer qc	recommencer qc	etw. noch einmal von vorn anfangen
connaître qn/qc	reconnaître qn/qc	jdn/etw. wiedererkennen
construire qc	reconstruire qc	etw. wiederaufbauen
dire qc	redire qc	etw. noch einmal sagen, etw. wiederholen
lire qc	relire qc	etw. noch einmal lesen
planter qc	replanter qc	etw. wieder anpflanzen
se coucher	se recoucher	sich wieder hinlegen
travailler	retravailler	wieder arbeiten gehen
trouver qn/qc	retrouver qn/qc	1. jdn/etw. wiederfinden, ⚠ 2. jdn (wieder)treffen
venir	revenir	wiederkommen, zurückkommen
voir qn/qc	revoir qn/qc	jdn/etw. wiedersehen

Les nombres en français   Die französischen Zahlen

1. Les nombres cardinaux   Die Grundzahlen

0	zéro	[zeʀo]	
1	un/une	[ɛ̃] *(männlich)* / [yn] *(weiblich)*	
2	deux	[dø]	[døz] *in der Bindung:* deux enfants [døzɑ̃fɑ̃]
3	trois	[tʀwa]	[tʀwaz] *in der Bindung:* trois enfants [tʀwazɑ̃fɑ̃]
4	quatre	[katʀ]	
5	cinq	[sɛ̃k]	
6	six	[sis]	[si] *vor Konsonanten:* six livres [silivʀ] [siz] *in der Bindung:* six heures [sizœʀ]
7	sept	[sɛt]	
8	huit	[ɥit]	[ɥi] *vor Konsonanten:* huit musées [ɥimyze]
9	neuf	[nœf]	*aber:* neuf ans [nœvɑ̃] und neuf heures [nœvœʀ]
10	dix	[dis]	[di] *vor Konsonanten:* dix livres [dilivʀ] [diz] *in der Bindung:* dix heures [dizœʀ]
11	onze	[ɔ̃z]	
12	douze	[duz]	
13	treize	[tʀɛz]	
14	quatorze	[katɔʀz]	
15	quinze	[kɛ̃z]	
16	seize	[sɛz]	
17	dix-sept	[disɛt]	
18	dix-huit	[dizɥit]	
19	dix-neuf	[diznœf]	*wie bei* neuf
20	vingt	[vɛ̃]	[vɛ̃t] *in der Bindung*
21	vingt **et** un[1]	[vɛ̃teɛ̃] *(männlich)*	
	vingt **et** une	[vɛ̃teyn] *(weiblich)*	
22	vingt-deux	[vɛ̃tdø]	*wie bei* deux
30	trente	[tʀɑ̃t]	
40	quarante	[kaʀɑ̃t]	
50	cinquante	[sɛ̃kɑ̃t]	
60	soixante	[swasɑ̃t]	
70	soixante-dix[2]	[swasɑ̃tdis]	*wie bei* dix
71	soixante et onze	[swasɑ̃teɔ̃z]	
72	soixante-douze	[swasɑ̃tduz]	
73	soixante-treize	[swasɑ̃ttʀɛz]	
74	soixante-quatorze	[swasɑ̃tkatɔʀz]	
75	soixante-quinze	[swasɑ̃tkɛ̃z]	
76	soixante-seize	[swasɑ̃tsɛz]	
77	soixante-dix-sept	[swasɑ̃tdisɛt]	
78	soixante-dix-huit	[swasɑ̃tdizɥit]	*wie bei* huit
79	soixante-dix-neuf	[swasɑ̃tdiznœf]	*wie bei* neuf
80	quatre-vingt**s**[3]	[katʀəvɛ̃]	*wie bei* vingt
81	quatre-vingt-un[4]	[katʀəvɛ̃ɛ̃] *(männlich)*	
	quatre-vingt-une	[katʀəvɛ̃yn] *(weiblich)*	
82	quatre-vingt-deux	[katʀəvɛ̃dø]	*wie bei* deux
90	quatre-vingt-dix[5]	[katʀəvɛ̃dis]	*wie bei* dix
91	quatre-vingt-onze	[katʀəvɛ̃ɔ̃z]	
100	cent	[sɑ̃]	[sɑ̃t] *in der Bindung:* 100 ans [sɑ̃tɑ̃]
101	cent un[6]	[sɑ̃ɛ̃]	
102	cent deux	[sɑ̃dø]	[-døz] *in der Bindung*
110	cent dix	[sɑ̃dis]	[-di] *vor Konsonanten* [-diz] *in der Bindung*

200	deux cents[7]	[døsɑ̃]	[-sɑ̃z] *in der Bindung*
201	deux cent un[8]	[døsɑ̃ɛ̃]	
1.000	mille	[mil]	
1.001	mille un	[milɛ̃]	
2.000	deux mille[9]	[dømil]	
100.000	cent mille	[sɑ̃mil]	
200.000	deux cent mille	[døsɑ̃mil]	
1.000.000	un million[10]	[ɛ̃miljɔ̃]	
2.000.000	deux millions[11]	[dømiljɔ̃]	

1 *Bei* 21, 31, 41, 51, 61 *wird der Einer mit* et *an den Zehner gebunden. Die nachfolgenden Einer (z.B.* 22, 23, 24, ...*) werden jedoch mit Bindestrich angeschlossen.*
2 *Ein eigenes Zahlwort für* 70 *hat das Französische nicht. Diese Zahl wird durch Zusammensetzen von* 60 (+) 10 *gebildet.*
3 *Das Zahlwort* vingt *hat eine Pluralform:* quatre-vingts. *Die Zahl* 80 *ist eine Zusammensetzung aus:* 4 (x) 20.
4 *Wenn auf* vingt *eine weitere Zahl folgt, entfällt das Plural*-s.
5 *Auch bei* 90 *wird eine zusammengesetzte Form gebildet:* 4 (x) 20 (+) 10.
6 *Ab* 100 *werden die Einer und Zehner nicht mehr mit Bindestrich angeschlossen.*
7 *Das Zahlwort* cent *hat eine Pluralform:* deux cents, trois cents.
8 *Wenn noch eine Zahl folgt, hat* cent *kein* -s.
9 *Das Zahlwort* mille *ist unveränderlich:* deux mille, trois mille.
10 *Das Zahlwort* million *ist ein Nomen. Nachfolgende Nomen werden (wie bei allen Mengenangaben) mit* de/d' *angeschlossen:* un million de Français.
11 *Das Nomen* million *hat im Plural ein* -s: deux millions, trois millions.

Les années **Die Jahreszahlen**

Die Jahreszahlen unter 2000 können auf zweifache Weise ausgedrückt werden:

1999 dix-neuf cent quatre-vingt-dix-neuf
mille neuf cent quatre-vingt-dix-neuf

Um eine Jahreszahl als Datum anzugeben, benutzt man die Präposition en: Mon frère est né **en** 2002.
Um ein vollständiges Datum anzugeben, trennt man im Französischen Tag, Monat und Jahr mit Schrägstrichen ab: Ma sœur est née le 17/07/2001.

2. Les nombres ordinaux **Die Ordnungszahlen**

Ordnungszahlen		Aussprache
le 1er / la 1ère	le premier, la première	[pʀəmje]/[pʀəmjɛʀ]
le/la 2e	le/la deuxième *oder* le/la second/e	[døziɛm] *oder:* [sgɔ̃]/[sgɔ̃d]
le/la 3e	le/la troisième	[tʀwaziɛm]
le/la 4e	le/la quatrième	[katʀiɛm]
le/la 5e	le/la cinquième	[sɛ̃kjɛm]
le/la 6e	le/la sixième	[sizjɛm]
le/la 7e	le/la septième	[sɛtjɛm]
le/la 8e	le/la huitième	[ɥitjɛm]
le/la 9e	le/la neuvième	[nœvjɛm]
le/la 10e	le/la dixième	[dizjɛm]
le/la 20e	le/la vingtième	[vɛ̃tjɛm]
le/la 21e	le/la vingt et unième	[vɛ̃teynjɛm]

Man sagt: le 1er mai le premier mai
aber: le 2 mai le deux mai

Bei Datumsangaben gebraucht man die Ordnungszahl nur beim ersten Tag eines Monats.

Personen

Ben Jelloun, Tahar [bɛnʒəlun] (geb. 1944)
Marokkanischer Schriftsteller. Er erhielt 1987 für seinen Roman „La nuit sacrée" den höchsten französischen Literaturpreis, den „Prix Goncourt". Er hat in Frankreich und Deutschland großen Erfolg mit seinen Jugendbüchern zum Thema Rassismus „Le racisme expliqué à ma fille" („Papa, was ist ein Fremder?") und zum Thema Islam „L'islam expliqué à ma fille" („Papa, was ist der Islam?"), das er nach dem Attentat auf New York am 11. September 2001 schrieb.

Bilal, Enki [bilal] (geb. 1951)
Französischer Comiczeichner und Regisseur. Er schuf viele Comics zusammen mit Patrick Cauvin, z. B. das Science-Fiction-Werk „Hors jeu" („Abseits").

Binoche, Juliette [binɔʃ] (geb. 1964)
Französische Schauspielerin. Ihren internationalen Durchbruch erzielte sie 1991 mit dem Film „Les amants du Pont-Neuf" („Die Liebenden von Pont-Neuf"). Weitere Hauptrollen in „Alice et Martin" 1998 und „Chocolat" 2001.

Cauvin, Patrick [kovɛ̃] (geb. 1932)
Französischer Comictexter und Schriftsteller, der zu Bildgeschichten von Tito und Bilal die Texte verfasst hat.

Jeunet, Jean-Pierre [ʒøne] (geb. 1953)
Französischer Filmregisseur. Er wurde international bekannt durch „Delicatessen". 1997 drehte er in Hollywood „Alien 4". Sein Film „Le fabuleux destin d'Amélie Poulain" („Die fabelhafte Welt der Amélie", 2000) wurde ein Riesenerfolg.

Khaled [kalɛd] (geb. 1960)
Algerischer Sänger, Autor und Komponist der Musikrichtung Raï.

Maupassant, Guy de [mopasɑ̃] (1850–1893)
Französischer Schriftsteller. Neben nahezu 300 Novellen schrieb er Romane, meist aus dem Pariser Gesellschaftsleben, z. B. „Bel ami".

Seyvos, Florence [sevos] (geb. 1965)
Französische Schriftstellerin und Übersetzerin von Kinderbüchern. Sie erhielt 1995 für ihren Roman „Les Apparitions" („Erscheinungen") den höchsten französischen Literaturpreis, den „Prix Goncourt", sowie den „Prix France Télévision".

Tautou, Audrey [totu] (geb. 1978)
Französische Schauspielerin. Sie wurde bekannt durch ihre Hauptrolle im Film „Die fabelhafte Welt der Amélie" (2000).

Téchiné, André [teʃine] (geb. 1943)
Französischer Filmjournalist und Regisseur.

Tito [tito] (geb. 1957)
Französischer Comiczeichner. Er wurde bekannt durch die Serie „Tendre banlieue", in der er das Leben in den Pariser Vororten darstellt.

Zidane, Zinédine [zidan] (geb. 1972)
Französischer Fußballspieler. Als Sohn algerischer Einwanderer wuchs er in → Marseille im Stadtteil Castellane auf. Mit der französischen Nationalmannschaft gewann er 1998 die Weltmeisterschaft und 2000 die Europameisterschaft und wurde 2000 zum Weltfußballer des Jahres gewählt.

Geographische Namen

Avignon [aviɲɔ̃] 86 000 Einwohner
Stadt in der → Provence. War im 14. Jahrhundert für fast 70 Jahre Residenz der Päpste. Weltweit bekannt durch das Lied „Sur le pont d'Avignon" ist der Pont Saint-Bénézet, die Ruine einer steinernen Brücke aus dem 12. Jahrhundert. Das historische Stadtzentrum gehört zum Weltkulturerbe der UNESCO. Im Sommer findet ein internationales Theaterfestival statt.

Biarritz [bjaʀits] 30 000 Einwohner
Hafenstadt am Atlantik im Département Pyrénées-Atlantique. Seit dem Ende des 18. Jahrhunderts berühmter Badeort. Heute aufgrund der Wind- und Wellenverhältnisse vor allem bei Surfern beliebt.

Chalon-sur-Saône [ʃalɔ̃syʀson] 50 000 Einwohner
Stadt in der Bourgogne (deutscher Name: Burgund), im Osten Frankreichs an der Saône gelegen. An drei Tagen im Juli findet das Straßentheaterfestival „Chalon dans la rue" statt.

Domaine de Mayne [dɔmɛndəmɛn]
Internationales Begegnungszentrum in der → Provence in der Nähe von → Avignon, in dem Jugendliche seit 1993 Ferien mit freiwilliger Arbeit (z. B. Umweltschutz, Renovierung eines Hauses) verbinden.

Grasse [gʀas] 44 000 Einwohner
Stadt in der Provence. Seit dem 19. Jahrhundert Welthauptstadt der Parfumindustrie.

Jura [ʒyʀa] *m.*
An die Schweiz grenzendes Gebirge in der Region Franche-Comté im Osten Frankreichs.

Liège [ljɛʒ] **(Lüttich)** 196 000 Einwohner
Drittgrößte Stadt Belgiens. Im Osten des Landes gelegen. Hauptstadt der Provinz Liège an der Maas. Geburtsort des Schriftstellers Georges Simenon.

Marseille [maʀsej] 800 000 Einwohner
Stadt an der Rhônemündung am Mittelmeer. Älteste und zweitgrößte Stadt Frankreichs (nach Paris). Frankreichs bedeutendster Hafen. Die Einkaufsstraße La Canebière ist zum lebendig-heiteren Symbol der Stadt geworden. An ihrem Anfang liegt der Alte Hafen (Le Vieux Port), den schon die Griechen benutzten.

massif de la Rhune [ʀyn] *m.*
Sandsteinmassiv in den westlichen → Pyrénées, an der spanischen Grenze, 905 m hoch. Eine elektrische Zahnradbahn fährt zum Gipfel hinauf.

Montréal [mɔ̃ʀeal] 1 Million Einwohner
Stadt in der Provinz Québec (Kanada). Hinsichtlich der Siedlungsfläche größte Stadt des Landes. Die Mehrzahl der Bewohner spricht Französisch als Muttersprache.

Narbonne [naʀbɔn] 47 000 Einwohner
Stadt im Süden Frankreichs, im Département Aude. Umschlagzentrum für Wein und bedeutender Industriestandort.

Paris [pari] 2,15 Millionen Einwohner
Hauptstadt Frankreichs und größte Stadt des Landes (im Ballungsraum ca. 9,5 Mio Einwohner). An der → Seine gelegen, bildet das Département Ville de Paris. Politisches, wirtschaftliches und kulturelles Zentrum Frankreichs, Knotenpunkt des Eisenbahn-, Flug- und Straßenverkehrsnetzes.

Pré-Saint-Gervais [pʀesɛ̃ʒɛʀvɛ] 16 500 Einwohner
Stadt bei Paris im Département Seine-Saint-Denis. Partnerstadt von Giengen an der Brenz bei Würzburg.

Provence [pʀɔvɑ̃s] *f.* 4,5 Millionen Einwohner
Gebiet in Südfrankreich entlang des Mittelmeers von der italienischen Grenze bis etwa Montpellier. Anbau von Wein, Oliven, Obst und Blumen. Die lila blühenden Lavendelfelder gelten als typisch für die Provence. Rinder-, Pferde-, Schaf- und Ziegenzucht. Alljährliche schwere Waldbrände. Wichtigste französische Feriengegend wegen des warmen Klimas, der schönen Landschaft und vieler Sehenswürdigkeiten. Wichtige Kulturveranstaltungen, z. B. das Festival von → Avignon.

Pyrénées [pirene] *f. pl.*
430 km lange Gebirgskette im Südwesten Frankreichs an der Grenze zu Spanien. Höchster Berg: Pic d'Aneto (3 404 m). Schafzucht, Holzindustrie, Tourismus.

Seine [sɛn] *f.*
Fluss im Norden Frankreichs mit einer Länge von 776 Kilometern. Die Seine entspringt auf dem Plateau von Langres in der Nähe von Dijon und fließt nach Nordwesten über Troyes, Fontainebleau, Paris und Rouen in den Ärmelkanal.

Sehenswürdigkeiten von Paris

Centre Georges Pompidou [sɑ̃tʀʒɔʀʒpɔ̃pidu] *m.*
Kunst- und Kulturzentrum in Paris, das auf Initiative des früheren französischen Staatspräsidenten Georges Pompidou entstand. Das Gebäude aus Stahl und Glas, das wie eine Erdölraffinerie aussieht, beherbergt ein Museum der modernen Kunst, ein Forschungszentrum für elektronische Musik, eine öffentliche Bibliothek, eine international bedeutende Filmsammlung u. a.

Cimetière du Père-Lachaise [simtjɛʀdypɛʀlaʃɛz] *m.*
Friedhof im XX. Arrondissement (Stadtbezirk) von Paris. Berühmt für seine zahlreichen Grabstätten bekannter Persönlichkeiten wie Molière, Jim Morrison, Edith Piaf, François Truffaut u. a.

La Défense [defɑ̃s] Hochhausviertel am westlichen Stadtrand von Paris. Büro- und Geschäftszentrum. Bekanntestes Bauwerk: La Grande Arche de la Défense, ein moderner Triumphbogen, der auf einer Achse mit dem Arc de Triomphe, den Champs Élysées und dem Louvre liegt.

La Villette [lavilɛt] Cité des Sciences et de l'Industrie. 1986 eingeweihtes Wissenschafts- und Technikmuseum im Parc de la Villette im XIX. Arrondissement (Stadtbezirk) am östlichen Stadtrand von Paris. Dort befindet sich die Géode, ein 3D-Kino in Form einer Silberkugel.

Les Halles [leal] *f. pl.* Die zentralen Markthallen von Paris wurden im 12. Jahrhundert errichtet und erfüllten bis 1969 ihren Zweck, dann mussten die baufälligen Hallen weichen. Der Großmarkt wurde verlegt, an der Stelle der alten Hallen entstand das Forum des Halles, ein Einkaufszentrum mit vier unterirdischen Etagen mit Geschäften, Restaurants, einem Theater, mehreren Kinos und einer Metrostation.

Notre-Dame [nɔtʀədam] Kathedrale des Erzbischofs von Paris auf der Ile de la Cité, dem ältesten Teil von Paris. Erbaut im 12.–14. Jahrhundert, in der Französischen Revolution jedoch stark beschädigt, im 19. Jahrhundert restauriert. Weltberühmt wurde Notre-Dame nicht zuletzt durch den Film und das Musical „Der Glöckner von Notre-Dame“ nach dem Roman von Victor Hugo.

Montmartre [mɔ̃maʀtʀ] Künstlerviertel im Norden von Paris und höchster Punkt der Stadt (130 m). Eines der malerischsten Viertel von Paris und Touristenmagnet z. B. durch die Basilika Sacré-Cœur und die Place du Tertre.

Saint-Eustache [sɛ̃tøstaʃ] Eine der größten Kirchen von Paris. 1240 als kleine Kapelle gebaut und zwischen 1532 und 1637 erweitert. Ihre weltberühmte Orgel kann man bei zahlreichen Konzerten hören.

Stade de France [staddəfʀɑ̃s] *m.* Sportstadion in Saint-Denis bei Paris, das für die Fußballweltmeisterschaft 1998 gebaut wurde. In ihm haben bei Konzerten ca. 100 000 Menschen und bei Sportveranstaltungen ca. 80 000 Menschen Platz.

Tour Eiffel [tuʀefɛl] *f.* Wahrzeichen von Paris. Gusseiserner Turm gebaut für die Pariser Weltausstellung 1889 aus über 6000 Tonnen Eisen, mit einer Höhe von 300 Metern.

Trocadéro [tʀokadeʀo] *m.* Pariser Viertel im Herzen des XVI. Arrondissements (Stadtbezirks) gegenüber dem Eiffelturm auf dem rechten Seine-Ufer. Einer der Lieblingsorte der Skater, deren Können man dort allabendlich bewundern kann (z. B. Slalom aus Cola-Dosen und selbst gebaute Sprungschanzen).

Geschichte

Maquis [maki] *m.* „Maquis“ ist eigentlich die Bezeichnung für einen dichten Buschwald. Im Zweiten Weltkrieg wurde dieser Begriff auch für Männer gebraucht, die sich verstecken mussten, weil sie vor dem Naziregime flüchteten (Juden, Kommunisten, Bewohner des Elsass). Die →Résistance half ihnen zu überleben und bezog sie in den Widerstandskampf ein.

Occupation [ɔkypasjɔ̃] *f.* Zeitraum von 1940 bis 1944, in dem Frankreich im Zweiten Weltkrieg von den deutschen Truppen besetzt war. Mehr als 100 000 französische Juden wurden in Konzentrationslager verschleppt. Frankreich musste für den Unterhalt der Besatzungstruppen aufkommen, was die Kräfte der französischen Wirtschaft völlig überstieg. Um den deutschen Bedarf an Arbeitskräften zu decken, wurden französische Arbeiter zu einem sogenannten freiwilligen Arbeitsdienst in Deutschland eingezogen.

Résistance [rezistɑ̃s] *f.* Französische Widerstandsbewegung gegen die deutsche Besatzung und den deutschen Terror während des Zweiten Weltkriegs. Die Widerstandsbewegungen schlossen sich 1943 unter Führung des Generals Charles de Gaulle zusammen und trugen durch ihre Aktionen zur Befreiung Frankreichs bei.

Sonstiges

apéritif [aperitif] *m.* Ursprünglich ein alkoholisches Getränk, das man vor dem Essen trinkt. Der Aperitif hat in Frankreich eine große Bedeutung als Gelegenheit sich zu treffen und sich zu unterhalten. Es ist durchaus üblich jemanden nur zum Aperitif und nicht zum Essen einzuladen.

boules [bul] *f. pl.* Spiel, bei dem Metall- oder Plastikkugeln durch die Luft geworfen oder am Boden gerollt werden, mit dem Ziel so dicht wie möglich an eine kleine Holzkugel („le cochonnet“) heranzukommen, um so die meisten Punkte zu erlangen.

Conseil Municipal Jeunes [kɔ̃sejmynisipalʒœn] *m.* Jugendvertretung einer Stadt, in der ein Jugendlicher pro Schule mitarbeitet. Alle Schülerinnen und Schüler der „quatrième“, „troisième“ und „seconde“ (entspricht den 8., 9., 10. Klassen) unter 18 Jahren können für dieses Amt kandidieren. Die Delegierten werden von den Klassensprechern aller „collèges“ und „lycées“ einer Stadt für zwei Jahre gewählt. Die Jugendvertretung legt selbst fest, an welchen Themen sie arbeiten will, bildet Arbeitsgruppen und trifft sich regelmäßig zu Besprechungen.

Fête de la musique [fɛtdəlamyzik] *f.* Straßenmusikfest, das seit 1982 immer am 21. Juni stattfindet, ursprünglich in Frankreich, seit 1985 auch international, inzwischen in über 100 Ländern. Hat in ganz Frankreich eine große Bedeutung. An diesem Tag geben Profis und Amateure aller Musikrichtungen unzählige kostenlose Konzerte und teilen mit über 10 Millionen Zuhörern ihre Begeisterung für Musik.

réveillon [ʀevɛjɔ̃] *m.* Festessen am Weihnachts- oder Silvesterabend, meist im Kreise der Familie, das traditionell aus mehreren Gängen besteht.

Noël [nɔɛl] *m.* In Frankreich ist es üblich, dass sich die Familie am Abend des 24. Dezembers zu einem Festessen (→ réveillon) trifft. Die Weihnachtsgeschenke gibt es traditionell erst am 25. Dezember. Den Kindern sagt man, dass der Weihnachtsmann, „le Père Noël“, durch den Kamin kommt. Der 26.12. ist in Frankreich kein Feiertag wie in Deutschland.

Les verbes Die Verben

Les conjugaisons Die Konjugationen

⚠ (ê) *So gekennzeichnete Verben bilden das* passé composé *mit* être.

1. *Les verbes auxiliaires «avoir» et «être»* ***Die Hilfsverben „avoir" und „être"***

infinitif	**avoir**		**être**	
présent	j'	ai	je	suis
	tu	as	tu	es
	il/elle/on	a	il/elle/on	est
	nous	avons	nous	sommes
	vous	avez	vous	êtes
	ils/elles	ont	ils/elles	sont
impératif	**Aie. Ayons. Ayez.**		**Sois. Soyons. Soyez.**	
participe passé	eu		été	

2. *Les verbes pronominaux* ***Die reflexiven Verben***

infinitif	(ê)**se doucher**			(ê)**s'intéresser**		
présent	je	**me**	douch**e**	je	**m'**	intéress**e**
	tu	**te**	douch**es**	tu	**t'**	intéress**es**
	il/elle/on	**se**	douch**e**	il/elle/on	**s'**	intéress**e**
	nous	**nous**	douch**ons**	nous	**nous**	intéress**ons**
	vous	**vous**	douch**ez**	vous	**vous**	intéress**ez**
	ils/elles	**se**	douch**ent**	ils/elles	**s'**	intéress**ent**
impératif	**Douche-toi. Douchons-nous. Douchez-vous.**			**Intéresse-toi. Intéressons-nous. Intéressez-vous.**		
participe passé	douché/e			intéressé/e		

⚠ *Die reflexiven Verben bilden das* passé composé *mit* être.

3. *Les verbes réguliers en* -er/-ir/-(d)re ***Die regelmäßigen Verben auf*** -er/-ir/-(d)re

infinitif	**parler**	
présent	je	parl**e**
	tu	parl**es**
	il/elle/on	parl**e**
	nous	parl**ons**
	vous	parl**ez**
	ils/elles	parl**ent**
impératif	Parle. Parlons. Parlez.	
participe passé	parlé	

⚠ *Diese Verben haben jeweils eine Besonderheit in der Schreibung:*

-cer:	nous (re)commençons, nous fonçons, nous lançons, nous menaçons, nous remplaçons, nous renonçons
-ger:	nous mangeons, nous nageons, nous rangeons
-yer:	je paie; j'envoie; j'essaie; je nettoie; (ê)je m'ennuie
-érer:	je préfère; j'espère
acheter:	j'achète
peser:	je pèse
(ê)se lever:	je me lève
(ê)s'appeler:	je m'appelle
jeter:	je jette

⚠ *Diese Verben auf* -er *bilden das* passé composé *mit* être: (ê)arriver, (ê)entrer, (ê)monter, (ê)passer en/par, (ê)rentrer, (ê)rester, (ê)retourner, (ê)tomber

infinitif	**finir**		(ê)**sortir**		**offrir**	
présent	je	fini**s**	je	sor**s**	j'	offr**e**
	tu	fini**s**	tu	sor**s**	tu	offr**es**
	il/elle/on	fini**t**	il/elle/on	sor**t**	il/elle/on	offr**e**
	nous	fini**ssons**	nous	sort**ons**	nous	offr**ons**
	vous	fini**ssez**	vous	sort**ez**	vous	offr**ez**
	ils/elles	fini**ssent**	ils/elles	sort**ent**	ils/elles	offr**ent**
impératif	Finis. Finissons. Finissez.		Sors. Sortons. Sortez.		Offre. Offrons. Offrez.	
participe passé	fini *ebenso:* applaudir, choisir, réagir, réfléchir		sorti/e *ebenso:* dormir, (ê)partir, servir		offert *ebenso:* couvrir, découvrir, ouvrir, (ê)s'offrir	

infinitif	**attendre**	
présent	j'	attend**s**
	tu	attend**s**
	il/elle/on	atten**d**
	nous	attend**ons**
	vous	attend**ez**
	ils/elles	attend**ent**
impératif	Attends. Attendons. Attendez.	
participe passé	attendu *ebenso:* dépendre, (ê)descendre, entendre, perdre, répondre, vendre	

4. *Les verbes irréguliers* ***Die unregelmäßigen Verben***

infinitif	(ê)**aller**		**boire**		**connaître**	
présent	je	vais	je	bois	je	connais
	tu	vas	tu	bois	tu	connais
	il/elle/on	va	il/elle/on	boit	il/elle/on	connaît
	nous	allons	nous	buvons	nous	connaissons
	vous	allez	vous	buvez	vous	connaissez
	ils/elles	vont	ils/elles	boivent	ils/elles	connaissent
impératif	Va. Allons. Allez.		Bois. Buvons. Buvez.		Connais. Connaissons. Connaissez.	
participe passé	allé/e		bu		connu	

infinitif	**conduire**		**courir**		**croire**	
présent	je	conduis	je	cours	je	crois
	tu	conduis	tu	cours	tu	crois
	il/elle/on	conduit	il/elle/on	court	il/elle/on	croit
	nous	conduisons	nous	courons	nous	croyons
	vous	conduisez	vous	courez	vous	croyez
	ils/elles	conduisent	ils/elles	courent	ils/elles	croient
impératif	Conduis. Conduisons. Conduisez.		Cours. Courons. Courez.		Crois. Croyons. Croyez.	
participe passé	conduit *ebenso:* construire		couru		cru	

infinitif	**devoir**		**dire**		**écrire**	
présent	je	dois	je	dis	j'	écris
	tu	dois	tu	dis	tu	écris
	il/elle/on	doit	il/elle/on	dit	il/elle/on	écrit
	nous	devons	nous	disons	nous	écrivons
	vous	devez	vous	**dites**	vous	écrivez
	ils/elles	doivent	ils/elles	disent	ils/elles	écrivent
impératif	*(selten verwendet)*		Dis. Disons. Dites.		Écris. Écrivons. Écrivez.	
participe passé	dû		dit *ebenso:* (ê)se dire		écrit	

infinitif	**faire**		**lire**		**mettre**	
présent	je	fais	je	lis	je	mets
	tu	fais	tu	lis	tu	mets
	il/elle/on	fait	il/elle/on	lit	il/elle/on	met
	nous	faisons	nous	lisons	nous	mettons
	vous	**faites**	vous	lisez	vous	mettez
	ils/elles	font	ils/elles	lisent	ils/elles	mettent
impératif	Fais. Faisons. Faites.		Lis. Lisons. Lisez.		Mets. Mettons. Mettez	
participe passé	fait		lu		mis *ebenso:* permettre	

infinitif	**plaire**		**pleuvoir**		**pouvoir**	
présent	je	plais	il	pleut	je	peux
	tu	plais			tu	peux
	il/elle/on	plaît			il/elle/on	peut
	nous	plaisons			nous	pouvons
	vous	plaisez			vous	pouvez
	ils/elles	plaisent			ils/elles	peuvent
impératif	Plais. Plaisons. Plaisez.		*(kein Imperativ)*		*(kein Imperativ)*	
participe passé	plu		plu		pu	

infinitif	**prendre**		**savoir**		**suivre**	
présent	je	prends	je	sais	je	suis
	tu	prends	tu	sais	tu	suis
	il/elle/on	prend	il/elle/on	sait	il/elle/on	suit
	nous	prenons	nous	savons	nous	suivons
	vous	prenez	vous	savez	vous	suivez
	ils/elles	prennent	ils/elles	savent	ils/elles	suivent
impératif	Prends. Prenons. Prenez.		Sache. Sachons. Sachez.		Suis. Suivons. Suivez.	
participe passé	pris *ebenso:* apprendre, comprendre		su		suivi	

infinitif	[ê]**venir**		**voir**		**vouloir**	
présent	je	viens	je	vois	je	veux
	tu	viens	tu	vois	tu	veux
	il/elle/on	vient	il/elle/on	voit	il/elle/on	veut
	nous	venons	nous	voyons	nous	voulons
	vous	venez	vous	voyez	vous	voulez
	ils/elles	viennent	ils/elles	voient	ils/elles	veulent
impératif	Viens. Venons. Venez.		Vois. Voyons. Voyez.		*(selten verwendet)*	
participe passé	venu/e *ebenso:* [ê]devenir, [ê]revenir, tenir		vu *ebenso:* prévoir, revoir		voulu	

Liste des mots **Wortliste**

Grundschrift: obligatorischer Wortschatz
kursiv: Diese Wörter werden nur in den Bundesländern gelernt, in denen die jeweilige „Séquence supplémentaire“ obligatorisch ist.

Symbole und Abkürzungen

- ~ bezeichnet die Lücke, in die das neue Wort einzusetzen ist.
- ~[1] Die Fußnote zeigt dir an, dass du auf die Angleichung des Wortes achten musst. Die richtige Lösung findest du auf einem grauen Streifen **am Ende jeder Séquence**.
- ⚠ Hier musst du besonders gut aufpassen.
- ≠ Gegenteil von

etw.	etwas	*adj.*	adjectif (Adjektiv)	*fam.*	familier (umgangssprachlich)
jdm	jemandem	*adv.*	adverbe (Adverb)	*pl.*	pluriel (Plural)
jdn	jemanden	*conj.*	conjonction (Bindewort)	*qc*	quelque chose (etwas)
umg.	umgangssprachlich	*f.*	féminin (weiblich)	*qn*	quelqu'un (jemand)
		m.	masculin (männlich)		

Unité 1, Approches

l'Espagne [lɛspaɲ] *f.*	Spanien	Mon amie habite en ~.
organiser qc [ɔʀganize]	etw. veranstalten, organisieren	Nous allons ~ une fête.
la balade [labalad]	der Spaziergang, die Fahrt, die Tour	Jérémy fait une ~ à pied.
le village [ləvilaʒ]	das Dorf	Patricia adore son ~.
la banlieue [labɑ̃ljø]	die Vororte einer Großstadt, der Stadtrand	Beaucoup de gens habitent en ~, mais travaillent à Paris.
parisien/ne *adj.* [parizjɛ̃/paʀizjɛn]	Pariser, aus Paris	Marion habite dans la banlieue ~[1].
la capitale [lakapital]	die Hauptstadt	Paris est la ~ de la France.
le pays [ləpei]	das Land	La France est un grand ~.
le Canada [ləkanada]	Kanada	Luc part en vacances au ~.

les Pays-Bas [lepeibɑ] *m. pl.*	die Niederlande	Tim vient des ~.
ne … personne [nəpɛʀsɔn]	niemand	Sophie ~[2] connaît ~[3] à Lyon.
la Belgique [labɛlʒik]	Belgien	Pendant les vacances, je vais aller en ~.

Tipp:
Fast alle Ländernamen, die auf -e *enden, sind weiblich:*

l'Allemagne *f.*	l'Espagne *f.*	la Belgique	la Turquie
l'Angleterre *f.*	l'Italie *f.*	la France	la Pologne
l'Autriche *f.*			la Russie

le/la cousin/e [ləkuzɛ̃/lakuzin]	der Cousin / die Cousine	Ma ~[4] aime la danse.

1 parisienne 2 ne 3 personne 4 cousine

Unité 1, Séquence 1

pour [puʀ] + *Infinitiv*	um … zu + *Infinitiv*	Vincent vient chez moi ~ préparer le test de maths.
participer à qc [paʀtisipe]	an etwas teilnehmen	Maria ~[1] la balade en rollers.

„Pari Roller" *ist der Name der Pariser Inlineskater-Parade. Es handelt sich um ein Wortspiel aus* Paris *und* le pari *(die Wette)*

chaque [ʃak] *adj.*	jede/jeder/jedes	~ matin, je retrouve ma copine devant l'école.
avoir lieu [avwaʀljø]	stattfinden	Est-ce que le concert de «Louise attaque» ~[2] ce soir?
le départ [lədepaʀ]	die Abfahrt	Avant le ~ du train, Sandrine achète un magazine.
l'arrivée [laʀive] *f.*	die Ankunft	Philippe attend l'~ du train.

⚠ *Vergleiche:*

partir = abfahren, losfahren, losgehen
le départ = die Abfahrt
arriver = ankommen
l'arrivée = die Ankunft

la fois [lafwa]	das Mal	Je vais à Nantes pour la première ~.
l'itinéraire [litineʀɛʀ] *m.*	der Weg, die Route	Aujourd'hui, notre ~ va être très long.

le départ ▲ ······ l'itinéraire ······► ▲ l'arrivée

chacun/e [ʃakɛ̃/ʃakyn]	jede/jeder/jedes Einzelne	~ peut participer à «Pari roller».
freiner [fʀene]	bremsen	Thomas a dû ~ à cause d'une voiture.
rouler [ʀule]	fahren, rollen	Elle ~[3] vite!
le/la débutant/e [lədebytɑ̃/ladebytɑ̃t]	der Anfänger / die Anfängerin	Romain est un ~.

simple [sɛ̃plə] *m./f. adj.*	leicht, einfach	Aujourd'hui, on a eu un devoir assez ~.
le métro [ləmetʀo]	die U-Bahn (die Untergrundbahn)	Le ~ de Paris a plus de cent ans.
la ligne [laliɲ]	die (U-Bahn-)Linie	Pour rentrer, tu prends la ~ 5.
la station [lastasjɔ̃]	die Station, die Haltestelle	Où est la ~ de métro, s'il vous plaît?
ne … rien [nə … ʀjɛ̃]	nichts	Ça ~[4] fait ~[5]!

1 participe à 2 a lieu 3 roule 4 ne 5 rien

Unité 1, Séquence 2

⚠ qui [ki] *ist unveränderlich, wird aber ins Deutsche unterschiedlich übersetzt:*

Tu as vu le garçon **qui** vient du Canada? = … den Jungen, <u>der</u> aus Kanada kommt?
Tu connais mon amie **qui** habite à Narbonne = … meine Freundin, <u>die</u> in Narbonne wohnt?
C'est l'enfant **qui** ne peut pas participer à la balade. = … das Kind, <u>das</u> nicht an der Fahrt teilnehmen kann.
Marion est avec les filles **qui** roulent vite. = … bei den Mädchen, <u>die</u> schnell fahren.

passer par qc [pasepaʀ]	an etw. vorbeikommen/-fahren/-gehen	Les jeunes ~[1] le Quai d'Austerlitz.

⚠ *Du kennst jetzt schon fünf Bedeutungen von „passer“:*

elle lui passe des bonbons

elle passe en troisième

il passe par la poste

ils passent leurs vacances à la mer

le temps passe trop vite

plein/e de [plɛ̃/plɛn]	voll von *im Sinne von* viel/viele	Dans la cour du collège, il y a ~ d'élèves.
l'église [legliz] *f.*	die Kirche	Dimanche, on va à l'~.
vers [vɛʀ]	in Richtung	Continuez ~ la gare du Nord.
renoncer [ʀənɔ̃se]	*hier:* aufgeben, nicht mehr können	Une fille ~[2] parce qu'elle est tombée.
avoir l'air [avwaʀlɛʀ]	aussehen	Louise ~[3] très fatiguée.
coller qn [kɔle] *fam.*	*wörtlich:* an jdm kleben, jdm nicht von der Seite weichen	Le petit Félix ~[4] sa mère.

⚠ *Vergleiche:*

la colle = der Klebstoff
un tube de colle = eine Tube Klebstoff
coller qn = an jdm „kleben“

l'oreille [lɔʀɛj] *f.*	das Ohr	J'ai mal aux ~[5].
l'œil [lœj] *m.* ⚠ **les yeux** [lezjø] *pl.*	das Auge, die Augen	Tim a les ~[6] bleus.
la pause [lapoz]	die Pause	Les garçons veulent faire une ~.
boire qc [bwaʀ]	etwas trinken	Tu veux ~ quelque chose?
autre [otʀə] *m./f.*	anderer, andere, anderes	Après les vacances, Jérémy va aller dans une ~ école.

le Saint-Bernard [ləsɛ̃bɛʀnaʀ]	der Bernhardiner *Hunderasse*	Le ~ est un grand chien.
attirer qn [atiʀe]	jdn anziehen/anlocken	«Pari roller» ~[7] des jeunes de beaucoup de pays.
crevé/e [kʀəve] *fam.*	kaputt, total erschöpft/fertig	Je suis ~.
l'humeur [lymœʀ] *f.*	die Laune	Elle est de bonne ~.

⚠ être de bonne humeur = gute Laune haben
être d'une humeur de chien = ganz miese Laune haben

1 passent par 2 renonce 3 a l'air 4 colle à 5 oreilles 6 yeux 7 attire

Unité 1, Séquence 3

le bras [ləbʀa]	der Arm	J'ai mal au ~.
saigner [sɛɲe]	bluten	Tu ~[1].
le nez [ləne]	die Nase	L'enfant est tombé et saigne du ~.

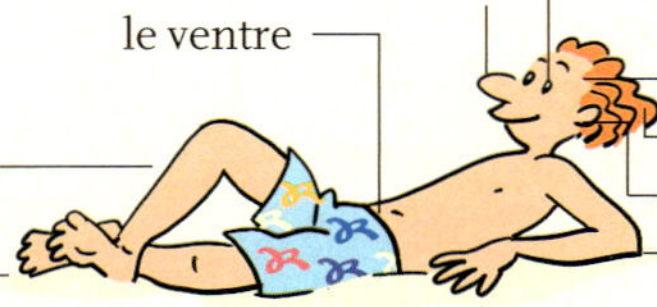

le mouchoir [ləmuʃwaʀ]	das Taschentuch	Est-ce que tu as un ~ pour moi?
le monument [ləmɔnymɑ̃]	das Denkmal	À Paris, les élèves ont visité des ~[2].
l'endroit [lɑ̃dʀwa] *m.*	der Ort	– Tu connais la Villette? + Oui, c'est l'~ que je préfère à Paris.
la conversation [lakɔ̃vɛʀsasjɔ̃]	die Unterhaltung	Marion écoute la ~, mais elle ne dit rien.
l'avis [lavi] *m.*	die Meinung	Brian donne toujours son ~.

⚠ donner son avis = seine Meinung sagen

le cimetière [ləsimtjɛʀ]	der Friedhof	Le ~ de Montmartre est très connu.
vrai/e [vʀɛ] *adj.*	richtig	Le cimetière de Montmartre, c'est un ~ parc.
éviter qn [evite]	jdm ausweichen	Roberto freine pour ~ Marion.
juste [ʒyst]	*hier:* knapp	Marion freine pour éviter Louise, mais c'est ~!
rater qc [ʀate]	etwas verpassen	Je ne veux pas ~ le train.

dernier/dernière [dəʀnje/dəʀnjɛʀ]	letzte/letzter/letztes	Regarde. C'est la ~[3] lettre de mon amie.
le pot [po] *fam.*	*hier:* das Glas *im Sinne von* das Getränk	On va boire un ~ ensemble?

⚠ que [kə] ist unveränderlich, wird aber ins Deutsche unterschiedlich übersetzt:

C'est le garçon **que** ma sœur adore. = ... der Junge, den meine Schwester toll findet.
J'ai invité une copine **que** tu ne connais pas encore. = ... eine Freundin, die du noch nicht kennst.
Samedi, il y a le match **que** j'organise. = ... das Spiel, das ich organisiere.
Je fais des photos **que** je vais montrer à mes parents. = ... Fotos, die ich meinen Eltern zeigen werde.

1 saignes 2 monuments 3 dernière

Unité 2, Approches

quotidien/ne [kɔtidjɛ̃/kɔtidjɛn] *adj.*	täglich	La vie ~[1] de nos correspondants nous intéresse beaucoup.
le repas [ləʀəpa]	das Essen, die Mahlzeit	Mon père prépare le ~.
le petit-déjeuner [ləptideʒœne]	das Frühstück	Tu prends le ~ avec tes parents?
la tartine [lataʀtin]	das Butterbrot	Elsa mange une ~.
chaud/e [ʃo/ʃod] *adj.*	warm, heiß	Tu prends un chocolat ~?
le déjeuner [ladeʒœne]	das Mittagessen	On prend le ~ à midi.
les crudités [lekrydite] *f. pl.*	die Gemüserohkost, der Salat	Amélie aime les ~.
la viande [lavjɑ̃d]	das Fleisch	Gabrielle ne mange pas de ~.
la salade [lasalad] ⚠ *weiblich*	der Salat	Pour ce soir, je prépare une ~ de tomates.
comme [kɔm]	*hier:* als	Qu'est-ce que vous prenez ~ dessert?
le fromage [ləfʀɔmaʒ]	der Käse	En France, on mange beaucoup de ~.

⚠ *In Frankreich wird am Ende einer Mahlzeit häufig Käse angeboten. Dabei kann der Käse entweder die Nachspeise ersetzen oder es gibt erst Käse und dann noch ein süßes Dessert.*

le yaourt [ləjauʀt]	der Joghurt	Mon ~ n'est pas bon. Je ne le mange pas.
les pâtes [lepɑt] *f. pl.*	die Nudeln	Je voudrais des ~ au fromage, s'il vous plaît.
le steak [ləstɛk]	das Steak	Je prends un ~ avec des frites.
le steak saignant [ləstɛksɛɲɑ̃]	das nur ganz leicht angebratene Steak *wörtlich:* das blutige Steak	Tu veux ton ~?
le steak bien cuit [ləstɛkbjɛ̃kɥi]	das durchgebratene Steak	Je prends mon ~, s'il vous plaît.

In Frankreich wirst du in der Regel gefragt, ob du dein Steak „saignant“ *oder* „bien cuit“ *möchtest. Den deutschen Essgewohnheiten entspricht eher ein durchgebratenes Steak, während ein nicht durchgebratenes Steak in der Tat noch sehr blutig sein kann.*

le dîner [lədine]	das Abendessen	Tu veux rester pour le ~?
le potage [ləpɔtaʒ]	die Suppe	Les Français mangent souvent un ~ au dîner.
le plat [ləpla]	das Gericht	Ce ~ est fait avec du jambon.
froid/e [fʀwa/fʀwad] *adj.* ⚠ froid ≠ chaud	kalt	Mon café est ~!

⚠ *Präge dir folgende Wendungen ein, die mit dem Verb* „avoir“ *gebildet werden:*
J'**ai** chaud. = Mir **ist** warm.
Tu **as** froid? = **Ist** dir kalt?

la charcuterie [laʃaʀkytʀi]	die Wurstwaren, der Aufschnitt	Thomas adore la ~.

1 quotidienne

Unité 2, Séquence 1

la journée [laʒuʀne]	der Tag, der Tagesablauf	Ma ~ est très intéressante.
se parler [səpaʀle]	miteinander sprechen	Michel et Sonia ~[1] beaucoup.
se disputer [sədispyte]	sich streiten	Camille et Louise ne ~[2] pas souvent.
se coucher [səkuʃe]	sich hinlegen, schlafen gehen	Ce soir, je ne veux pas ~[3] tard. On a un test de maths demain.
se lever [sələve] ⚠ *wird wie* acheter *konjugiert*	aufstehen	Robert ~[4] à huit heures.
se doucher [səduʃe]	(sich) duschen	– Tu ~[5] tous les matins? + Oui, bien sûr.
le bureau [ləbyʀo] / **les bureaux** [lebyʀo] *pl.*	das Büro, das Arbeitszimmer *auch:* der Schreibtisch	En septembre, mon père a toujours beaucoup de travail au ~.

un nouveau bureau 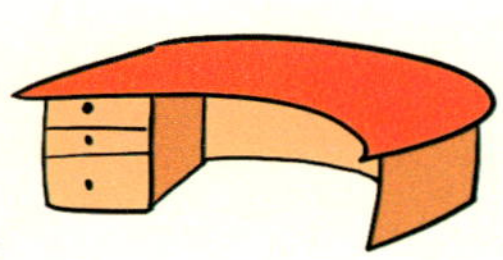 le bureau de ma mère 

la discussion [ladiskysjɔ̃]	die Auseinandersetzung, die Diskussion	Hier, j'ai eu une ~ avec mon père.
Noël [nɔɛl] *m.*	Weihnachten	À ~, ma grand-mère vient chez nous.
s'appeler [saple] ⚠ je m'appelle	heißen	Le copain de ma sœur ~[6] Xavier.

s'ennuyer [sɑ̃nɥije] ⚠ *wird wie* payer *konjugiert*	sich langweilen	Est-ce que tu ~[7] souvent?
s'offrir qc [sɔfʀiʀ]	sich etwas schenken	À Noël, les amis ~[8] des cadeaux.
s'embrasser [sɑ̃bʀase]	sich umarmen, sich küssen	Félix et Marie ~[9] tous les matins devant l'école.
s'aimer [sɛme]	sich lieben, sich mögen	Nathalie et Pia ne ~[10] pas beaucoup.
se dire qc [sədiʀ]	sich etwas sagen	Catherine et Magali ~[11] tout.
joyeux/-euse [ʒwajø/jwajøz]	fröhlich	À Noël, on se dit «~ Noël!»

⚠ faire ami(e)-ami(e) avec qn = mit jdm Freundschaft schließen wollen

retravailler [ʀətʀavaje]	wieder anfangen zu arbeiten	Ma mère ~[12] mardi après les vacances.
tous les deux [tuledø] *m. pl.* / **toutes les deux** [tutledø] *f. pl.*	alle beide	Vous voulez venir ~ à mon anniversaire?
la tante [latɑ̃t]	die Tante	Ma ~ est la sœur de mon père.
l'oncle [ɔ̃kl] *m.*	der Onkel	Son ~ est le frère de sa mère.

Ma famille

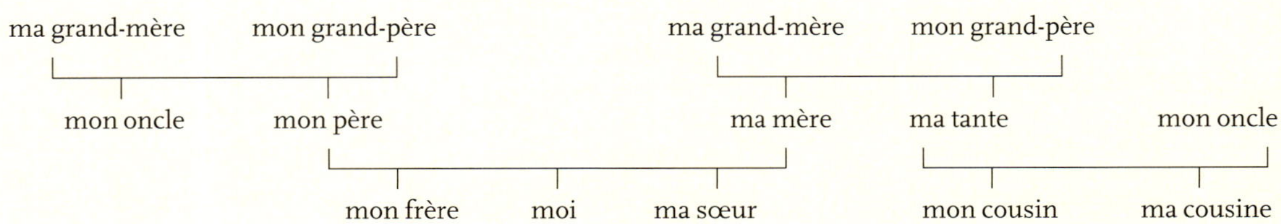

⚠ C'est mon tour. = Ich bin dran.
C'est ton tour. = Du bist dran.
C'est son tour. = Er/Sie ist dran.
C'est notre tour. = Wir sind dran.
C'est votre tour. = Ihr seid dran.
C'est leur tour. = Sie sind dran.

revoir qn [ʀəvwaʀ]	jdn wiedersehen	Je voudrais ~ mon correspondant.

1 se parlent 2 se disputent 3 me coucher 4 se lève 5 te douches 6 s'appelle 7 t'ennuies 8 s'offrent 9 s'embrassent 10 s'aiment 11 se disent 12 retravaille

Unité 2, Séquence 2

⚠ le devoir sur table = die Klassenarbeit

réviser qc [ʀevize]	etw. wiederholen, lernen, üben	Yann doit ~ pour le test.
se débrouiller [sədebʀuje]	zurechtkommen, sich zu helfen wissen	Tu ~[1] bien?

se décider [sədeside]	sich entscheiden	Kim aime Léo et Éric. Elle ne peut pas ~.
croire qc [kʀwaʀ]	etw. glauben	Sonia ~[2] que notre prof est malade.
que [kə]	*hier:* dass	Je trouve ~ tu as raison.
d'ailleurs [dajœʀ]	übrigens	~, j'ai un cadeau pour toi.
l'amitié [lamitje] *f.*	die Freundschaft	L'~ est une chose très importante.

⚠ *Vergleiche:* l'ami / l'amie = der Freund / die Freundin
l'amitié = die Freundschaft

quelques [kɛlkə] *pl.*	einige, ein paar	Noah va à Nantes pour ~ jours.
le mois [ləmwa]	der Monat	Je vais rester en France pendant un ~.

⚠ *Du kennst nun schon alle wichtigen Maßeinheiten für die Zeit:*
une minute – une heure – un jour – une semaine – un mois – un an

le Père Noël [ləpɛʀnɔɛl]	der Weihnachtsmann	Les petits enfants ne croient plus au ~.

⚠ avec des idées pareilles = mit solchen Vorstellungen

le souci [ləsusi]	der Kummer, die Sorge	J'ai plein de ~[3].
méchant/e [meʃɑ̃]	böse	Ma voisine n'est pas ~[4], elle est sympa.
se compliquer qc [səkɔ̃plike]	sich etwas schwer machen	Delphine ~[5] la vie.
s'amuser [samyze]	sich vergnügen, sich amüsieren	Pendant la récré, les élèves ~[6] dans la cour.
laisser qn [lɛse]	jdn lassen, verlassen	

⚠ *Am Schluss eines Briefes kannst du schreiben:* „Je te laisse." *Das könnte man übersetzen mit:* „So viel für heute."

mettre le couvert [mɛtʀələkuvɛʀ]	den Tisch decken	Éric doit ~.

1 te débrouilles 2 croit 3 soucis 4 méchante 5 se complique 6 s'amusent

Unité 2, Séquence 3

typiquement [tipikmɑ̃]	typisch	Tu connais un repas ~ anglais?
actif/-ve [aktif/aktiv] *adj.*	aktiv *hier:* berufstätig	Ma mère est une femme ~[1].
la nourrice [lanuʀis]	die Tagesmutter	Mes parents cherchent une ~ pour mon petit frère.
la crèche [lakʀɛʃ]	die Kinderkrippe	Hélène n'est jamais allée à la ~.
heureusement [øʀøzmɑ̃] *adv.*	glücklicherweise	~, on n'a pas cours le samedi.
terriblement [teʀibləmɑ̃] *adv.*	schrecklich	J'ai eu ~ peur.

heureux/-se [øʀø/øʀøz] *adj.* ⚠ heureux ≠ malheureux	glücklich	Marie est terriblement ~[2] parce que ses parents lui achètent un vélo.
conduire qc [kɔ̃dɥiʀ]	etwas fahren/lenken	Les jeunes Français peuvent ~ une voiture à 16 ans.
seulement [sœlmɑ̃] *adv.*	nur	~ trois amis sont venus à ma fête.
à côté de [akotedə]	neben	Sophie est restée ~ moi.
l'apéritif [laperitif] *m.*	der Aperitif	Avant le repas, on va boire un ~.
l'amuse-gueule [lamyzgœl] *m. fam.*	das Appetithäppchen	J'adore les ~[3].
les boules [lebul] *f. pl.*	*hier:* das Boulespiel *wörtlich:* die Kugeln	Avec les correspondants français, je voudrais jouer aux ~.
parfois [paʀfwa] *adv.*	manchmal	Avec les amis, on se retrouve ~ le week-end.
la maison de campagne [lamɛzɔ̃dəkɑ̃paɲ]	das Landhaus	Beaucoup de familles françaises ont une ~.
le camp de vacances [ləkɑ̃dəvakɑ̃s]	das Ferienlager *für Jugendliche*	Ma correspondante va dans un ~ avec ses amis.
la colonie de vacances [lakɔlɔnidəvakɑ̃s] / **la colo** *fam.*	das Ferienlager *für Kinder von 6 bis 12 Jahren*	Martin va en ~ sur la Côte d'Azur.
sportif/-ve [spɔʀtif/spɔʀtiv] *adj.*	sportlich	Mon frère est très ~.
activement [aktivmɑ̃] *adv.*	aktiv	Denis participe ~ à la discussion.
le Conseil Municipal Jeunes [ləkɔ̃sejmynisipal-ʒœn]	der Jugendausschuss der Stadt	Notre voisine participe au ~.
inutilement [inytilmɑ̃] *adv.*	unnötig, sinnlos, nutzlos	En classe, on a discuté ~ pendant une heure.
s'intéresser à qn/qc [sɛ̃teʀese]	sich für jdn/etw. interessieren	Je ~[4] beaucoup au basket.

⚠ *Vergleiche:*

intéressant/e = interessant
intéresser qn = jdn interessieren
s'intéresser à qn/qc = sich für jdn/etw. interessieren

1 active 2 heureuse 3 amuse-gueules 4 m'intéresse

Unité 3, Approches

les médias [lemedja] *m. pl.*	die Medien	À l'école, nous parlons beaucoup des ~.
la série [laseri]	*hier:* die Fernsehserie	La ~ «Star Trek» passe à la télé tous les jeudis.
policier/-ière [pɔlisje/pɔlisjɛr] *adj.*	Polizei-, Kriminal- *in Verbindung mit einem Nomen*	Ce soir, nous regardons une série ~[1].

tuer qn [tye]	jdn töten	Les policiers cherchent un bandit qui a ~[2] une femme.
le commissaire [lekɔmisɛʀ] ⚠ *Es gibt nur die männliche Form.*	der Kommissar / die Kommissarin	Ce ~ fait un travail dangereux.
la fille [lafij]	*hier:* die Tochter	Hier, nous avons vu Madame Dulac avec sa ~.
le magazine [ləmagazin]	*hier:* die Fernsehsendung, das Magazin	Quel est ton ~ préféré?

⚠ *Unterscheide:*

le magasin [ləmagazɛ̃]  le magazine [ləmagazin] 

le hit [ləit] ⚠ *Der bestimmte Artikel* le *wird vor* hit *nicht apostrophiert.*	der Hit	La nouvelle chanson de «Louise attaque» est un ~.
l'émission [lemisjɔ̃] *f.*	die Sendung	L'~ sur les animaux me plaît beaucoup.
musical/e [myzikal] *adj.*	musikalisch, Musik- *in Verbindung mit einem Nomen*	Ma tante adore les émissions ~[3].
en direct [ɑ̃diʀɛkt]	live, direkt	Ce soir à la télé, il y a un concert d'Alizée ~.
le stade [ləstad]	das Stadion	Le ~ de France est à Saint-Denis près de Paris.
le jeu [ləʒø] / **les jeux** [leʒø] *pl.*	das Spiel	Quel ~ est-ce que tu préfères, le foot ou le basket?

⚠ *Die verflixten* -x
Einige Nomen enden im Plural auf -x. *Präge sie dir besonders gut ein. Die folgenden kennst du schon:*

le jeu – les jeux
le cheveu – les cheveux
le bateau – les bateaux
le bureau – les bureaux
le cadeau – les cadeaux
le château – les châteaux
le gâteau – les gâteaux
le morceau – les morceaux
l'oiseau – les oiseaux
le tableau – les tableaux

l'amour [lamuʀ] *m.*	die Liebe	Ludovic a trouvé l'~ de sa vie.
plaire à qn [plɛʀ]	jdm gefallen	Ton nouveau portable me ~[4] beaucoup.
mauvais/e [mɔvɛ/mɔvɛz] *adj.* ⚠ mauvais ≠ bon	schlecht	Je vais noter ton adresse. J'ai une ~[5] mémoire.
le chanteur / la chanteuse [ləʃɑ̃tœʀ/laʃɑ̃tøz]	der Sänger / die Sängerin	Tu trouves que ce ~ chante bien?
moral/e [mɔʀal] *adj.*	moralisch	Je n'aime pas ce film. Je trouve qu'il n'est pas ~.
l'action [laksjɔ̃] *f.*	die Handlung *hier:* Action	Il n'y a pas beaucoup d'~ dans ce film.
ennuyeux/-euse [ɑ̃nɥijø/ɑ̃nɥijøz] *adj.*	langweilig	Mes vacances ne vont pas être ~[6]!

1 policière 2 tué 3 musicales 4 plaît 5 mauvaise 6 ennuyeuses

Unité 3, Séquence 1

⚠ *Der Film* „Le fabuleux destin d'Amélie Poulain" *(wörtlich:* „Das fabelhafte Schicksal der Amelie Poulain"*)* *heißt auf Deutsch* „Die fabelhafte Welt der Amélie".

bizarre [bizaʀ] *m./f. adj.*	merkwürdig, komisch	Je trouve ta proposition un peu ~.
réparer qc [ʀepaʀe]	etw. reparieren	Mon père ~[1] mon vélo.
rencontrer qn [ʀɑ̃kɔ̃tʀe]	jdn treffen, kennen lernen	Camille a ~[2] un homme très intéressant.
la collection [lakɔlɛksjɔ̃]	die Sammlung, die Kollektion	Mélissa fait la ~ des CD.

⚠ faire la collection de qc = etw. sammeln

l'acteur / l'actrice [laktœʀ/laktʀis]	der Schauspieler / die Schauspielerin	Julia Roberts est une ~[3] célèbre.
le gag [ləgag]	der Gag *witziger Einfall*	J'ai bien aimé ce ~.
le ciel [ləsjɛl]	der Himmel	Aujourd'hui, le ~ a été bleu pendant toute la journée!
la carte postale [lakaʀtpɔstal]	die Postkarte	Marc écrit une ~ à son oncle.

⚠ Ça fait un peu carte postale. = Das ist ein bisschen kitschig.

C'est fait exprès! [sɛfɛɛkspʀɛ]	Das ist Absicht!	
le bien [ləbjɛ̃]	das Gute	Marion veut aider les gens qui font du ~ aux pauvres.

⚠ faire du bien à qn = jdm etw. Gutes tun

l'autre [lotʀ] *m./f.*	der/die andere	Je vais parler de ta proposition aux ~[4].
changer qc [ʃɑ̃ʒe]	etw. ändern, austauschen, auswechseln	Nous voulons faire une excursion mais il pleut. Ça ~[5] tout!

⚠ Ça change. = Das ist 'mal 'was anderes.

la fantaisie [lafɑ̃tɛzi] ⚠ «faux ami»: La fantasie ≠ die Phantasie (l'imagination *f.*)	der Einfallsreichtum	Léna aime bien les films où il y a de la ~.
préféré/e [pʀefeʀe] *adj.*	Lieblings- *in Verbindung mit einem Nomen*	Le foot n'est pas mon sport ~.
le suspense [ləsyspɛns]	die Spannung	Valentin adore les films où il y a beaucoup de ~.
bof [bɔf] *fam.*	na ja *umg.*	
passionnant/e [pasjɔnɑ̃/pasjɔnɑ̃t] *adj.*	spannend, fesselnd, faszinierend	Le spectacle est ~.

la science-fiction [lasjɑ̃sfiksjɔ̃]	die Science-Fiction	Comment s'appelle l'acteur qui joue dans ce nouveau film de ~?
différent/e [difeʀɑ̃/difeʀɑ̃t] *adj.*	anders, unterschiedlich, verschieden	Chez nous, c'est ~. On a cour l'après-midi.
comparer qn/qc (à qn/qc) [kɔ̃paʀe]	jdn/etw. (mit jdm/etw.) vergleichen	On ne peut pas ~ ces deux livres.

1 répare 2 rencontré 3 actrice 4 autres 5 change

Unité 3, Séquence 2

choisir qc [ʃwaziʀ] ⚠ *wird wie* finir *konjugiert*	etw. aussuchen, auswählen	– Vous avez ~[1], Monsieur? + Oui, je prends un steak bien cuit.
si [si]	*hier:* ob	Je ne sais pas encore ~ je vais sortir ce soir.
la disparition [ladispaʀisjɔ̃]	das Verschwinden	Le commissaire pose des questions sur la ~ de l'enfant.
l'ennemi/e [lɛnmi] *m./f.* ⚠ l'ennemi ≠ l'ami	der Feind / die Feindin	Le commissaire demande si la famille a des ~[2].

⚠ *Vergleiche mit dem Englischen:* l'ennemi – the enemy

avoir besoin de qn/qc [avwaʀbəzwɛ̃də]	jdn/etw. brauchen	Nous n'~[3] pas ~[4] l'attendre. / J'~[5] un conseil.
le rêve [ləʀɛv]	der Traum	J'ai raconté mon ~ à mon amie.
amoureux/-euse [amuʀø/amuʀøz] *adj.*	verliebt	Antoine est ~ de Nathalie.

⚠ l'amour = die Liebe
aimer qn = jdn lieben
être amoureux/-euse de qn = in jdn verliebt sein
tomber amoureux/-euse de qn = sich in jdn verlieben

futur/e [fytyʀ] *adj.*	zukünftig	Arthur rêve parfois de sa ~[6] femme.
réagir à qc [ʀeaʒiʀ] ⚠ *wird wie* finir *konjugiert*	auf etw. reagieren	Marcel a vite ~[7] ma lettre.
le drame [lədʀam]	das Drama	Tu connais «Roméo et Juliette»? C'est un ~ de Shakespeare.
finir qc [finiʀ] ⚠ finir ≠ commencer	etw. beenden, zu Ende bringen	Il faut ~ le travail qu'on a commencé.
calmement [kalməmɑ̃] *adv.*	ruhig	Loïc répond ~ aux questions de son prof.
admirer qn/qc [admiʀe]	jdn/etw. bewundern	Mélanie ~[8] Brad Pitt.

1 choisi 2 ennemis 3 avons 4 besoin de 5 ai besoin d' 6 future 7 réagi à 8 admire

Unité 3, Séquence 3

le joueur / la joueuse [ləʒwœʀ/lajwøz]	der Spieler / die Spielerin	Zidane est un très bon ~ de foot.

⚠ *Vergleiche:*

le jeu = das Spiel
jouer au foot = Fußball spielen
jouer du piano = Klavier spielen
le joueur / la joueuse = der Spieler / die Spielerin

jeter qc [ʒəte] ⚠ *wird wie* appeler *konjugiert*	etw. werfen, schleudern	Yann ~[1] ses affaires dans son sac et part.
le ballon [ləbalɔ̃]	der Ball	Arnaud et Éric jouent au ~.
capricieux/-euse [kapʀisjø/kapʀisjøz] *adj.*	launisch, unberechenbar	Cet enfant est un peu ~.
seul/e [sœl] *adj.*	*hier:* einzige/r *auch:* allein	C'est la ~[2] photo de Sylvie que j'ai.
le début [lədeby]	der Anfang	Au ~ du mois, j'ai dépensé trop d'argent.

⚠ *Vergleiche:*

le/la débutante = der/die Anfänger/in
le début = der Anfang

la carrière [lakaʀjɛʀ]	die Karriere	La ~ d'Alizée a commencé avec son hit «Moi – Lolita».
fier/fière [fjɛʀ] *adj.*	stolz	Je suis ~ de mon cousin.
le métier [ləmetje]	der Beruf	Quel est le ~ de ta mère?
la Coupe du monde [lakupdymɔ̃d]	die Weltmeisterschaft	En 1998, la ~ de foot a eu lieu en France.
couper qc [kupe]	schneiden	Magali veut ~ ses cheveux.
magnifique [maɲifik] *m./f. adj.*	wundervoll	Ta photo est ~!
chouchouté/e [ʃuʃute] *adj.*	verwöhnt, verhätschelt	Ma petite sœur est assez ~[3].
avoir envie de qc [avwaʀɑ̃vidə]	auf etw. Lust haben	J'~[4] d'une glace.

⚠ *Es gibt viele nützliche Wendungen mit dem Verb „avoir". Lerne sie am besten auswendig.*

avoir 15 ans – 15 Jahre alt sein
avoir besoin de qn/qc – jdn/etw. brauchen
avoir de la chance – Glück haben
avoir envie de qc – auf etw. Lust haben
avoir l'air (heureux) – (glücklich) aussehen
avoir faim/soif – Hunger/Durst haben
avoir lieu (à Paris) – (in Paris) stattfinden
avoir mal – Schmerzen haben
avoir mal au cœur – Übelkeit empfinden
avoir peur de qn/qc – vor jdm/etw. Angst haben
avoir raison – Recht haben

la passion [lapasjɔ̃]	die Leidenschaft	La musique est la grande ~ de Céline Dion.
le tennis [lətɛnis]	das Tennis	Elle ne sait pas jouer au ~.
bouger [buʒe]	sich bewegen, *auch:* unterwegs sein	Paul a toujours envie de ~.

généreux/-euse *adj.* [ʒeneʀø/ʒeneʀøz]	großzügig	Ma grand-mère est très ~[5].

⚠ *Es gibt einige Adjektive, deren männliche Form auf* -eux *und die weibliche Form auf* -euse *endet. Präge sie dir besonders gut ein. Du kennst schon die folgenden:*

amoureux – amoureuse
capricieux – capricieuse
courageux – courageuse
dangereux – dangereuse
ennuyeux – ennuyeuse
généreux – généreuse
heureux – heureuse
joyeux – joyeuse
malheureux – malheureuse
nombreux – nombreuse

1 jette 2 seule 3 chouchoutée 4 ai envie d' 5 généreuse

Unité 4, Chapitre 1

sans … ni … [sɑ̃ … ni …]	ohne … und ohne …	Elle habite dans un quartier ~[1] café ~[2] cinéma.
le tambour [lətɑ̃buʀ]	die Trommel	Est-ce que tu entends le ~?
la trompette [latʀɔ̃pɛt]	die Trompete	Patrick joue de la ~.
le couloir [ləkulwaʀ]	der Gang, der Flur	Les ~[3] du métro sont parfois très longs.
ce mardi-là [səmaʀdila]	an diesem Dienstag	– Qu'est-ce que vous avez fait ~?
le nombre [lənɔ̃bʀ]	die Zahl, die Anzahl	Un grand ~ d'élèves sortait de l'école.

⚠ un bon nombre de = beaucoup de

la boîte [labwat]	der Kasten, die Schachtel *auch:* die Dose	Tu n'as pas trouvé une petite ~ noire dans la salle de séjour?
s'en aller [sɑ̃nale]	weggehen, losgehen, abhauen	La fête est très ennuyeuse. Alors, je ~[4].
les lunettes [lelynɛt] *f. pl.*	die Brille	Je ne vois rien sans mes ~.

⚠ *Die Brille steht im Französischen immer im Plural:* les lunettes.
Das kannst du dir daran merken, dass eine Brille aus zwei Brillengläsern besteht.

l'arrêt [laʀɛ] *m.*	1. das Anhalten, der Halt; 2. die Haltestelle	Après l'~ du train, les élèves sont descendus.

⚠ sans arrêt = toujours

applaudir [aplodiʀ] ⚠ *wird wie* finir *konjugiert*	Beifall klatschen, applaudieren	Est-ce que les gens ont beaucoup ~[5]?
le saxophone [ləsaksɔfɔn]	das Saxophon	Nathalie sait jouer du ~.

⚠ *Folgende Instrumente kennst du schon:*

le saxophone – le piano – l'accordéon – le tambour – la trompette – la flûte – la batterie – la guitare

le/la musicien/ne [ləmy-zisjɛ̃/lamyzisjɛn]	der Musiker, die Musikerin	J'ai écouté le concert d'une ~[6] très célèbre.
gros/grosse [gʀo/gʀos] *adj.*	dick	Obélix est très ~.

⚠ une drôle de fille = ein seltsames/komisches Mädchen

rose [ʀoz] *m./f. adj.*	rosa	Mon pull préféré est ~.
agressif/agressive [agʀesif/agʀesiv] *adj.*	aggressiv	Les grands chiens sont parfois très ~[7].
suivre qn [sɥivʀ]	jdm folgen	Ce petit chat nous ~[8] tout le temps.
la voix [lavwa]	die Stimme	Ma chanteuse préférée a une belle ~.
la méchanceté [lameʃɑ̃ste]	die Bosheit, die Bösartigkeit	Je ne comprends pas la ~ des agresseurs.

1 sans 2 ni 3 couloirs 4 m'en vais 5 applaudi 6 musicienne 7 agressifs 8 suit

Unité 4, Chapitre 2

le sens [ləsɑ̃s]	der Sinn	Attendre Julien n'a pas de ~.
foncer vers qn / foncer à qc [fɔ̃se] ⚠ nous fonçons	1. sich auf jdn stürzen; 2. *in einen Raum* hineinstürzen, irgendwohin rennen	Un jeune a ~[1] vers mon petit frère qui est tombé.
furieux/-euse [fyʀjø/fyʀjøz] *adj.*	wütend	Ma mère est assez ~[2] parce que j'ai les cheveux roses maintenant.
cassé/e [kase] *adj.*	zerbrochen, kaputt	Le vélo de Marc est ~.
le quai [ləkɛ]	*hier:* der Bahnsteig	Voilà le ~ où notre train va arriver.
passer devant qn [pase]	an jdm vorbeigehen	Tu ne m'as pas remarqué quand tu es ~[3] moi!
lancer qc à qn [lɑ̃se] ⚠ nous lançons	*hier:* jdm etw. zuwerfen	Antoine veut jouer avec son frère: il lui ~[4] un ballon.
le regard [ləʀəgaʀ]	der Blick	Le surveillant m'a lancé un ~ furieux.
ironique [iʀɔnik] *m./f. adj.*	ironisch	Vanessa lance un regard ~ à Tim.
la direction [ladiʀɛksjɔ̃]	die Richtung	Est-ce que c'est la bonne ~ pour aller au Centre Pompidou?

1 foncé 2 furieuse 3 passé(e) devant 4 lance

Unité 4, Chapitre 3

s'occuper de qn/qc	sich um jdn/etw. kümmern	Khaled doit ~ son petit frère.
l'habitude [labityd] *f.*	die Gewohnheit, die Angewohnheit	Je lis quand je mange. C'est une mauvaise ~.

⚠ d'habitude = gewöhnlich

quelquefois [kɛlkəfwa] *adv.*	manchmal	D'habitude, Sandrine prend la voiture, mais ~ elle prend le métro.

apporter qc [apɔʀte]	etw. mitbringen	Pourquoi est-ce que tu ~[1] ta guitare?
la pièce [lapjɛs]	der Raum, das Zimmer	Notre appartement a trois ~[2].
tenir qc [təniʀ] ⚠ *wird wie* venir *konjugiert*	etw. halten	Patricia ~[3] sa guitare à la main.

⚠ tenir qc à la main = etw. in der Hand halten

l'inspecteur / l'inspectrice [lɛ̃spɛktœʀ/lɛ̃spɛktʀis]	der Inspektor / die Inspektorin	Vous connaissez l'~ Columbo?
cambrioler qc [kɑ̃bʀijɔle]	in etw. einbrechen	L'inspecteur suit l'homme qui a ~[4] une maison.
puisque [pɥiskə] *conj.*	da (ja)	Nous ne sortons pas ~ tu as mal à la tête.
voler qc [vɔle]	etw. stehlen	Où est-ce qu'on a ~[5] votre sac?
C'est dommage. [sɛdɔmaʒ]	Das ist schade.	Tu ne viens pas ce soir? ~!
sérieux/-se [seʀjø/seʀjøz] *adj.*	ernst	Tu vois cet homme qui a l'air ~?

1 apportes 2 pièces 3 tient 4 cambriolé 5 volé

Unité 4, Chapitre 4

soupçonner qn [supsɔne]	jdn verdächtigen	L'inspectrice ~[1] un jeune homme.

⚠ jouer comme un pied = miserabel spielen

lancer qc [lɑ̃se]	*hier:* etw. hervorstoßen, ausrufen	
jaloux/-se [ʒalu/ʒaluz] *adj.*	eifersüchtig, neidisch	Tu es ~ de ta petite sœur?
en vouloir à qn [ɑ̃vulwaʀ]	jdm böse sein	Pourquoi est-ce que tu lui ~[3]?
Tu te casses! *fam.*	Hau ab! Verschwinde!	
sortir qc [sɔʀtiʀ] ⚠ *passé composé mit* avoir	*hier:* etw. herausnehmen	Pascal ~[2] son baladeur de son sac.

⚠ *Du kennst schon vier verschiedene Bedeutungen von* „sortir":

Il sort de la maison. / Il **est** sorti.

Elle sort avec lui. / Elle **est** sortie avec lui.

Elle sort son chien. / Elle **a** sorti son chien.

Il sort les chaises. / Il **a** sorti les chaises.

le genre [ləʒɑ̃ʀ]	die Art	Paul tombe toujours amoureux de ce ~ de filles.
la panique [lapanik]	die Panik	Je suis en ~.
pousser qn [puse]	jdn stoßen, schubsen	Ton copain est assez agressif. Il m'a ~[4]!
le mur [ləmyʀ]	die Wand, die Mauer	Le ~ de Berlin est tombé en 1989.

le couteau [ləkuto]/ **les couteaux** [lekuto] *pl.*	das Messer	Tu me passes un ~, s'il te plaît?
rigoler [ʀigɔle]	*hier:* grinsen	Raphaël ~[5] toujours.
menacer qn [mənase] ⚠ nous menaçons	jdn bedrohen, jdm drohen	Cet homme ~[6] la jeune fille.
casser qc [kase]	etw. brechen, zerbrechen	Arrête! Tu vas me ~ le bras.
la dent [ladɑ̃]	der Zahn	Est-ce que tu as mal aux ~[7]?
hurler [yʀle]	schreien	Le bébé a ~[8] toute la nuit.
lâcher qn/qc [lɑʃe]	jdn/etw. loslassen	Enfin, l'agresseur ~[9] la jeune fille.
la police [lapɔlis]	die Polizei	La ~ cherche l'homme qui a cambriolé notre maison.

⚠ *Vergleiche mit dem Englischen:* la police – the police

courir [kuʀiʀ]	laufen, rennen	Vous ~[10] trop vite! Je ne peux plus.
perdre connaissance [pɛʀdʀəkɔnɛsɑ̃s]	das Bewusstsein verlieren, ohnmächtig werden	Sarah est tombée et a ~[11].

1 soupçonne 2 sort 3 en veux 4 poussé 5 rigole 6 menace 7 dents 8 hurlé 9 lâche 10 courez 11 perdu connaissance

Unité 4, Chapitre 5

l'hôpital [lɔpital] *m.* / **les hôptaux** [lezɔpito] *pl.*	das Krankenhaus	Tom est à l'~? Mais qu'est-ce qu'il a?
à moitié [amwatje]	halb	Luc dormait ~ quand le téléphone a sonné.
le bouquet [ləbukɛ]	der Strauß	Mon amie m'a apporté un beau ~.
la fleur [laflœʀ]	die Blume	Tu vas acheter ces ~[1] rouges?
le dealer [lədilœʀ]	der Dealer	Le ~ a menacé l'inspecteur de police.
la drogue [ladʀɔg]	die Droge	
le flic [ləflik] *fam.*	*umg. für:* der Polizist	La série «Deux ~[2] à Miami» passe à la télé tous les jeudis.
la suite [lasɥit]	die Folge *hier:* das Ende	Papa ne connaît pas la ~ de l'histoire.
devenir qc [dəvniʀ] ⚠ *wird wie* venir *konjugiert*	etw. werden	Je veux ~ inspecteur.
remarquer qn/qc [ʀəmaʀke]	jdn/etw. bemerken	Tu n'as pas ~[3] qu'on a volé ton argent?
le Zénith [ləzenit]	*Konzerthalle in Paris*	Ce soir, Patricia Kaas donne un concert au ~.
espérer [ɛspeʀe] ⚠ *wird wie* préférer *konjugiert*	hoffen	J'~[4] que tu vas venir chez moi cet été.
l'infirmier / l'infirmière [lɛ̃fiʀmje/lɛ̃fiʀmjɛʀ]	der Krankenpfleger / die Krankenschwester	L'~[5] qui s'occupait de moi était très gentille.

qu'est-ce que c'est que ce/cette (+ Nomen)	was ist das für ein/eine (+ Nomen) *Ausruf*	~[6] désordre dans la cuisine!
la bande [labɑ̃d]	die Bande	Dans notre quartier, une ~ de jeunes menace les petits.
le/la sauvage [lə/lasovaʒ]	der/die Wilde	Bande de ~[7]! Vous êtes trop bruyants!
le sourire [ləsuʀiʀ]	das Lächeln	Maria fait un ~ à Roberto.
la bouche [labuʃ]	der Mund	Roberto a embrassé Maria sur la ~.

⚠ rester la bouche ouverte = völlig perplex sein

1 fleurs 2 flics 3 remarqué 4 espère 5 infirmière 6 Qu'est-ce que c'est que ce 7 sauvages

Unité 5, Approches

l'avenir [lavniʀ] *m.*	die Zukunft	Sylvain pense déjà à l'~. Il veut devenir pilote.
l'école maternelle [lekɔl-matɛʀnɛl] *f.*	der Kindergarten, die Vorschule	Sophie va à l'~.
l'école primaire [lekɔl-pʀimɛʀ] *f.*	die Grundschule	Ma petite sœur va à l'~ maintenant.
l'année [lane] *f.*	das Jahr	L'~ dernière, Sonia est allée en Italie.
scolaire [skɔlɛʀ] *m./f. adj.*	schulisch, Schul- *in Verbindung mit einem Nomen*	Kevin veut passer une année ~ en France.
la sixième [lasizjɛm]	die sechste Klasse	Patrick passe en ~.

⚠ *In Frankreich werden die Klassen im „collège" rückwärts gezählt:*

la sixième = die „Sechste" *entspricht der 6. Klasse in Deutschland*
la cinquième = die „Fünfte" *entspricht der 7. Klasse in Deutschland*
la quatrième = die „Vierte" *entspricht der 8. Klasse in Deutschland*
la troisième = die „Dritte" *entspricht der 9. Klasse in Deutschland*

passer qc [pase]	*bezogen auf eine Prüfung* etw. ablegen, bestehen	
le brevet [ləbʀəvɛ]	die Abschlussprüfung am Ende des „collège", *vergleichbar mit der mittleren Reife*	En troisième, Elsa passe le ~.
le chemin [ləʃmɛ̃]	der Weg	Vous pouvez me montrer le ~ pour l'hôpital?
se séparer [səsepaʀe]	sich trennen	Nathalie et moi, nous ~[1] sommes ~[2] à trois heures.
le lycée professionnel [ləlyseprɔfɛsjɔnɛl] **(le L.P.)**	die Berufsschule	Martin va dans un ~.
la restauration [larɛstɔʀasjɔ̃]	das Gaststättengewerbe	Stéphanie s'intéresse aux métiers de la ~.
le bac [ləbak] *fam.* **(le baccalauréat** [ləbakalɔʀea]**)**	das Abi / das Abitur	À 19 ans, Tim veut passer son ~.

le lycée d'enseignement général [ləlysedɑ̃sɛɲəmɑ̃-ʒeneʀal] *m.*	das Gymnasium	Tu veux passer ton bac dans un ~?
rater son année [ʀatesɔ̃nane]	*hier:* durchfallen, das Schuljahr nicht schaffen, nicht versetzt werden	Mélanie a ~[3].
redoubler qc [rəduble]	*hier:* eine Klasse wiederholen, sitzen bleiben	Loïc doit ~ sa troisième.
le B.E.P. (le brevet d'enseignement professionnel)	die Abschlussprüfung am Ende der Berufsausbildung	Elsa passe son ~ en mai.
le bac pro [ləbakpro] *fam.* **(le bac professionnel)**	das Fachabitur	Lucien va passer son ~ dans un lycée professionnel.
se spécialiser dans qc [səspesjalize]	sich auf etw. spezialisieren	Mon frère veut ~ les langues.
masculin/e [maskylɛ̃/maskylin] *adj.*	männlich	Manuel a choisi un métier typiquement ~: il est devenu pilote.
le/la sommelier/-ière [sɔməlje/sɔməljɛʀ]	der/die Weinkellner/in, Kellermeister/in	Un ~ doit très bien connaître les vins.

Eine „sommelière" ist eine Weinexpertin, die für den Weinkeller eines Restaurants verantwortlich ist, sich um die richtige Lagerung und Auswahl kümmert und Empfehlungen gibt, welche Weine zu welchen Speisen passen.

1 nous 2 séparé(e)s 3 raté son année

Unité 5, Séquence 1

le journal [ləʒuʀnal] / ⚠ **les journaux** [leʒuʀno] *pl.*	1. die Zeitung, 2. das Tagebuch	Chaque matin, mon père lit son ~.

Nomen auf -al *bilden den Plural auf* -aux. *Du kennst schon:*
l'animal – les animaux
le journal – les journaux
⚠ *Ausnahme:* le festival – les festivals

l'enquête [lɑ̃kɛt] *f.*	die Meinungsumfrage	Le journal du collège a fait une ~ sur les hobbies des élèves.
on pourrait [ɔ̃purɛ]	man könnte, wir könnten	~ faire une excursion à la campagne.
le voyage [ləvwajaʒ]	die Reise	Je voudrais faire un ~ en Espagne.
le cartable [ləkaʀtablə]	der Schulranzen	Je déteste les ~[1], je préfère mon sac.
électronique [elɛktʀɔnik] *m./f. adj.*	elektronisch	Adrien adore la musique ~.
remplacer qn/qc [ʀɑ̃plase] ⚠ nous remplaçons	jdn/etw. ersetzen	Les CD ont ~[2] les cassettes.

l'image [limaʒ] *f.*	das Bild	Sur le cédérom «Encarta», il y a beaucoup de belles ~[3].
l'information [lɛ̃fɔʀmasjɔ̃] *f.*	die Information	Sur Internet, tu peux trouver très vite des ~[4] utiles.
le rapport [ləʀapɔʀ] / **les rapports** [leʀapɔʀ]	1. der Zusammenhang; 2. *Plural:* das Verhältnis	J'ai des très bons ~[5] avec mes frères.
le respect [ləʀɛspɛ] ⚠ *Das* -ct *am Wortende wird nicht gesprochen!*	der Respekt, die Achtung	Fabien admire beaucoup son prof de piano et lui montre du ~.
la matière [lamatjɛʀ]	das Unterrichtsfach	Ma ~ préférée, c'est le dessin.

⚠ *Wiederhole die Schulfächer, die du schon kennen gelernt hast:*

les matières
- la musique
- la gym
- l'allemand *m.*
- les maths *f. pl.*
- l'anglais *m.*
- la géo
- le français
- la technologie
- l'histoire *f.*
- les S.V.T. *f. pl.*
- le dessin
- l'éducation civique *f.*

propre [pʀɔpʀ] *m./f. adj.* ⚠ propre ≠ sale	sauber	Dans notre école, les murs ne sont pas très ~[6].
vrai/e [vʀɛ] *adj.*	wahr	Ce n'est pas ~!
le stage [ləstaʒ]	das Praktikum	En troisième, Myriam a fait un ~ dans un magasin.
l'entreprise [lɑ̃tʀəpʀiz] *f.*	das Unternehmen, die Firma	Jean travaille dans une grande ~.
servir à qc [sɛʀviʀ] ⚠ *wird wie* sortir *konjugiert*	etw. nützen	À mon avis, l'opération «ruban vert» ne ~[7] à rien.
l'apprentissage [lapʀɑ̃tisaʒ] *m.*	die Lehre, die Ausbildung	Après l'école, Julie veut faire un ~.

⚠ *Vergleiche:*

apprendre qc = etw. lernen
l'apprentissage = die Lehre

cela [səla] ⚠ ça *ist die verkürzte Form von* cela	dieser, diese, dieses, das	Sarah veut devenir artiste et ~ ne plaît pas beaucoup à ses parents.

1 cartables 2 remplacé 3 images 4 informations 5 rapports 6 propres 7 sert

Unité 5, Séquence 2

le monde [ləmɔ̃d]	die Welt	Après le bac, Ivo veut faire le tour du ~.
le travail [lətʀavaj] ⚠ **les travaux** [letʀavo] *pl.*	die Arbeit	Ma mère aime beaucoup son ~.

⚠ «faux ami»:
le travail ≠ the travel (le voyage)

le voyage

le travail

l'environnement [lɑ̃viʀɔnmɑ̃] *m.*	die Umwelt	Anne s'intéresse aux problèmes de l'~.
l'informatique [lɛ̃fɔʀmatik] *f.*	die Informatik	Arthur s'intéresse à l'~.
la boucherie [labuʃʀi]	die Metzgerei, Fleischerei	Je ne voudrais pas travailler dans une ~.
le client [ləkliɑ̃] / **la cliente** [lakliɑ̃t]	der Kunde / die Kundin	La nouvelle vendeuse est très gentille avec les ~[1].
le rapport [ləʀapɔʀ]	*hier:* der Bericht	Jenny écrit son ~ de stage.
la radio [laʀadjo] ⚠ *weiblich*	das Radio	Quand je fais mes devoirs, je n'écoute jamais la ~.
local/e [lɔkal] *adj.*	örtlich, lokal, Orts- *in Verbindung mit einem Nomen*	Camille peut faire son stage dans une radio ~[2].
l'animateur [lanimatœʀ] / **l'animatrice** [lanimatʀis]	*hier:* der/die Moderator/in	L'~ choisit toujours des CD super!
même [mɛm] *adv.*	sogar, selbst	Dans le bateau, ~ mon père était malade.
le conseil [ləkɔ̃sɛj]	der Ratschlag, Rat	Tu peux me donner un ~?
passer qc [pase]	*hier:* etw. im Radio senden/spielen	Ce matin, on a ~[3] mon hit préféré à la radio!

⚠ *Inzwischen kennst du schon sieben verschiedene Bedeutungen von „passer“:*

Le temps passe vite.	= Die Zeit vergeht schnell.
Tu passes en troisième?	= Wirst du in die 9. Klasse versetzt?
Je passe mes vacances en France.	= Ich verbringe die Ferien in Frankreich.
Roberto passe une tartine à Maria.	= Roberto gibt Maria ein Butterbrot.
Les jeunes passent par la Tour Eiffel.	= Die Jugendlichen fahren am Eiffelturm vorbei.
En mai, Marion passe son brevet.	= Im Mai legt Marion die Abschlussprüfung ab.
On a passé un hit super à la radio.	= Im Radio wurde ein super Hit gespielt.

l'agriculteur [lagʀikyltœʀ] / **l'agricultrice** [lagʀikyltʀis]	der Bauer / die Bäuerin, der/die Landwirt/in	Louise veut devenir ~[4].
la ferme [lafɛʀme]	der Bauernhof	Je passe mes vacances dans une ~.

⚠ *Vergleiche mit dem Englischen:* la ferme – the farm

le guichet [ləgiʃɛ]	der Schalter	Le ~ est fermé.
le patron [lepatʀɔ̃]/ **la patronne** [lapatʀɔn]	der/die Chef/in	Le ~ de mon père est très sympa.

⚠ «faux ami»:
la patronne ≠ die Patrone
(la cartouche)

la patronne de mon père

une nouvelle cartouche pour mon stylo

le fils [ləfis]	der Sohn	Mon cousin est le ~ de ma tante.
agricole [agʀikɔl] *m./f. adj.*	landwirtschaftlich, Landwirtschafts- *in Verbindung mit einem Nomen*	Louise veut aller dans un lycée ~.
le maïs [ləmais]	der Mais	Arnaud ne mange pas de ~.

1 clients 2 locale 3 passé 4 agricultrice

Unité 5, Séquence 3

le conseiller / la conseillère d'orientation [ləkɔ̃sɛjedɔʀjɑ̃tasjɔ̃/lakɔ̃sɛjɛʀdɔʀjɑ̃tasjɔ̃]	der/die Berufsberater/in	Dans chaque collège, il y a un ~ d'orientation.
⚠ *Vergleiche:*	le conseil = der Rat le conseiller / la conseillère = der Berater / die Beraterin	
le médecin [ləmedsɛ̃] ⚠ *Es gibt nur die männliche Form.*	der Arzt / die Ärztin	Le ~ discute avec l'infirmière.
les études [lezetyd] *f. pl.*	das Studium	Après le bac, Marion veut faire des ~.
soigner qn [swaɲe]	jdn. heilen, pflegen	Un médecin français a ~[1] ma sœur.
le docteur [lədɔktœʀ]	der Doktor	
l'avocat/e [lavɔka/lavokat]	der Anwalt / die Anwältin	Notre voisin a besoin d'un ~.
avoir la tête de … [avwaʀlatɛtdə]	aussehen wie …	Il n'~[2] pas ~[3] un bandit.
l'assassin [lasasɛ̃] *m./f.*	der/die Mörder/in	La police cherche l'~ du pilote.
le moniteur [ləmɔnitœʀ]/ **la monitrice** [lamɔnitʀis]	der/die Betreuer/in, Kursleiter/in *hier:* der/die Skilehrer/in	Le ~ est très sympa.
le ski [ləski]	der Ski	Tu n'as jamais fait de ~?
l'hiver [livɛʀ] *m.*	der Winter	En ~, Thomas fait du ski.
le surf [ləsøʀf]	das Wellenreiten, Surfen	Je voudrais apprendre le ~.
l'été [lete] *m.*	der Sommer	En ~, je vais aller en France.

En hiver, elle fait du ski.

En été, il fait du surf.

l'usine [lyzin] *f.*	die Fabrik	Dans notre village, il y a une petite ~.
polluer qc [pɔlye]	etw. verschmutzen	Beaucoup d'usines ~[4] l'environnement.
⚠ *Vergleiche:*	la pollution = die Verschmutzung	polluer qc = etw. verschmutzen
le concepteur [ləkɔ̃sɛptœʀ]/ **la conceptrice** [lakɔ̃sɛptʀis]	der/die Entwickler/in	Thomas veut devenir ~ de programmes d'ordinateur.
le jeu vidéo [ləʒœvideo] / **les jeux vidéo** [leʒœvideo] *pl.*	das Videospiel	Tim adore les ~[5].
le net [lənɛt]	das Internet	J'ai trouvé un correspondant sur le ~.

⚠ sur le net = im Internet

C'est à toi. [sɛtatwa]	Du bist dran.	Viens vite, ~ !
plusieurs [plyzjœʀ] *m./f. pl. adj.*	mehrere	~ professeurs ont discuté avec nous.

1 soigné 2 a 3 la tête d' 4 polluent 5 jeux vidéo

Unité 6, Approches

le chantier [ləʃɑ̃tje]	die Baustelle *hier:* das Workcamp	Devant notre immeuble, il y a un ~.
international/e [ɛ̃tɛʀnasjɔnal] *adj.*	international	Sandra passe ses vacances dans une colonie de vacances ~[1].
l'olivier [lɔlivje] *m.*	der Olivenbaum	En Provence, il y a beaucoup d'~[2].
le/la paysan/ne [lə/lapeizɑ̃/an] *m.*	der Bauer / die Bäuerin	Mon oncle est ~.
l'arbre [laʀbʀə]	der Baum	Dans la cour, il y a des grands ~[3].
vieux/vieil *m.* / **vieille** *f.* [vjø/vjɛj/vjɛj] / **vieux** [vjø] *m. pl.* / **vieilles** [vjɛj] *f. pl. adj.* ⚠ vieux ≠ nouveau	alt	Karim a un ~ chat.
l'olive [lɔliv] *f.*	die Olive	Cécile ne mange pas d'~[4] noires.
la lavande [lalavɑ̃d]	der Lavendel	Ma mère adore la ~.
le champ [ləʃɑ̃]	das Feld	Les ~[5] de lavande sont typiques de la Provence.
le mouton [ləmutɔ̃]	das Schaf	Les ~[6] sont des animaux utiles.
vendre qc [vɑ̃dʀə] ⚠ *wird wie* attendre *konjugiert*	etw. verkaufen	Mon cousin m'a ~[7] son baladeur.

⚠ *Vergleiche:* le vendeur / la vendeuse = der Verkäufer / die Verkäuferin
vendre qc = etw. verkaufen

le troupeau [lətrupo] / **les troupeaux** [letrupo] *pl.*	die Herde	Tu n'as jamais vu un ~ de moutons?
le cheval [ləʃval] / **les chevaux** [leʃvo] *pl.*	das Pferd	Nathalie veut avoir un ~ mais c'est trop cher.

⚠ faire du cheval = reiten

l'âne [lɑn] *m.*	der Esel	Cet ~ est déjà assez vieux.
hein [ɛ̃] *fam.*	Nicht wahr? Stimmt's? *umg.*	
le/la touriste [lə/latuʀist]	der/die Tourist/in	En Provence, il y a beaucoup de ~[8].

1 internationale 2 oliviers 3 arbres 4 olives 5 champs 6 moutons 7 vendu 8 touristes

Unité 6, Séquence 1

la décision [ladesizjɔ̃]	die Entscheidung	Tim a pris une ~: il va passer son bac.
décider qc [deside]	etw. entscheiden	Tu as ~[1] de passer tes vacances avec moi?

Vergleiche:
décider qc = etw. entscheiden
se décider = sich entscheiden
la décision = die Entscheidung
prendre une décision = eine Entscheidung treffen
prendre la bonne/mauvaise décision = die richtige/falsche Entscheidung treffen

réfléchir [ʀefleʃiʀ] *wird wie* finir *konjugiert*	überlegen, nachdenken	Attendez, il faut ~.
d'un côté ... mais de l'autre [dɛ̃kote ... mɛdəlotʀə]	einerseits ... aber andererseits	~, je voudrais avoir un portable, ~ c'est très cher.
crevant/e [kʀəvɑ̃/kʀəvɑ̃t] *fam. adj.*	anstrengend, ermüdend	Ce travail est trop ~ pour moi!

Vergleiche: être crevé(e) = todmüde sein — crevant = anstrengend, ermüdend

costaud [kɔsto] *m./f. fam. adj.*	stark, kräftig	Michel est très ~.
tout le temps [tultɑ̃]	die ganze Zeit	Marie pense ~ à Sébastien.
la région [lareʒjɔ̃]	die Region, das Gebiet	Est-ce que tu connais cette ~?
Ça change de ... [saʃɑ̃ʒdə]	Das ist 'mal etwas anderes als ...	Un voyage de classe, ~[2] collège.
la solution [lasɔlysjɔ̃]	die Lösung	Nous avons trouvé une bonne ~.
permettre à qn de faire qc [pɛʀmɛtʀə] *wird wie* mettre *konjugiert*	jdm erlauben etw. zu tun	Mes parents ne me ~[3] pas de partir en vacances avec mes copains.
l'Américain/e [lameʀikɛ̃/lameʀikɛn]	der/die Amerikaner/in	Rachel a fait la connaissance d'un ~.
replanter qc [ʀəplɑ̃te]	etw. wieder pflanzen	Mon père a ~[4] trois arbres.
l'incendie [lɛ̃sɑ̃di] *m.*	der Brand	Hier, il y a eu un ~ dans notre quartier.
restaurer qc [ʀestɔʀe]	etw. wiederherstellen, restaurieren	Ma famille a ~[5] une vieille maison.
construire qc [kɔ̃stʀɥiʀ] *wird wie* conduire *konjugiert*	etw. bauen	Dans notre ville, on va ~ une nouvelle piscine.
coucher [kuʃe]	schlafen, übernachten	Ma cousine va ~ dans ma chambre.
la tente [latɑ̃t]	das Zelt	En Italie, nous avons couché sous la ~.
le pour [ləpuʀ]	das Für	
le contre [ləkɔ̃tʀ]	das Wider	J'ai longtemps pesé le pour et le ~.

peser le pour et le contre = das Für und Wider abwägen

empêcher qn de faire qc [ɑ̃pɛʃe]	jdn an etw. hindern, jdn bei etw. stören, jdn von etw. abhalten	Ma mère m'~[6] de sortir avec mon copain.

1 décidé 2 ça change du 3 permettent 4 replanté 5 restauré 6 empêche

incroyable [ɛ̃kʀwajablə] *m./f. adj.*	unglaublich, erstaunlich	Cette histoire est ~!

⚠ *Vergleiche:*

croire qc = etw. glauben
incroyable = unglaublich

sauvage [sovaʒ] *m./f. adj.*	wild, ungezähmt	En Provence, on a vu des chevaux ~[1].
surtout [syʀtu]	vor allem	J'aime bien l'école, ~ les récréations!
tranquille [tʀɑ̃kil] *m./f. adj.* ⚠ tranquille ≠ bruyant	ruhig, still	La vie en ville n'est pas ~.
le paysage [⚠ ləpeizaʒ]	Landschaft	Pendant la randonnée, on a découvert un ~ magnifique.

⚠ *Vergleiche:*

le pays = das Land
le paysage = die Landschaft
le/la paysan/ne = der Bauer / die Bäuerin
les Pays-Bas = die Niederlande

stressé/e [stʀɛse] *adj.*	gestresst	Mon père est assez ~ ce soir.
l'adulte [ladylt] *m./f.*	der/die Erwachsene	Nous avons discuté de notre problème avec des ~[2].
regretter qc [ʀəɡʀɛte]	etw. bedauern	Je ne ~[3] pas d'être parti en vacances avec mes copains.
entier/entière [ɑ̃tje/ɑ̃tjɛʀ] *adj.*	ganz, vollständig	Clémence a été malade pendant une semaine ~[4].
brûler (qc) [bʀyle]	1. *ohne Ergänzung* brennen, verbrennen; 2. *mit direktem Objekt* etw. in Brand stecken	Les bandits ont ~[5] un immeuble.

⚠ «faux ami»:
brûler ≠ brüllen (hurler)

La maison brûle.

Le garçon hurle.

criminel/le [kʀiminɛl] *adj.*	kriminell, strafbar	L'incendie était ~.
l'accident [laksidɑ̃] *m.*	der Unfall	Hier, j'ai vu un ~ de voitures.
le feu [ləfø]	das Feuer	Ce ~ est terrible pour la région.
prendre [pʀɑ̃dʀ]	*hier:* ausbrechen	Le feu a ~[6] à cause d'un verre cassé.
l'allumette [lalymɛt] *f.*	das Streichholz	Tu as acheté des ~[7]?
le coup de soleil [ləkudsolej]	der Sonnenbrand	Sandrine a pris un ~.
le port [ləpɔʀ]	der Hafen	À Marseille, il y a un grand ~.
meilleur/e [mɛjœʀ] *adj.*	besser/e *Komparativ zu* bon/ne	Je veux avoir une ~[8] note en maths.

nous-mêmes [numɛm]	wir selbst	Nous avons préparé cette salade ~.
la vaisselle [lavɛsɛl]	das Geschirr	Tu as déjà fait la ~?

⚠ faire la vaisselle = das Geschirr spülen, abwaschen

l'avantage [lavɑ̃taʒ] *m.*	der Vorteil	~ de mon école, c'est qu'elle est petite.
l'inconvénient [lɛ̃kɔ̃venjɑ̃] *m.* ⚠ l'inconvénient ≠ l'avantage	der Nachteil	~ de notre appartement, c'est qu'il est trop petit.
envoyer qc [ɑ̃vwaje] ⚠ *wird wie* payer *konjugiert*	etw. schicken, verschicken	Jérémy a ~[9] une lettre à Julie.

1 sauvages 2 adultes 3 regrette 4 entière 5 brûlé 6 pris 7 allumettes 8 meilleure 9 envoyé

Unité 6, Séquence 3

la nuit [lanɥi]	die Nacht	La ~ dernière, je n'ai pas bien dormi.

⚠ *Vergleiche:*
minuit = Mitternacht
la nuit = die Nacht, nachts
toute la nuit = die ganze Nacht lang
il fait nuit = es ist Nacht
Bonne nuit! = Gute Nacht!

ceci [səsi]	dies(es); das	Avec Sarah, on a parlé de ~ et de cela.

⚠ parler de ceci et de cela = über dies und jenes sprechen

le peuple [ləpœplə]	das Volk	
la guerre [lagɛʀ] ⚠ *weiblich*	der Krieg	La grand-mère de Marie est née pendant la ~.
justement [ʒystmɑ̃] *adv.*	*hier:* genau	
donner une idée à qn [dɔneynide]	jdn auf eine Idee bringen	Tu me ~[1]!
le/la président/e [ləpʀezidɑ̃/lapʀezidɑ̃t]	der/die Präsident/in	Qui est le ~ de la France?
faire la cuisine [fɛʀlakɥizin]	kochen	Luca aime ~.
n'importe quoi [nɛ̃pɔʀtəkwa]	irgendetwas *hier:* dummes Zeug, dumme Sachen	Tu dis ~!
il suffit de (faire qc) [ilsyfi]	es reicht etw. zu tun	~, maintenant.
pire [piʀ] *m./f. adj.*	schlechter, schlimmer *Komparativ zu* mauvais/e	Mon prof de géo n'est pas gentil, mais le documentaliste est ~ encore.
faible [fɛblə] *m./f. adj.* ⚠ faible ≠ fort/e	schwach	Jonathan est plus ~ en maths que Romain.
Tu parles! [typaʀl]	Von wegen!	
l'explication [lɛksplikasjɔ̃] *f.*	die Erklärung	Tu as une ~ pour cette mauvaise note?

excuser qn [ɛkskyze]	jdn entschuldigen	Je t'~[2] d'avoir oublié mon anniversaire.

⚠ *Vergleiche:*

excuser qn = jdn entschuldigen
s'excuser = sich entschuldigen
Excuse-moi. / Excusez-moi. = Entschuldige / Entschuldigen Sie bitte. / Entschuldigung.
le mot d'excuse = der Entschuldigungszettel

déclarer qc à qn [deklaʀe]	jdm etw. ankündigen, erklären	En 1939, la France et la Grande Bretagne ont ~[3] la guerre à l'Allemagne.
le/la voisin/e [ləvwazɛ̃/lavwazin]	der/die Nachbar/in	Notre ~ est assez gentil.
meilleur/e [mɛjœʀ] *adj.* ⚠ meilleur/e ≠ pire	beste/r *Superlativ* zu bon/ne	Sylvie téléphone à sa ~[4] copine.
à propos [apʀɔpo]	übrigens, was ich noch sagen wollte *am Satzanfang*	

Verben mit Infinitivergänzung mit der Präposition de

arrêter de faire qc = aufhören etw. zu tun
avoir envie de faire qc = Lust haben etw. zu tun
demander à qn de faire qc = jdn bitten etw. zu tun
décider de faire qc = entscheiden etw. zu tun
empêcher qn de faire qc = jdn daran hindern etw. zu tun
essayer de faire qc = versuchen etw. zu tun
finir de faire qc = aufhören etw. zu tun
oublier de faire qc = vergessen etw. zu tun
permettre à qn de faire qc = jdm erlauben etw. zu tun
regretter de faire qc = bedauern etw. zu tun
rêver de faire qc = davon träumen etw. zu tun
il suffit de faire qc = es reicht etw. zu tun

Verben mit Infinitivergänzung mit der Präposition à

aider qn à faire qc = jdm helfen etw. zu tun
apprendre à faire qc = lernen etw. zu tun
arriver à faire qc = es schaffen etw. zu tun
commencer à faire qc = beginnen etw. zu tun
continuer à faire qc = weiterhin etw. tun
renoncer à faire qc = darauf verzichten etw. zu tun

1 donnes une idée 2 excuse 3 déclaré 4 meilleure

Séquence supplémentaire 1

la fin [lafɛ̃]	das Ende	C'est bientôt la ~ de l'année scolaire.

⚠ *Vergleiche:*

finir qc = etw. beenden
la fin = das Ende

arriver à qn [aʀive]	*hier:* jdm passieren	
Qu'est-ce qui lui arrive? [kɛskilɥiaʀiv]	Was ist denn mit ihm los?	
le raï [ləʀai]	der Raï *in Frankreich populäre Musikform aus Algerien*	Maria adore le ~.
classique [klasik] *m./f. adj.*	klassisch	Mon père préfère la musique ~.
le rock [ləʀɔk]	die Rockmusik	Est-ce que tu aimes le ~?
l'ambiance [lɑ̃bjɑ̃s] *f.*	die Stimmung, die Atmosphäre	Hier soir, l'~ était très bonne.

Séquence supplémentaire 2

le camping [ləkɑ̃piŋ]	das Camping, der Campingplatz	Pendant les vacances, on va faire du ~.
l'auberge de jeunesse [lobɛʀʒdəʒœnɛs] *f.*	die Jugendherberge	Tim et Félix ont couché dans des ~[1] pendant les vacances.
prévoir qc [pʀevwaʀ]	etw. vorsehen, einplanen	Tu as ~[2] un voyage pour les vacances?
l'étape [letap] *f.* ⚠ *nur ein* -p-	die Etappe, der Abschnitt einer Reise	La première ~ a été dure!
le kilomètre [ləkilɔmɛtʀə]	der Kilometer	Des étapes de 80 ~[3] sont trop longues.
improviser qc [ɛ̃pʀɔvize]	etw. improvisieren, etw. aus dem Stegreif tun	Frédéric ne sait pas ~.
le truc [lətʀyk] *fam.*	die Sache, das Ding *umg.*	Le camping, ce n'est pas mon ~!
se passer [səpase]	*hier:* verlaufen	La deuxième étape s'est bien ~[4].
le pneu [ləpnø]	der Reifen	Tes ~[5] sont assez vieux.
crevé/e [kʀəve] *adj.*	*hier:* geplatzt, kaputt	Adrien a un pneu ~.
Zut! [zyt] *fam.*	Mist! Verdammt! Verflixt! *umg.*	
de plus [dəplys]	außerdem	Je suis très fatigué. ~, j'ai faim.
le frein [ləfʀɛ̃]	die Bremse	Il faut avoir des bons ~[6].
il a fallu [ilafaly]	*hier:* sie mussten *passé composé von* il faut	
pousser qc [puse]	*hier:* etw. schieben	Myriam ~[7] son vélo jusqu'au collège.
complet/complète [kɔ̃plɛ/kɔ̃plɛt] *adj.*	*hier:* ausgebucht, voll belegt	L'hôtel est ~, ce soir.
monter une tente [mɔ̃teyntɑ̃t]	ein Zelt aufbauen	Nous avons ~[8] notre ~[9] avant le dîner.
Ça vaut le coup. [savoləku] *fam.*	Das lohnt sich.	

1 auberges de jeunesse 2 prévu 3 kilomètres 4 passée 5 pneus 6 freins 7 pousse 8 monté 9 tente

Séquence supplémentaire 3

la rencontre [laʀɑ̃kɔ̃tʀə]	das Treffen, die Begegnung	À Lyon, il y a une ~ internationale.
être jumelé/e (avec) [ɛtʀəʒymle]	eine Städtepartnerschaft haben (mit)	La ville de Ingolstadt ~[1] avec Grasse.
l'échange [leʃɑ̃ʒ] *m.*	der Austausch	Nous avons fait un ~ scolaire.
sur tous les plans [syʀtuleplɑ̃]	auf allen Gebieten	Entre Ingolstadt et Grasse, il y a des échanges ~.
se rencontrer [səʀɑ̃kɔ̃tʀe]	sich treffen, sich begegnen	Les équipes sportives ~[2] sont ~[3] en été.
avoir le dessus [avwaʀlədəsy]	überlegen sein	L'équipe de Nantes ~[4].

la situation [lasitɥasjɔ̃]	die Situation, die Lage	~ en Afrique n'est pas bonne.
se renverser [sərɑ̃vɛʀse]	sich wenden, sich umkehren	Hier, la situation ~[5].
marquer qc [maʀke]	*hier:* etw. erzielen	
le point [ləpwɛ̃]	der Punkt	Marcel a marqué deux ~[6].
le panier [ləpanje]	der Korb	Quand on joue au basket, il faut mettre le ballon dans le ~.
la revanche [larəvɑ̃ʃ]	die Revanche, das Rückspiel	L'équipe de Lyon prend sa ~ en hiver.
le buffet [ləbyfɛ]	das Büfett	Pour l'anniversaire de Magali, on a préparé un grand ~.
goûter qc [gute]	etw. kosten	Tu as déjà ~[7] le gâteau au chocolat?
le couscous [ləkuskus]	der Kuskus	Chez mon correspondant, j'ai mangé du ~.

Couscous
Frankreich hat viele Einwohner, die ursprünglich aus den nordafrikanischen Ländern Algerien, Marokko und Tunesien kommen. Ihre Speisen sind im französischen Alltag heute ganz selbstverständlich geworden. Das bekannteste nordafrikanische Gericht ist „le couscous". Es besteht aus Weizengries, der in Dampf gegart wird und zu dem meist eine Brühe mit Fleisch und Gemüse serviert wird.

la spécialité [laspesjalite]	die Spezialität	Quelle est la ~ de ton pays?

1 est jumelée 2 se 3 rencontrées 4 a le dessus 5 s'est renversée 6 points 7 goûté

Séquence supplémentaire 4

venir de (faire qc) [vəniʀdə]	gerade etw. getan haben	Maurice ~[1] faire ses devoirs.
le mètre [ləmɛtʀə]	der Meter	
l'altitude [laltityd] *f.*	die Höhe *geographisch*	Le Mont Blanc est à 4808 mètres d'~.
le sentier [ləsɑ̃tje]	der Fußweg, der Pfad	On monte par un petit ~ de montagne.
balisé/e [balize] *adj.*	markiert	On descend par un sentier ~ en rouge.
le billet [ləbijɛ]	*hier:* die Fahrkarte	Tu as déjà acheté ton ~?
l'aller simple [lalesɛ̃plə] *m.*	die Hinfahrt, die Hinfahrkarte	Pour aller à Biarritz, je prends un ~.
l'aller-retour [laleʀətuʀ] *m.*	die Hin- und Rückfahrt, die Hin- und Rückfahrkarte	L'~ est assez cher.
durer [dyʀe]	dauern	Dans notre école, un cours ~[2] 45 minutes.
le trajet [lətʀaʒɛ]	die Strecke	Le ~ dure deux heures.
être en train de (faire qc) [ɛtʀɑ̃tʀɛ̃də]	gerade etw. tun, dabei sein etw. zu tun	Chantal ~[3] préparer le dîner.
le serpent [ləsɛʀpɑ̃]	die Schlange	En montagne, on a vu un ~.
en haut [ɑ̃o]	oben	~, le paysage est fantastique.

1 vient de 2 dure 3 est en train de

Grundschrift: obligatorischer Wortschatz aus ***Réalités* 1–3**
kursiv: Diese Wörter werden nur in den Bundesländern gelernt, in denen die jeweilige Séquence supplémentaire obligatorisch ist.
Im Wörterverzeichnis steht:

f. für féminin (weiblich)
m. für masculin (männlich)
pl. für pluriel (Mehrzahl)
adj. für adjectif (Adjektiv)
adv. für adverbe (Adverb)
fam. für familier (umgangssprachlich)

Die Zahl hinter dem Pfeil zeigt dir an, in welcher Unité/Séquence das Wort zum ersten Mal vorkommt: 3/A heißt z.B. Unité 3, Approches, 3/1 steht z.B. für Unité 3, Séquence 1. Wenn keine Zahl hinter dem Wort steht, kennst du es schon aus ***Réalités* 1** oder **2**.
(ê) So gekennzeichnete Verben bilden das passé composé mit être.

A

à [a] in, nach, bis; **à bientôt** [abjɛ̃to] bis bald; **à cause de** [akozdə] wegen; **à côté de** [akotedə] neben → 2/3; **à droite** [adʀwat] rechts; **à gauche** [agoʃ] links; **à mon avis** [amɔ̃navi] meiner Meinung nach; **à propos** [apʀɔpo] übrigens *am Satzanfang* → 6/3
l' **abricot** [labʀiko] *m.* die Aprikose
accepter qn/qc [aksɛpte] jdn/etw. akzeptieren
l' **accident** [laksidɑ̃] *m.* der Unfall → 6/2
l' **accordéon** [lakɔʀdeɔ̃] *m.* das Akkordeon
acheter qc [aʃte] etw. kaufen
l' **acteur/-trice** [laktœʀ/laktʀis] der/die Schauspieler/in → 3/1
actif/-ve [aktif/aktiv] *adj.* aktiv; berufstätig; **activement** [aktivmɑ̃] *adv.* aktiv → 2/3
l' **action** [laksjɔ̃] *f.* die Handlung, die Action *im Film* → 3/A
les **actualités** [lezaktyalite] *f. pl.* die Nachrichten
admirer qn/qc [admire] jdn/etw. bewundern → 3/2
adorer qn/qc [adɔʀe] jdn/etw. lieben, sehr lieben; **adorer faire qc** etw. sehr gern tun
l' **adresse e-mail** [ladresimɛl] *f.* die E-Mail-Adresse
l' **adulte** [ladylt] *m./f.* der/die Erwachsene → 6/2
l' **aéroport** [laerɔpɔʀ] *m.* der Flughafen
les **affaires** [lezafɛʀ] *f. pl.* die Sachen; **les affaires de classe** [lezafɛʀdəklas] *f. pl.* die Schulsachen
l' **affiche** [lafiʃ] *f.* das Plakat, das Poster
l' **âge** [lɑʒ] *m.* das Alter
l' **agenda** [laʒɛ̃da] *m.* das Merkbuch, der Taschenkalender
l' **agresseur** [lagʀɛsœʀ] *m.* der/die Angreifer/in
agressif/-ive [agʀɛsif/agʀɛsiv] *adj.* aggressiv → 4/1
agricole [agʀikɔl] *m./f. adj.* landwirtschaftlich, Landwirtschafts- → 5/2
l' **agriculteur/-trice** [lagrikyltœʀ/lagrikyltʀis] der Bauer / die Bäuerin, der/die Landwirt/in → 5/2
ah bon [abɔ̃] ach so
l' **aide** [lɛd] *f.* die Hilfe
aider qn [ɛde] **(à faire qc)** jdm helfen (etw. zu tun)
aimer qn/qc [ɛme] jdn/etw. lieben, mögen; **aimer faire qc** etw. gern tun; **s'aimer** [sɛme] sich lieben, sich mögen → 2/1
l' **allée** [lale] *f.* die Allee
l' **Allemagne** [lalmaɲ] *f.* Deutschland
l' **allemand** [almɑ̃] *m.* Deutsch; **l'Allemand/e** [lalmɑ̃/lalmɑ̃d] der/die Deutsche
(ê)**aller** [ale] gehen, fahren; **aller ensemble** [aleɑ̃sɑ̃bl] zusammenpassen; **s'en aller** [sɑ̃nale] weggehen, losgehen, abhauen → 4/1
l' ***aller-retour*** [lalerətuʀ] *m.* die Hin- und Rückfahrt → supp 4
l' ***aller simple*** [lalesɛ̃plə] *m.* die Hinfahrt → supp 4
Allô! [alo] Ja, bitte? *am Telefon*
allumer qc [alyme] etw. anschalten, anzünden
l' **allumette** [lalymɛt] *f.* das Streichholz → 6/2
alors [alɔʀ] also
l' ***altitude*** [laltityd] *f.* die Höhe *geographisch* → supp 4
l' ***ambiance*** [lɑ̃bjɑ̃s] *f.* die Stimmung, die Atmosphäre → supp 1
l' **Américain/e** [lameʀikɛ̃/lameʀikɛn] der/die Amerikaner/in → 6/1
l' **ami/e** [lami] der/die Freund/in
l' **amitié** [lamitje] *f.* die Freundschaft → 2/2
l' **amour** [lamuʀ] *m.* die Liebe → 3/A
amoureux/-euse [amuʀø/amuʀøz] *adj.* verliebt → 3/2; **tomber amoureux/-euse de qn** [tɔ̃beamuʀø/tɔ̃beamuʀøz] sich in jdn verlieben → 3/2
l' **amuse-gueule** [lamyzgœl] *m. fam.* das Appetithäppchen → 2/3
s'amuser [samyse] sich vergnügen, sich amüsieren → 2/2
l' **an** [lɑ̃] *m.* das Jahr
l' **âne** [lɑn] *m.* der Esel → 6/A
l' **anglais** [lɑ̃glɛ] *m.* Englisch; **l'Anglais/e** [lɑ̃glɛ/lɑ̃glɛz] der/die Engländer/in
l' **animal** [lanimal] *m.*/ **les animaux** [lezanimo] *pl.* das Tier
l' **animateur/-trice** [lanimatœʀ/lanimatʀis] der/die Moderator/in → 5/2
l' **année** [lane] *f.* das Jahr; **l'année scolaire** [laneskɔlɛʀ] *f.* das Schuljahr → 5/A
l' **anniversaire** [lanivɛʀsɛʀ] *m.* der Geburtstag; **Bon anniversaire!** [bɔnanivɛʀsɛʀ] Alles Gute zum Geburtstag!
l' **apéritif** [laperitif] *m.* der Aperitif → 2/3
l' **appartement** [lapaʀtəmɑ̃] *m.* die Wohnung
(ê)**s'appeler** [saple] heißen → 2/1
applaudir [aplodiʀ] Beifall klatschen → 4/1 *wird wie* finir *konjugiert*

apporter qc à qn [apɔʀte] jdm etw. mitbringen; jdm etw. einbringen → 4/3
apprendre qc [apʀɑ̃dʀ] etw. lernen, von etw. erfahren *wird wie* prendre *konjugiert*
l' **apprentissage** [lapʀɑ̃tisaʒ] *m.* die Lehre, die Ausbildung → 5/1
après [apʀɛ] nach *zeitlich*
l' **après-midi** [lapʀɛmidi] *m.* der Nachmittag
l' **arbre** [laʀbʀə] *m.* der Baum → 6/A
l' **argent** [laʀʒɑ̃] *m.* das Geld; **l'argent de poche** [laʀʒɑ̃dəpɔʃ] *m.* das Taschengeld
l' **armoire** [laʀmwaʀ] *f.* der Schrank
l' **arrêt** [laʀɛ] *m.* das Anhalten, der Halt; die Haltestelle; **sans arrêt** [sɑ̃zaʀɛ] andauernd → 4/1
arrêter (qc) [aʀəte] (etw.) ausschalten, anhalten, aufhören
l' **arrivée** [laʀive] *f.* die Ankunft → 1/1
(ê)**arriver** [aʀive] ankommen, kommen; ***arriver à qn*** jdm passieren → supp 1; ***Qu'est-ce qui lui arrive?*** [kɛskilɥiaʀiv] Was ist denn mit ihm los? → supp 1
l' **article** [laʀtiklə] *m.* der Artikel
l' **artiste** [laʀtist] *m./f.* der/die Künstler/in
l' **assassin** [lasasɛ̃] *m./f.* der/die Mörder/in → 5/3
assez [ase] ziemlich; **assez de** [ased] genug
l' **assiette** [lasjɛt] *f.* der Teller
l' **atlas** [atlɑs] *m.* der Atlas
attendre qn/qc [atɑ̃dʀə] auf jdn/etw. warten *wird wie* répondre *konjugiert*
l' **attention** [latɑ̃sjɔ̃] *f.* die Aufmerksamkeit, **Attention!** Achtung!; **faire attention** [feʀatɑ̃sjɔ̃] aufpassen, aufmerksam sein
attirer qn [atiʀe] jdn anziehen → 1/2
Au revoir! [ɔʀvwaʀ] Auf Wiedersehen!
Au secours! [oskuʀ] (Zu) Hilfe!
l' ***auberge de jeunesse*** [lobɛʀʒdəʒœnɛs] *f.* die Jugendherberge → supp 2
aujourd'hui [oʒuʀdɥi] heute
aussi [osi] auch
autre [otʀ] *m./f. adj.* andere/-r/-s → 1/2; **l'autre** [lotʀ] *m./f.* der/die/das andere → 3/1
avant [avɑ̃] vor *zeitlich*
l' **avantage** [lavɑ̃ntaʒ] *m.* der Vorteil → 6/2
avec [avɛk] mit, bei
l' **avenir** [lavniʀ] *m.* die Zukunft → 5/A
l' **aviateur** [lavjatœʀ] *m.* der Flieger, der Pilot
l' **avion** [lavjɔ̃] *m.* das Flugzeug
l' **avis** [lavi] *m.* die Meinung → 1/3
l' **avocat/e** [lavɔka/lavɔkat] der Anwalt / die Anwältin → 5/3
avoir [avwar] haben; **avoir besoin de qc** [avwaʀbəzwɛ̃də] etw. brauchen → 3/2; **avoir envie de qc** [avwaʀɑ̃vidə] auf etw. Lust haben → 3/3; **avoir l'air** [avwaʀlɛʀ] aussehen → 1/2; ***avoir le dessus*** [avwaʀlədəsy] überlegen sein → supp 3; **avoir lieu** [avwaʀljø] stattfinden → 1/1; **avoir mal** [avwaʀmal] Schmerzen haben, wehtun

B

la **B.D.** [labede] *fam.* der Comic
le **bac** [ləbak] *fam.* ou: **le baccalauréat** [ləbakalɔʀea] das Abi(tur) → 5/A; **le bac pro** [ləbakpro] *fam.* ou: **le bac professionnel** das Fachabi(tur) → 5/A
la **baguette** [labagɛt] das Baguette
la **balade** [labalad] der Spaziergang, die Fahrt, die Tour → 1/A
le **baladeur** [ləbaladœʀ] der Walkman
balisé/e [balize] *adj.* markiert → supp 4
le **ballon** [ləbalɔ̃] der Ball → 3/3
la **banane** [labanan] die Banane
la **bande** [labɑ̃d] die Bande → 4/5
le **bandit** [ləbɑ̃ndi] der Bandit
la **banlieue** [labɑ̃ljø] der Vorort einer Großstadt, der Stadtrand → 1/A
les **baskets** [lebaskɛt] *f. pl.* die Turnschuhe, die Sportschuhe
le **bateau** [ləbato] das Boot, das Schiff
beau/bel [bo/bɛl] *m. adj.* / **belle** [bɛl] *f.* / **beaux** [bo] *m. pl.* / **belles** [bɛl] *f. pl.* schön
beaucoup (de) [boku] viel
le **bébé** [ləbebe] das Baby
la **Belgique** [labɛlʒik] Belgien → 1/A
ben [bɛ̃] *fam.* na ja, äh *Füllwort am Satzanfang*
le **beurre** [ləbœʀ] die Butter
bien [bjɛ̃] *adv.* gut; **le bien** [ləbjɛ̃] das Gute; **faire du bien à qn** [fɛʀdybjɛ̃] jdm etw. Gutes tun → 3/1
bien sûr [bjɛ̃syʀ] *adv.* natürlich, selbstverständlich
bientôt [bjɛ̃to] *adv.* bald
le ***billet*** [ləbijɛ] die Fahrkarte → supp 4
la **bise** [labiz] das Küsschen
bizarre [bizaʀ] *m./f. adj.* merkwürdig, komisch → 3/1
blanc/blanche [blɑ̃/blɑ̃ʃ] *adj.* weiß
blesser qn [blɛse] jdn verletzen
bleu/e [blø] *adj.* blau
blond/e [blɔ̃/blɔ̃d] *adj.* blond
bof [bɔf] *fam.* na ja → 3/1
boire qc [bwaʀ] etw. trinken → 1/2
la **boisson** [labwasɔ̃] das Getränk
la **boîte** [labwat] der Kasten, die Schachtel, die Dose → 4/1
bon/ne [bɔ̃/bɔn] *adj.* gut; **le Bon Dieu** [ləbɔ̃djø] der liebe Gott; **C'est bon.** [sɛbɔ̃] Das schmeckt.
le **bonbon** [ləbɔ̃bɔ̃] das Bonbon
bonjour [bɔ̃ʒuʀ] guten Tag, guten Morgen
bonsoir [bɔ̃swaʀ] guten Abend
les **bottes** [lebɔt] *f. pl.* die Stiefel
la **bouche** [labuʃ] der Mund → 4/5
la **boucherie** [labuʃʀi] die Metzgerei, Fleischerei → 5/2
bouger [buʒe] sich bewegen, unterwegs sein → 3/3
la **boulangerie** [labulɑ̃ʒʀi] die Bäckerei
les **boules** [lebul] *f. pl.* das Boulespiel → 2/3

le **bouquet** [ləbukɛ] der Strauß → 4/5
bousculer qn [buskyle] jdn anstoßen, schubsen
la **bouteille** [labutɛj] die Flasche
la **boxe** [labɔks] das Boxen, der Boxsport
le **bras** [ləbʀɑ] der Arm → 1/3
le **brevet** [ləbʀəvɛ] die Abschlussprüfung im „collège“; **le B.E.P. (le brevet d'enseignement professionnel)** die Abschlussprüfung an der Berufsschule → 5/A
brûler (qc) [bʀyle] brennen, verbrennen, etw. in Brand stecken → 6/2
brun/e [bʀɛ̃/bʀyn] *adj.* braun, dunkelhaarig
bruyant/e [bʀɥijɑ̃/ bʀɥijɑ̃t] *adj.* laut
le ***buffet*** [ləbyfɛ] das Büfett → supp 3
le **bureau** [ləbyʀo] das Büro, der Schreibtisch → 2/1; **le bureau de tabac** [ləbyʀodtaba] das Tabakwarengeschäft
le **bus** [ləbys] der Bus
la **buvette** [labyvɛt] die Erfrischungsbar, der Kiosk

C

c'est [sɛ] das ist; **C'est dommage.** [sɛdɔmaʒ] Das ist schade. → 4/3; **C'est fait exprès!** [sɛfɛɛkspʀɛ] Das ist Absicht! → 3/1
ça [sa] das, das da; **Ça m'est égal.** [samɛtegal] Das ist mir egal/gleich.; **Ça ne va pas?** [sanəvapa] Geht's dir nicht gut? / Ist etwas nicht in Ordnung?; **Ça suffit.** [sasyfi] Es reicht (aus). → 6/3; **Ça va.** [sava] Es geht.; **Ça va?** [sava] Wie geht's?; ***Ça vaut le coup.*** [savoləku] *fam.* Das lohnt sich. → supp 2; **ça veut dire** [savødiʀ] das heißt
la **cabine téléphonique** [lakabintelefɔnik] die Telefonzelle
le **cadeau** [ləkado] das Geschenk
le **café** [ləkafe] das Café, der Kaffee
le **cahier de textes** [ləkajedətɛkst] das Hausaufgabenheft
le **caillou** [ləkaju] der Stein
la **caisse** [lakɛs] die Kasse
calmement [kalməmɑ̃] *adv.* ruhig → 3/2
le/la **camarade** [lə/lakamaʀad] *m./f.* der/die (Klassen-) Kamerad/in
cambrioler qc [kɑ̃bʀijɔle] in etw. einbrechen → 4/3
le **caméscope** [lekameskɔp] die Videokamera
le **camp de vacances** [ləkɑ̃dəvakɑ̃s] das Ferienlager *für Jugendliche* → 2/3
la **campagne** [lakɑ̃paɲ] das Land, die dörfliche Gegend
le ***camping*** [ləkɑ̃piŋ] das Camping, der Campingplatz → supp 2
le **Canada** [ləkanada] Kanada → 1/A
la **cantine** [lakɑ̃tin] die Kantine, der Speisesaal
la **capitale** [lakapital] die Hauptstadt → 1/A
capricieux/-euse [kapʀisjø/kapʀisjøz] *adj.* launisch, unberechenbar → 3/3
le **car** [ləkaʀ] der Reisebus
le **caractère** [ləkaʀaktɛʀ] der Charakter
la **carrière** [lakaʀjɛʀ] die Karriere, der Berufsweg → 3/3
le **cartable** [ləkaʀtablə] der Schulranzen → 5/1
la **carte** [lakaʀt] die Karte; **la carte d'identité** [lakaʀtidɑ̃tite] der Personalausweis; **la carte postale** [lakaʀtpɔstal] die Postkarte → 3/1
le **carton** [ləkaʀtɔ̃] der Karton
la **casquette** [lakaskɛt] die Schirmmütze
cassé/e [kase] *adj.* zerbrochen, kaputt → 4/2
casser qc [kase] etw. brechen, zerbrechen → 4/4
la **cassette** [lakasɛt] die Kassette; **la cassette vidéo** [lakasɛtvideo] die Videokassette
la **cata** [lakata] *fam.* ou: **la catastrophe** [lakatastʀɔf] die Katastrophe
la **cathédrale** [lakatedʀal] die Kathedrale
le **CD** [ləsede] die CD
le **CDI** [lesedei] die Schulbibliothek
ce/cet [sə/sɛt] *m.* / **cette** [sɛt] *f.* / **ces** [se] *pl.* diese(r/s); **ce mardi-là** [səmaʀdila] an diesem Dienstag → 4/1
ceci [səsi] dies, das → 6/3
le **cédérom** [ləsedeʀɔm] die CD-ROM
cela [səla] diese/-r/-s, das → 5/1
célèbre [selɛbʀə] *m./f. adj.* berühmt
le **centre** [ləsɑ̃tʀ] das Zentrum; **le centre commercial** [ləsɑ̃tʀəkɔmɛʀsjal] das Einkaufszentrum
chacun/e [ʃakɛ̃/ʃakyn] jede/-r/-s Einzelne → 1/1
la **chaise** [laʃɛz] der Stuhl
la **chambre** [laʃɑ̃bʀ] das (Schlaf-) Zimmer
le **champ** [ləʃɑ̃] das Feld → 6/A
la **chance** [laʃɑ̃s] das Glück, die Chance; **avoir de la chance** Glück haben
changer qc [ʃɑ̃ʒe] etw. ändern, austauschen, auswechseln → 3/1; **Ça change de ...** [saʃɑ̃ʒdə] Das ist 'mal etw. anderes als ... → 6/1
la **chanson** [laʃɑ̃sɔ̃] das Lied
chanter [ʃɑ̃te] singen
le/la **chanteur/-euse** [ləʃɑ̃tœʀ/laʃɑ̃tøz] der/die Sänger/in → 3/A
le **chantier** [ləʃɑ̃tje] die Baustelle, das Workcamp → 6/A
chaque [ʃak] *m./f. adj.* jede/-r/-s → 1/1
la **charcuterie** [laʃaʀkytʀi] die Fleischerei, die Metzgerei, die Wurstwaren, der Aufschnitt → 2/A
le **chat** [ləʃa] die Katze
le **château** [ləʃɑto] das Schloss
chaud/e [ʃo/ʃod] *adj.* warm, heiß → 2/A
le **chef** [ləʃef] der/die Chef/in
le **chemin** [ləʃmɛ̃] der Weg → 5/A
cher/chère [ʃɛʀ] *adj.* lieb, teuer
chercher qn/qc [ʃɛʀʃe] jdn/etw. suchen
le **cheval** [ləʃval] / **les chevaux** [leʃvo] *pl.* das Pferd; **faire du cheval** [fɛʀdyʃval] reiten → 6/A

les **cheveux** [leʃvø] *m. pl.* die Haare
chez [ʃe] bei, zu *einer Person*
le/la **chien/ne** [ləʃjɛ̃/laʃjɛn] der Hund / die Hündin
la **chimie** [laʃimi] die Chemie
choisir qc [ʃwaziʀ] etw. aussuchen, auswählen → 3/2 *wird wie* finir *konjugiert*
le **choix** [ləʃwa] die Wahl
le **chômage** [ləʃomaʒ] die Arbeitslosigkeit
la **chose** [laʃoz] die Sache
chouchouter qn [ʃuʃute] jdn verwöhnen → 3/3
chouette [ʃwɛt] *m./f. fam.* toll
le **ciel** [ləsjɛl] der Himmel → 3/1
le **cimetière** [ləsimtjɛʀ] der Friedhof → 1/3
le **cinéma** [ləsinema] ou: **le ciné** [ləsine] *fam.* das Kino
le **cirque** [ləsiʀk] der Zirkus
la **classe** [laklas] die Klasse
classique [klasik] *m./f.* klassisch → supp 1
le/la **client/e** [ləklijɑ̃/laklijɑ̃t] der Kunde /die Kundin → 5/2
le **clown** [ləklun] der Clown
le **club-photo** [ləklœbfɔtɔ] der Foto-Club
le **coca** [ləkoka] die Cola
le **cœur** [ləkœʀ] das Herz; **avoir mal au cœur** [avwaʀmalokœʀ] Übelkeit empfinden, schlecht sein
le **collant** [ləkɔlɑ̃] die Strumpfhose
la **colle** [lakɔl] der Klebstoff
la **collection** [lakɔlɛksjɔ̃] die Sammlung; **faire la collection de qc** etw. sammeln → 3/1
le **collège** [ləkɔlɛʒ] das Collège *Schultyp*
coller qn [kɔle] *fam.* an jdm kleben, jdm nicht von der Seite weichen → 1/2
la **colline** [lakɔlin] der Hügel
la **colonie de vacances** [lakɔlɔnidəvakɑ̃s] ou: **la colo** [lakɔlo] *fam.* das Ferienlager *für Kinder* → 2/3
colorer qc [kɔlɔʀe] etw. färben
combien [kɔ̃bjɛ̃] wie viel
comme [kɔm] wie, als → 2/A; **comme ça** [komsa] so
commencer [kɔmɑ̃se] anfangen
comment [komɑ̃] wie; **Comment allez-vous?** [kɔmɑ̃talevu] Wie geht es euch/Ihnen?; **Comment vas-tu?** [kɔmɑ̃vaty] Wie geht es dir?
le **commissaire** [lekɔmisɛʀ] der/die Kommissar/in → 3/A
le **commissariat** [ləkɔmisaʀja] die Polizeidienststelle
comparer qn/qc (à qn/qc) [kɔ̃paʀe] jdn/etw. (mit jdm/etw.) vergleichen → 3/1
complet/-ète [kɔ̃ple/kɔ̃plɛt] *adj.* ausgebucht, voll belegt, → supp 2
se **compliquer la vie** [səkɔ̃plike] sich das Leben schwer machen → 2/2
comprendre qn/qc [kɔ̃pʀɑ̃dʀə] jdn/etw. verstehen *wird wie* prendre *konjugiert*
le/la **concepteur/-trice** [ləkɔ̃sɛptœʀ/lakɔ̃sɛptʀis] der/die Entwickler/in → 5/3
le **concert** [ləkɔ̃sɛʀ] das Konzert
le **concombre** [ləkɔ̃kɔ̃bʀ] die Gurke
conduire qc [kɔ̃dɥiʀ] etw. fahren, lenken → 2/3
la **confiture** [lakɔ̃fityʀ] die Konfitüre, die Marmelade
confortable [kɔ̃fɔʀtabl] *m./f. adj.* bequem, komfortabel
la **connaissance** [lakɔnɛsɑ̃s] die Bekanntschaft; **perdre connaissance** [pɛʀdʀəkɔnɛsɑ̃s] ohnmächtig werden, das Bewusstsein verlieren → 4/4
connaître qn/qc [kɔnɛtʀə] jdn/etw. kennen
le **conseil** [ləkɔ̃sɛj] der Ratschlag, Rat → 5/2; **le Conseil Municipal Jeunes** [ləkɔ̃sejmynisipalʒœn] der Jugendausschuss der Stadt → 2/3
le/la **conseiller/-ère d'orientation** [ləkɔ̃sɛjedɔʀjɑ̃tasjɔ̃/lakɔ̃sɛjɛʀdɔʀjɑ̃tasjɔ̃] der/die Berufsberater/in → 5/3
construire qc [kɔ̃stʀɥiʀ] etw. bauen → 6/1 *wird wie* conduire *konjugiert*
le **contact** [ləkɔ̃takt] der Kontakt
content/e [kɔ̃tɑ̃/kɔ̃tɑ̃t] *adj.* zufrieden, glücklich
continuer [kɔ̃tinye] weitergehen, weitermachen
contre [kɔ̃tʀə] gegen, dagegen; **le contre** [ləkɔ̃tʀə] das Wider → 6/1
la **conversation** [lakɔ̃vɛʀsasjɔ̃] die Unterhaltung → 1/3
le/la **copain/copine** [ləkɔpɛ̃/lakɔpin] *fam.* der/die Freund/in
le **coquillage** [ləkɔkijaʒ] die Muschel
le/la **correspondant/e** [ləkɔʀɛspɔ̃dɑ/lakɔʀɛspɔ̃dɑ̃t] der/die Brieffreund/in
costaud [kɔsto] *m./f. adj. fam.* stark, kräftig → 6/1
la **côte** [lakot] die Küste
le **côté** [ləkɔte] die Seite; **d'un côté ... mais de l'autre** [dɛ̃kɔte ... mɛdəlotʀə] einerseits ... aber andererseits → 6/1
coucher [kuʃe] schlafen → 6/1; **se coucher** [səkuʃe] sich hinlegen, schlafen gehen → 2/1
la **couleur** [lakulœʀ] die Farbe
le **couloir** [ləkulwaʀ] der Gang, der Flur → 4/1
le **coup de soleil** [ləkudsɔlej] der Sonnenbrand → 6/2
la **Coupe du monde** [lakupdymɔ̃d] die Weltmeisterschaft → 3/3
couper qc [kupe] etw. schneiden → 3/3
la **cour** [lakur] der Hof
courageux/-euse [kuʀaʒø/kuʀaʒøz] *adj.* mutig
courir [kuʀiʀ] laufen, rennen → 4/4
le **cours** [ləkuʀ] die Unterrichtsstunde, der Unterricht
les **courses** [lekurs] *f. pl.* die Einkäufe
court/e [kuʀ/kuʀt] *adj.* kurz
le ***couscous*** [ləkuskus] der Kuskus → supp 3
le/la **cousin/e** [ləkuzɛ̃/lakuzin] der/die Cousin/e → 1/A
le **couteau** [ləkuto] / **les couteaux** [lekuto] *pl.* das Messer → 4/4
coûter [kute] kosten
couvrir qc [kuvʀiʀ] etw. bedecken *wird wie* offrir *konjugiert*
la **crèche** [lakʀɛʃ] die Kinderkrippe → 2/3

la **crème** [lakʀɛm] die Sahne, die Creme
la **crêpe** [lakʀɛp] die Crêpe *dünner Eierpfannkuchen*
crevant [kʀəvɑ̃] *adj. fam.* anstrengend, ermüdend → 6/1; **crevé/e** [kʀəve] *adj. fam.* kaputt, erschöpft → 1/2; geplatzt → supp 2
crier [kʀije] schreien
criminel/le [kʀiminɛl] *adj.* kriminell, strafbar → 6/2
la **critique** [lakʀitik] die Kritik
critiquer qn/qc [kritike] jdn/etw. kritisieren
croire qc [kʀwaʀ] etw. glauben → 2/2
les **crudités** [lekrydite] *f. pl.* die Gemüserohkost, der Salat → 2/A
la **cuisine** [lakɥizin] die Küche; **faire la cuisine** [fɛʀlakɥizin] kochen → 6/3
le **cuisinier** [ləkɥizinje] der Koch
cuit/e [kɥi/kɥit] *adj.* durchgebraten → 2/A

D

d'abord [dabɔʀ] zuerst
d'accord [dakɔʀ] einverstanden
d'ailleurs [dajœʀ] übrigens → 2/2
la **dame** [ladam] die Dame
le **danger** [ladɑ̃ʒe] die Gefahr
dangereux/-euse [dɑ̃ʒərø/dɑ̃ʒərøz] *adj.* gefährlich
dans [dɑ̃] in
la **danse** [ladɑ̃s] der Tanz, das Tanzen; **la danse de jazz** [ladɑ̃sdədʒaz] der Jazztanz
la **date** [ladat] das Datum
de [də] von; **de** [də]... **à** [a] ... von ... bis; ***de plus*** [dəplys] außerdem → supp 2
le **dealer** [lədilœʀ] der Dealer → 4/5
(ê)se **débrouiller** [sədebʀuje] zurechtkommen, sich zu helfen wissen → 2/2
le **début** [lədeby] der Anfang → 3/3
le/la **débutant/e** [lədebytɑ̃/ladebytɑ̃t] der/die Anfänger/in → 1/1
décider qc [deside] etw. entscheiden → 6/1; **se décider** [sədeside] sich entscheiden → 2/2
la **décision** [ladesizjɔ̃] die Entscheidung → 6/1
déclarer qc à qn [deklaʀe] jdm etw. ankündigen, erklären → 6/3
découvrir qc [dekuvʀiʀ] etw. entdecken *wird wie* offrir *konjugiert*
le **défaut** [lədefo] der Fehler, der Mangel
dehors [dəɔr] *adv.* draußen, raus
déjà [deʒa] schon; **C'est déjà ça.** [sedeʒasa] Wenigstens etwas. / Das ist ja schon etwas.
le **déjeuner** [lədeʒœne] das Mittagessen → 2/A
demain [dəmɛ̃] morgen; **À demain!** [adəmɛ̃] Bis morgen!
demander qc à qn [dəmɑ̃de] jdn etw. fragen
demi/e [dəmi] *adj.* halb
dénoncer qn [denɔ̃se] jdn verraten, verpetzen *wird wie* commencer *konjugiert*
la **dent** [ladɑ̃] der Zahn → 4/4
le **départ** [lədepaʀ] die Abfahrt → 1/1
dépendre de qn/qc [depɑ̃dʀ] von jdm/etw. abhängen; **Ça dépend.** [sadepɑ̃] Das kommt darauf an.; *wird wie* attendre *konjugiert*
la **dépense** [ladepɑ̃s] die Ausgabe *von Geld*
déprimé/e [depʀime] *adj.* deprimiert
depuis [dəpɥi] seit
dernier/-ière [dɛʀnje/dɛʀnjɛr] *adj.* letzte/-r/-s → 1/3
derrière [dɛʀjɛʀ] hinter
(ê)**descendre** [desɑ̃dʀ] aussteigen, hinuntergehen *wird wie* attendre *konjugiert*
le **désordre** [lədezɔʀdʀ] die Unordnung; **être en désordre** unordentlich sein
le **dessert** [lədesɛʀ] das Dessert, der Nachtisch
le **dessin** [lədesɛ̃] das Zeichnen, die Zeichnung
détester qc [detɛste] etw. hassen
les **dettes** [ledɛt] *f. pl.* die Schulden
devant [dəvɑ̃] vor *räumlich*
(ê)**devenir qc** [dəvniʀ] etw. werden → 4/5 *wird wie* venir *konjugiert*
deviner (qc) [dəvine] raten, (etw.) erraten
devoir [dəvwaʀ] müssen
le **devoir sur table** [lədəvwaʀsyʀtabl] die Klassenarbeit → 2/2; **les devoirs** [ledəvwaʀ] *m. pl.* die Hausaufgaben
différent/e [difeʀɑ̃/difeʀɑ̃t] *adj.* anders, unterschiedlich → 3/1
le **dîner** [lədine] das Abendessen → 2/A;
dire qc à qn [diʀ] jdm etw. sagen; **se dire qc** [sədiʀ] sich etw. sagen → 2/1; **dire au revoir à qn** [diʀɔʀvwaʀ] sich von jdm verabschieden; **dire bonjour à qn** [diʀbɔ̃ʒuʀ] jdn begrüßen; **dire merci à qn** [diʀmɛʀsi] sich bei jdm bedanken
la **direction** [ladiʀɛksjɔ̃] die Richtung → 4/2
la **discussion** [ladiskysjɔ̃] die Auseinandersetzung, die Diskussion → 2/1
discuter [diskyte] diskutieren, sich unterhalten
la **disparition** [ladispaʀisjɔ̃] das Verschwinden → 3/2
(ê)se **disputer** [sədispyte] sich streiten → 2/1
la **disquette** [ladiskɛt] die Diskette
distribuer qc [distribye] etw. verteilen, austeilen
le **docteur** [lədɔktœʀ] der Doktor → 5/3
le **documentaire** [lədokymɑ̃tɛʀ] der Dokumentarfilm → 3/A
le/la **documentaliste** [lə/ladokymɑ̃talist] der/die Bibliothekar/in
donner qc à qn [dɔne] jdm etw. geben
dormir [dɔrmiʀ] schlafen *wird wie* sortir *konjugiert*
le **dossier** [lədosje] die Mappe
(ê)se **doucher** [səduʃe] duschen → 2/1
le **drame** [lədʀam] das Drama → 3/2

la **drogue** [ladʀɔg] die Droge → 4/5
drôle [dʀol] *m./f. adj.* lustig
dur/e [dyʀ] *adj.* hart/schwierig
durer [dyʀe] dauern → supp 4

E

l' **eau** [lo] *f.* das Wasser; **l'eau du robinet** [lodyʀɔbinɛ] das Leitungswasser; **l'eau minérale** [lomineʀal] *f.* das Mineralwasser
*l' **échange*** [leʃɑ̃ʒ] *m.* der Austausch → supp 3
échanger qc (contre qc) [eʃɑ̃ʒe] etw. (gegen etw.) tauschen
l' **école** [lekɔl] *f.* die Schule; **l'école maternelle** [lekɔlmatɛʀnɛl] *f.* der Kindergarten, die Vorschule → 5/A; **l'école primaire** [lekɔlpʀimɛʀ] *f.* die Grundschule → 5/A
écouter qn/qc [ekute] jdm zuhören, auf jdn hören, etw. hören
écrire qc à qn [ekʀiʀ] jdm etw. schreiben
l' **éducation civique** [ledykasjɔ̃sivik] *f.* die Sozialkunde, die Gemeinschaftskunde
l' **église** [legliz] *f.* die Kirche → 1/2
l' **égoïste** [legɔist] *m./f. adj.* der/die Egoist/in
électronique [elɛktʀɔnik] *m./f. adj.* elektronisch → 5/1
l' **éléphant** [lelefɑ̃] *m.* der Elefant
l' **élève** [lelɛv] *m./f.*, der/die Schüler/in
(ê)s'**embrasser** [sɑ̃bʀase] sich umarmen, sich küssen → 2/1
l' **émission** [lemisjɔ̃] *f.* die Sendung → 3/A
empêcher qn de faire qc [ɑ̃pɛʃe] jdn an etw. hindern, jdn bei etw. stören, jdn von etw. abhalten → 6/1
l' **emploi du temps** [lɑ̃plwadytɑ̃] *m.* der Stundenplan
en [ɑ̃] in; **en direct** [ɑ̃diʀɛkt] live, direkt → 3/A; **en face de** [ɑ̃fasdə] gegenüber von; ***en haut*** [ɑ̃o] oben → supp 4
encore [ɑ̃kɔʀ] noch; Schon wieder!
l' **endroit** [lɑ̃dʀwa] *m.* der Ort → 1/3
l' **enfant** [lɑ̃fɑ̃] *m./f.* das Kind
enfin [ɑ̃fɛ̃] endlich
l' **ennemi/e** [lɛnmi] *m./f.* der/die Feind/in → 3/2
(ê)s'**ennuyer** [sɑ̃nɥije] sich langweilen → 2/1 *wird wie* payer *konjugiert*
ennuyeux/-euse [ɑ̃nɥijø/ɑ̃nɥijøz] *adj.* langweilig → 3/A
l' **enquête** [lɑ̃kɛt] *f.* die Meinungsumfrage → 5/1
ensemble [ɑ̃sɑ̃blə] *adv.* zusammen
ensuite [ɑ̃sɥit] danach, schließlich, außerdem
entendre qn/qc [ɑ̃tɑ̃dʀ] jdn/etw. hören *wird wie* attendre *konjugiert*
entier/-ère [ɑ̃tje/ɑ̃tjɛʀ] *adj.* ganz, vollständig → 6/2
entre [ɑ̃tʀə] zwischen
l' **entreprise** [lɑ̃tʀəpʀiz] *f.* das Unternehmen, die Firma → 5/1
(ê)**entrer** [ɑ̃ntʀe] hineingehen, eintreten
l' **environnement** [lɑ̃viʀɔnmɑ̃] *m.* die Umwelt → 5/2
envoyer qc [ɑ̃vwaje] etw. verschicken → 6/2 *wird wie* payer *konjugiert*
l' **équipe** [lekip] *f.* die Mannschaft, das Team
l' **Espagne** [lɛspaŋ] *f.* Spanien → 1/A
espérer [ɛspeʀe] hoffen → 4/5 *wird wie* préférer *konjugiert*
essayer [eseje] versuchen, probieren *wird wie* payer *konjugiert*
est-ce que [ɛskə] *zeigt an, dass es sich um eine Frage handelt*
et [e] und; **Et alors?** [ealɔʀ] Na und?
l' **étagère** [letaʒɛʀ] *f.* das Regal
*l' **étape*** [letap] *f.* die Etappe → supp 2
l' **été** [lete] *m.* der Sommer → 5/3
étonner qn [etɔne] jdn beeindrucken, verblüffen
être [ɛtʀ] sein; **être bloqué/e** [ɛtʀəblɔke] verstopft/blockiert/gesperrt sein; **être en avance** [ɛtʀəɑ̃avɑ̃s] zu früh kommen; **être en forme** [ɛtʀɑ̃fɔʀm] in Form sein; **être en retard** [ɛtʀəɑ̃ʀətaʀ] sich verspäten, zu spät kommen; ***être en train de faire qc*** gerade etw. tun, dabei sein etw. zu tun → supp 4; ***être jumelé/e (avec** une ville**)*** [ɛtʀəʒyməle] eine Städtepartnerschaft haben (mit) → supp 3; **être né/e** [ɛtʀəne] geboren werden; **être solidaire** [ɛtʀəsɔlidɛʀ] *m./f.* zusammenhalten
les **études** [lezetyd] *f. pl.* das Studium → 5/3; **les études dirigées** [lezetytdiʀiʒe] *f. pl. Zeit, in der die Schüler ihre Hausaufgaben unter Aufsicht anfertigen*
éviter qn [evite] jdm ausweichen → 1/3
l' **excursion** [lɛkskyʀsiɔ̃] *f.* die Exkursion
excuser qn [ɛkskyze] jdn entschuldigen → 6/3
l' **exemple** [lɛgzɑ̃pl] *m.* das Beispiel; **par exemple** [paʀɛgzɑ̃pl] zum Beispiel
l' **exercice** [lɛgzɛʀsis] *m.* die Übung, die Hausaufgabe
l' **explication** [lɛksplikasjɔ̃] *f.* die Erklärung → 6/3; **l'explication de texte** [lɛksplikasjɔ̃dətɛkst] *f.* die Textinterpretation, der Aufsatz
expliquer qc à qn [ɛksplike] jdm etw. erklären

F

la **fable** [lafablə] die Fabel
fâché/e [faʃe] *adj.* verärgert, böse, sauer
facile [fasil] *m./f. adj.* leicht, einfach
faible [fɛblə] *m./f. adj.* schwach → 6/3
la **faim** [lafɛ̃] der Hunger
faire qc [fɛʀ] etw. machen; **faire qc à qn** [fɛʀ] jdm etw. (an)tun; **ça fait** [safɛ] das macht, das kostet
la **famille** [lafamij] die Familie
la **fantaisie** [lafɑ̃tɛzi] der Einfallsreichtum → 3/1
la **farine** [lafaʀin] das Mehl
fatigué/e [fatige] *adj.* müde
la **faute** [lafot] der Fehler, die Schuld
la **femme** [lafam] die Frau

la **fenêtre** [lafnɛtʀ] das Fenster
la **ferme** [lafɛʀm] der Bauernhof → 5/2
fermer qc [fɛʀme] etw. schließen
le **festival** [ləfɛstival] das Festival
la **fête** [lafɛt] die Party, das Fest
le **feu** [ləfø] das Feuer → 6/2
fier/fière [fjɛʀ] *adj.* stolz → 3/3
la **fille** [lafij] das Mädchen, die Tochter → 3/A
le **film** [ləfilm] der Film; **le film d'horreur** [ləfilmdɔrœr] der Horrorfilm; **le film vidéo** [ləfilmvideo] das Video
le **fils** [ləfis] der Sohn → 5/2
la ***fin*** [lafɛ̃] das Ende → supp 1
finir qc [finiʀ] etw. beenden → 3/2
la **fleur** [laflœʀ] die Blume → 4/5
le **fleuve** [ləflœv] der Fluss
le **flic** [ləflik] *fam.* der Polizist *umg.* → 4/5
la **fois** [lafwa] das Mal → 1/1
foncer à qc [fɔ̃se] *in einen Raum* hineinstürzen, irgendwohin rennen; **foncer vers qn** [fɔ̃se] sich auf jdn stürzen → 4/2 *wird wie* commencer *konjugiert*
le **foot** [ləfut] Fußball
formidable [fɔʀmidablə] *m./f. adj.* hervorragend, toll
fort/e [fɔʀ/fɔʀt] *adj.* stark, laut
fouiller dans qc [fuje] in etw. wühlen, kramen
le **français** [ləfrɑ̃sɛ] Französisch; **en français** [ɑ̃fʀɑ̃sɛ] auf Französisch
la **France** [lafrɑ̃s] *f.* Frankreich
frapper qn/qc [fʀape] jdn/etw. schlagen
le ***frein*** [ləfʀɛ̃] die Bremse → supp 2
freiner [fʀene] bremsen → 1/1
le **frère** [ləfʀɛʀ] der Bruder
le **fric** [ləfʀik] *fam.* die Knete, die Kohle *Geld*
les **fringues** [lefʀɛ̃g] *f. pl. fam.* die Klamotten *Kleidung*
les **frites** [lefʀit] *f.pl.* die Pommes frites
froid/e [fʀwa/frwad] *adj.* kalt → 2/A
le **fromage** [ləfʀɔmaʒ] der Käse → 2/A
les **fruits** [lefrɥi] *m. pl.* das Obst

furieux/-euse [fyʀjø/fyʀjøz] *adj.* wütend → 4/2
futur/e [fytyʀ] *adj.* zukünftig → 3/2

G

le **gag** [ləgag] der Gag → 3/1
gagner qc [gaɲe] etw. gewinnen, *Geld* verdienen
le **gant** [ləgɑ̃] der Handschuh
le **garçon** [ləgaʀsɔ̃] der Junge
garder qn/qc [gaʀde] auf jdn aufpassen, etw. behalten, aufbewahren
la **gare** [lagaʀ] der Bahnhof
garer qc [gaʀe] etw. einparken
le **gâteau** [ləgɑto] der Kuchen
généreux/-euse [ʒeneʀø/ʒeneʀøz] *adj.* großzügig → 3/3
génial/e [ʒenjal] *adj.* genial, toll
le **genre** [ləʒɑ̃ʀ] die Art → 4/4
les **gens** [leʒɑ̃] *m. pl.* die Leute
gentil/le [ʒɑ̃ti/ʒɑ̃tij] *adj.* nett
la **géographie** [laʒeogʀafi] die Geographie, die Erdkunde
la **glace** [laglas] das Eis
goûter qc [gute] etw. kosten *eine Speise* → supp 3
le **gramme** [ləgʀam] das Gramm
grand/e [gʀɑ̃, gʀɑ̃d] *adj.* groß
la **grand-mère** [lagʀɑ̃mɛʀ] die Großmutter
le **grand-père** [ləgʀɑ̃pɛʀ] der Großvater
grave [gʀav] *m./f. adj.* schlimm
gris/e [gri/gʀiz] *adj.* grau
gros/se [gʀo/gʀos] *adj.* dick → 4/1
le **groupe** [ləgʀup] die Gruppe
la **guerre** [lagɛʀ] der Krieg → 6/3
le **guichet** [ləgiʃɛ] der Schalter → 5/2
le **guide** [ləgid] der Fremdenführer, der Reiseführer
la **guitare** [lagitaʀ] die Gitarre
la **gym** [laʒim] *fam.* ou: **la gymnastique** [laʒimnastik] der Sportunterricht, die Gymnastik, das Turnen
le **gymnase** [leʒimnɑz] die Turnhalle

H

habiter [abite] wohnen
l' **habitude** [labityd] *f.* die Gewohnheit, die Angewohnheit; **d'habitude** gewöhnlich → 4/3
le **hamster** [ləamstɛʀ] der Hamster
le **handball** [ləɑ̃dbal] Handball
Hein? [ɛ̃] *fam.* Nicht wahr? Stimmt's? → 6/A
hésiter [ezite] zögern
l' **heure** [lœʀ] *f.* die Stunde, Uhr *nach einer Zahl*; **À quelle heure?** [akɛlœʀ] Um wie viel Uhr?; **à trois heures** [atʀwazœʀ] um drei Uhr; **C'est l'heure.** [sɛlœʀ] Es ist so weit. / Es ist Zeit.; **être à l'heure** [ɛtʀəalœʀ] pünktlich sein; **Il est quelle heure?** [ilɛkɛlœʀ] Wie spät ist es?
heureusement [øʀøzmɑ̃] *adv.* glücklicherweise
heureux/-euse [øʀø/øʀøz] *adj.* glücklich → 2/3
hier [jɛʀ] *adv.* gestern
l' **histoire** [listwaʀ] *f.* die Geschichte
le **hit** [ləit] der Hit → 3/A
l' **hiver** [livɛʀ] *m.* der Winter → 5/3
l' **homme** [lɔm] *m.* der Mann
l' **hôpital** [lɔpital] *m.* / **les hôpitaux** [lezɔpito] *pl.* das Krankenhaus → 4/5
l' **horoscope** [lɔʀɔskɔp] *m.* das Horoskop
l' **horreur** [lɔʀœʀ] *f.* der Horror; **C'est l'horreur.** [sɛlɔrœr] Das ist schrecklich / ein Graus.
l' **hôtel** [lɔtɛl] *m.* das Hotel
l' **humeur** [lymœʀ] *f.* die Laune → 1/2
hurler [yʀle] schreien → 4/4

I

ici [isi] hier
l' **idée** [lide] *f.* die Idee, der Einfall; **donner une idée à qn** [dɔneynide] jdn auf eine Idee bringen → 6/3
Il fait beau. [ilfɛbo] Es ist schönes Wetter.
il faut [ilfo] + *Nomen* man braucht / wir brauchen; **il faut** + *Verb* wir müssen, man muss, es ist nötig (etw. zu tun); ***il a fallu*** [ilafaly] sie mussten *passé composé von* il faut → supp 2
Il pleut. [ilplø] Es regnet.
il y a [ilja] es gibt

l' **île** [lil] *f.* die Insel
l' **image** [limaʒ] *f.* das Bild → 5/1
l' **imbécile** [lɛ̃besil] *m./f.* der Dummkopf
l' **immeuble** [limœbl] *m.* das Gebäude
l' **imper** [lɛ̃pɛʀ] *m. fam.* der Regenmantel
important/e [ɛ̃pɔʀtɑ̃/ ɛ̃pɔʀtɑ̃t] *adj.* wichtig
improviser qc [ɛ̃pʀovize] etw. improvisieren, etw. aus dem Stegreif tun → supp 2
l' **incendie** [lɛ̃sɑ̃di] *m.* der Brand → 6/1
l' **inconvénient** [lɛ̃kɔ̃venjɑ̃] *m.* der Nachteil → 6/2
incroyable [ɛ̃kʀwajablə] *m./f. adj.* unglaublich → 6/2
l' **infirmier/-ère** [lɛ̃fiʀmje/lɛ̃fiʀmjɛʀ] der Krankenpfleger / die Krankenschwester → 4/5
l' **information** [lɛ̃fɔʀmasjɔ̃] *f.* die Information → 5/1
l' **informatique** [lɛ̃fɔʀmatik] *f.* die Informatik → 5/2
l' **inspecteur/-trice** [lɛ̃spɛktœʀ/ lɛ̃spɛktʀis] der/die Inspektor/in → 4/3
l' **instrument** [lɛ̃stʀymɑ̃] *m.* das Instrument
intéressant/e [ɛ̃teʀɛsɑ̃/ ɛ̃teʀɛsɑ̃t] *adj.* interessant
intéresser qn [ɛ̃teʀese] jdn interessieren; **s'intéresser à qn/qc** [sɛ̃teʀese] sich für jdn/etw. interessieren → 2/3
international/e [ɛ̃tɛʀnasjɔnal] *adj.* international → 6/A
interroger qn [ɛ̃teʀɔʒe] jdn befragen
l' **interview** [lɛ̃tɛʀvju] *f.* das Interview
inutile [inytil] *m./f. adj.* unnütz; **inutilement** [inytilmɑ̃] *adv.* unnötig, sinnlos → 2/3
inviter qn [ɛ̃vite] jdn einladen
ironique [iʀɔnik] *m./f. adj.* ironisch → 4/2
l' **itinéraire** [litineʀɛʀ] *m.* die Route → 1/1

J

jaloux/-ouse [ʒalu/ʒaluz] *adj.* eifersüchtig, neidisch → 4/4
la **jambe** [laʒɑ̃b] das Bein
le **jambon** [ləʒɑ̃bɔ̃] der Schinken
le **jardin** [leʒaʀdɛ̃] der Garten; **le Jardin des plantes** [leʒaʀdɛ̃deplɑ̃t] der Botanische Garten
jaune [ʒon] *m./f. adj.* gelb
le **jean** [lədʒin] die Jeans
jeter qc [ʒɛte] etw. werfen → 3/3 *wird wie* appeler *konjugiert*
le **jeu** [ləʒø] das Spiel → 3/A; **le jeu vidéo** [ləʒœvideo] das Videospiel → 5/3
le/la **jeune** [lə/laʒœn] der/die Jugendliche
joli/e [ʒɔli] *adj.* hübsch
jouer [ʒue] spielen; **jouer à qc** [ʒue] etw. (ein Spiel) spielen; **jouer de qc** [ʒue] etw. (ein Instrument) spielen
le/la **joueur/-euse** [ləʒwœʀ/lajwøz] der/die Spieler/in → 3/3
le **jour** [ləʒuʀ] der Tag; **un jour** [ɛ̃ʒuʀ] eines Tages, an einem Tag, einen Tag lang
le **journal** [ləʒuʀnal] / **les journaux** [leʒuʀno] *pl.* die Zeitung, das Tagebuch → 5/1
le/la **journaliste** [lə/laʒuʀnalist] der/die Journalist/in
la **journée** [laʒuʀne] der Tag, der Tagesablauf → 2/1
joyeux/-euse [ʒwajø/jwajøz] *adj.* fröhlich → 2/1
le **judo** [ləʒydo] Judo
la **jupe** [laʒyp] der Rock
le **jus de fruits** [ləʒydfʀɥi] der Fruchtsaft
jusque [ʒysk] bis
juste [ʒyst] *m./f. adj.* gerecht, richtig, knapp → 1/3; **justement** [ʒystmɑ̃] *adv.* genau → 6/3

K

le **kilo** [ləkilo] das Kilo
le ***kilomètre*** [ləkilɔmɛtʀə] der Kilometer → supp 2

L

là [la] dort, da; **là-bas** [labɑ] dort
lâcher qn/qc [laʃe] jdn/etw. loslassen → 4/4
laisser qc/qn [lɛse] etw. hinterlassen, jdn/etw. lassen, jdn verlassen → 2/2
le **lait** [ləlɛ] die Milch
la **lampe** [lalɑ̃p] die Lampe
lancer qc [lɑ̃se] etw. veranlassen, etw. ins Leben rufen, etw. ausrufen → 4/4; **lancer qc à qn** [lɑ̃se] jdm etw. zuwerfen → 4/2 *wird wie* commencer *konjugiert*
la **langue** [lalɑ̃g] die Sprache
la **lavande** [lalavɑ̃d] der Lavendel → 6/A
laver qc [lave] etw. waschen
la **leçon** [lalәsɔ̃] die Lektion, die Stoffeinheit
la **légende** [laleʒɑ̃d] die Legende
les **légumes** [lelegym] *m. pl.* das Gemüse
le **lendemain** [ləlɑ̃dəmɛ̃] am nächsten Tag
la **lettre** [lalɛtʀ] der Brief
(ê)se **lever** [sələve] aufstehen → 2/1 *wird wie* acheter *konjugiert*
la **ligne** [laliŋ] die (U-Bahn-)Linie → 1/1
lire qc [liʀ] etw. lesen
la **liste** [lalist] die Liste, der Einkaufszettel
le **lit** [ləli] das Bett
le **litre** [ləlitʀ] der Liter
le **livre** [ləlivʀ] das Buch
local/e [lɔkal] *adj.* örtlich, Orts- → 5/2
loin [lwɛ̃] *adv.* weit entfernt
long/ue [lɔ̃/lɔ̃g] *adj.* lang
longtemps [lɔ̃tɑ̃] *adv.* lange
le **loto** [ləlɔto] das Lotto
les **lunettes** [lɛlynɛt] *f. pl.* die Brille → 4/1
le **lycée (d' enseignement général)** [ləlysedɑ̃sɛɲəmɑ̃ʒeneʀal] *m.* das Gymnasium; **le lycée professionnel** [ləlyseprɔfɛsjɔnɛl] **(le L.P.)** die Berufsschule → 5/A

M

Machinchose [maʃɛ̃ʃoz] Dingsda, Dingsbums
Madame [madam] Frau
Mademoiselle [madmwazɛl] Fräulein
le **magasin** [ləmagasɛ̃] das Geschäft
le **magazine** [ləmagazin] die Zeitschrift, die Fernsehsendung, das Magazin → 3/A
magnifique [maɲifik] *m./f. adj.* wundervoll → 3/3
la **main** [lamɛ̃] die Hand

maintenant [mɛ̃tnɑ̃] *adv.* jetzt
le **maïs** [ləmais] der Mais → 5/2
mais [mɛ] aber
la **maison** [lamɛzɔ̃] das Haus; **à la maison** [alamɛzɔ̃] zu Hause; **la maison de campagne** [lamɛzɔ̃dəkɑ̃paɲ] das Landhaus → 2/3
mal [mal] *adv.* schlecht
malade [malad] *m./f. adj.* krank
malheureux/-euse [maløʀø/maløʀøz] *adj.* unglücklich
maman [mamɑ̃] Mutti, Mama
manger qc [mɑ̃ʒe] etw. essen
le **mannequin** [lemankɛ̃] das Mannequin, das Model
le/la **marchand/e** [ləmaʀʃɑ̃/lamaʀʃɑ̃d] der/die (Markt-)Händler/in
le **marché** [ləmaʀʃe] der Markt; **le marché aux puces** [ləmaʀʃeopys] der Flohmarkt
marcher [maʀʃe] gehen, funktionieren
la **marée** [lamaʀe] die Gezeiten (Ebbe und Flut); **la marée noire** [lamaʀenwaʀ] die Ölpest
la **marque** [lamaʀk] die Marke
marquer qc [maʀke] etw. erzielen → supp 3
masculin/e [maskylɛ̃/maskylin] *adj.* männlich → 5/A
le **match** [ləmatʃ] das (Fußball-)Spiel
les **maths** [lemat] *f. pl.* Mathe
la **matière** [lamatjɛʀ] das Unterrichtsfach → 5/1
le **matin** [ləmatɛ̃] der Morgen, morgens
mauvais/e [mɔvɛ/mɔvɛz] *adj.* schlecht → 3/A
la **méchanceté** [lameʃɑ̃ste] die Bosheit, die Bösartigkeit → 4/1
méchant/e [meʃɑ̃/meʃɑ̃t] *adj.* böse → 2/2
le **médecin** [ləmedsɛ̃] der Arzt / die Ärztin → 5/3
les **médias** [lemedja] *m. pl.* die Medien → 3/A
meilleur/e [mɛjœʀ] *adj.* bessere/-r/-s *Komparativ zu* bon/ne → 6/2; beste/-r/-s *Superlativ* → 6/3
même [mɛm] *m./f. adj.* (der/die/das) gleiche, selbe; *adv.* sogar, selbst → 5/2
mémé [meme] Oma, Omi
la **mémoire** [lamemwaʀ] das Gedächtnis
menacer qn [mənase] jdn bedrohen, jdm drohen → 4/4 *wird wie* commencer *konjugiert*
la **mer** [lamɛʀ] das Meer
merci [mɛrsi] danke
la **mère** [lamɛʀ] die Mutter
le **message** [ləmesaʒ] die Nachricht
le **métier** [ləmetje] der Beruf → 3/3
le ***mètre*** [ləmɛtʀə] der Meter → supp 4
le **métro** [ləmetʀo] die U-Bahn → 1/1
mettre qc [mɛtʀ] etw. setzen, stellen, (hinein)legen, auftragen; etw. anziehen; **mettre le couvert** [mɛtʀələkuvɛʀ] den Tisch decken → 2/2
midi [midi] *m.* 12.00 Uhr, Mittag
le **miel** [ləmjɛl] der Honig
mieux [mjø] *adv.* besser *Komparativ zu* bien
minuit [minɥi] *m.* Mitternacht
la **minute** [laminyt] die Minute
moche [mɔʃ] *m./f. adj. fam.* hässlich
la **mode** [lamɔd] die Mode; **à la mode** [alamɔd] modisch
moins [mwɛ̃] *adv.* weniger, minus
le **mois** [ləmwa] der Monat → 2/2
la **moitié** [lamwatje] die Hälfte; **à moitié** [amwatje] halb → 4/5
le **moment** [ləmɔmɑ̃] der Moment, der Augenblick
le **monde** [ləmɔ̃d] die Welt → 5/2
le/la **moniteur/-trice** [ləmɔnitœʀ/lamɔnitʀis] der/die Betreuer/in, Kursleiter/in → 5/3
le **monsieur** [məsjø] / **les messieurs** [mesjø] *pl.* Herr
le **monstre** [ləmɔ̃stʀə] das Monster
la **montagne** [lamɔ̃taɲ] die Berge
(ê)**monter** [mɔ̃te] hinaufsteigen, hinaufgehen, einsteigen *in ein Verkehrsmittel*
la **montre** [lamɔ̃tʀ] die Armbanduhr
montrer qc à qn [mɔ̃tʀe] jdm etw. zeigen
le **monument** [ləmɔnymɑ̃] das Denkmal → 1/3
moral/e [mɔʀal] *adj.* moralisch → 3/A
le **morceau** [ləmɔʀso] das Stück
la **mort** [lamɔʀ] der Tod
le **mot d'excuse** [modɛkskyz] der Entschuldigungszettel
le **mouchoir** [ləmuʃwaʀ] das Taschentuch → 1/3
le **mouton** [ləmutɔ̃] das Schaf → 6/A
le **mur** [ləmyʀ] die Wand, die Mauer → 4/4
le **muscle** [ləmysklə] der Muskel
le **musée** [ləmyze] das Museum
musical/e [myzikal] *adj.* musikalisch, Musik- → 3/A
le/la **musicien/ne** [ləmyzisjɛ̃/lamyzisjɛn] der/die Musiker/in → 4/1
la **musique** [lamyzik] die Musik

N

n'importe quoi [nɛ̃pɔʀtəkwa] irgendetwas, dummes Zeug, dumme Sachen → 6/3
nager [naʒe] schwimmen *wird wie* manger *konjugiert*
la **nature** [lanatyʀ] die Natur
ne ... jamais [nə ... ʒamɛ] nie, niemals; **ne ... pas** [nə ... pɑ] nicht; **ne ... pas non plus** [nəpɑ ... nɔ̃ply] auch nicht ; **ne ... pas trop** [nə ... pɑtʀo] nicht sehr; **ne ... personne** [nə ... pɛʀsɔn] niemand → 1/A; **ne ... plus** [nə ... ply] nicht mehr; **ne ... rien** [nə ... ʀjɛ̃] nichts → 1/2
le **net** [lənɛt] das Internet; **sur le net** im Internet → 5/3
nettoyer qc [nɛtwaje] etw. reinigen, säubern *wird wie* payer *konjugiert*
le **nez** [ləne] die Nase → 1/3
Noël [nɔɛl] *m.* Weihnachten → 2/1
noir/e [nwaʀ] *adj.* schwarz
le **nom** [lənɔ̃] der Name
le **nombre** [lənɔ̃bʀ] die Zahl, die Anzahl → 4/1
nombreux/-euse [nɔ̃bʀø/nɔ̃bʀøz] *adj.* zahlreich

non [nɔ̃] nein

la **note** [lanɔt] die Note, die Zensur

noter qc [note] etw. notieren, aufschreiben

la **nourrice** [lanuʀis] die Tagesmutter → 2/3

nous-mêmes [numɛm] wir selbst → 6/2

nouveau/nouvel [nuvo/nuvɛl] *m. adj.* / **nouvelle** [nuvɛl] *f.* / **nouveaux** [nuvo] *m. pl.* / **nouvelles** [nuvɛl] *f. pl.* neu

la **nuit** [lanɥi] die Nacht → 6/3

nul/le [nyl] *adj.* schlecht, blöd; **être nul/le en qc** sehr schwach / eine Null / eine Niete sein

le **numéro** [lənymeʀo] die Nummer; **faire un numéro** [feʀɛ̃nymeʀo] eine Nummer wählen

O

observer qn/qc [ɔbsɛʀve] jdn/etw. beobachten

(ê)s'**occuper de qn/qc** sich um jdn/etw. kümmern → 4/3

l' **œil** [lœj] *m.* / **les yeux** [lezjø] *pl.* das Auge → 1/2

l' **œuf** [lœf] *m.* das Ei / **les œufs** [lezœ] *pl.*

l' **office de tourisme** [lɔfisdətuʀizmə] *m.* das Fremdenverkehrsamt

offrir qc (à qn) [ɔfʀiʀ] (jdm) etw. anbieten, etw. schenken; (ê)**s'offrir qc** [sɔfʀiʀ] sich etw. schenken → 2/1

l' **oignon** [lɔɲɔ̃] *m.* die Zwiebel

l' **oiseau** [lwazo] *m.* der Vogel

l' **olive** [lɔliv] *f.* die Olive → 6/A

l' **olivier** [lɔlivje] *m.* der Olivenbaum → 6/A

l' **oncle** [lɔ̃kl] *m.* der Onkel → 2/1

l' **opération** [lɔpeʀasjɔ̃] *f.* die Operation, die Aktion

l' **orange** [lɔʀɑ̃ʒ] *f.* die Orange

l' **ordinateur** [lɔʀdinatœʀ] *m.* der Computer

l' **oreille** [lɔʀɛj] *f.* das Ohr → 1/2

organiser qc [ɔʀganize] etw. organisieren → 1/A

ou [u] oder

où [u] wo

oublier qc [ublije] etw. vergessen

ouais [wɛ] *fam. umg. Form von* oui

oui [wi] ja

ouvrir qc [uvʀiʀ] etw. öffnen *wird wie* offrir *konjugiert*

P

la **page** [lapaʒ] die Seite

le **pain** [ləpɛ̃] das Brot; **le pain au chocolat** [ləpɛ̃ɔʃɔkɔla] das Schokocroissant

le ***panier*** [ləpanje] der Korb → supp 3

la **panique** [lapanik] die Panik → 4/4

le **pantalon** [ləpɑ̃talɔ̃] die Hose

le **papier** [ləpapje] das Papier, der Zettel

par [paʀ] durch, über, vorbei an → 1/2

le **parc** [ləpaʀk] der Park; **le Parc des oiseaux** [ləpaʀkdezwazo] der Vogelpark

parce que [paʀskə] weil

Pardon! [paʀdɔ̃] Entschuldigung!; **Pardon?** Wie bitte?

pareil/le [paʀɛj] gleich, ähnlich

les **parents** [lepaʀɑ̃] *m. pl.* die Eltern

parfois [paʀfwa] *adv.* manchmal → 2/3

parisien/ne [paʀizjɛ̃/paʀizjɛn] *adj.* Pariser, aus Paris → 1/A

parler à qn [paʀle] mit jdm sprechen; **Tu parles!** [typaʀl] Von wegen! → 6/3; **se parler** [səpaʀle] miteinander sprechen → 2/1

participer à qc [paʀtisipe] an etw. teilnehmen → 1/1

(ê)**partir** [paʀtiʀ] weggehen, wegfahren *wird wie* sortir *konjugiert*

partout [paʀtu] *adv.* überall

le **passage** [ləpasaʒ] die Passage

passer [pase] vergehen; **passer qc** [pase] etw. verbringen; etw. (im Radio) senden → 5/2; *eine Prüfung* ablegen, bestehen → 5/A; **passer qc à qn** jdm etw. weitergeben; (ê)**passer devant qn** [pase] an jdm vorbeigehen → 4/2; (ê)**passer en** versetzt werden; (ê)**passer par qc** [pasepaʀ] an etw. vorbeikommen/-fahren/-gehen → 1/2; (ê)***se passer*** [səpase] verlaufen, passieren, stattfinden → supp 2

la **passion** [lapasjɔ̃] die Leidenschaft → 3/3

passionnant/e [pasjɔnɑ̃/pasjɔnɑ̃t] *adj.* spannend, fesselnd, faszinierend → 3/1

les **pâtes** [lepɑt] *f. pl.* die Nudeln → 2/A

le/la **patron/ne** [ləpatʀɔ̃/lapatʀɔn] der/die Chef/in → 5/2

la **pause** [lapoz] die Pause → 1/2

le/la **pauvre** [lə/lapovʀə] *adj.* der/die Arme

payer qc [peje] etw. bezahlen, zahlen

le **pays** [ləpei] das Land → 1/A

le **paysage** [ləpeizaʒ] Landschaft → 6/2

le/la **paysan/ne** [ləpeizɑ̃/lapeizan] der Bauer / die Bäuerin → 6/A

les **Pays-Bas** [lepeiba] *m. pl.* die Niederlande → 1/A

la **pêche** [lapɛʃ] der Pfirsich

le **pêcheur** [ləpɛʃœʀ] der Fischer

pendant [pɑ̃dɑ̃] während

penser à qn/qc [pɑ̃se] an jdn/etw. denken

pépé [pepe] Opa

perdre qn/qc [pɛʀdʀə] jdn/etw. verlieren *wird wie* attendre *konjugiert*

le **père** [ləpɛʀ] der Vater; **le Père Noël** [ləpɛʀnɔɛl] der Weihnachtsmann → 2/2

permettre à qn de faire qc [pɛʀmɛtʀə] jdm erlauben etw. zu tun → 6/1 *wird wie* mettre *konjugiert*

peser qn/qc [pəze] jdn/etw. wiegen *wird wie* acheter *konjugiert*

le/la **petit/e** [ləpti/laptit] der/die Kleine; **petit/e** [pti/ptit] *adj.* klein

le **petit-déjeuner** [ləptideʒœne] das Frühstück → 2/A

les **petits-enfants** [leptizɑ̃fɑ̃] *m. pl.* die Enkelkinder, die Enkel

le **pétrole** [ləpetʀɔl] das Erdöl

peu de [pødə] wenig; **un peu de** [ɛ̃pødə] ein bisschen

le **peuple** [ləpœplə] das Volk → 6/3

la **peur** [lapœʀ] die Angst; **avoir peur (de qn/qc)** [avwaʀpœʀ] (vor jdm/etw.) Angst haben

peut-être [pøtɛtʀ] vielleicht

la **pharmacie** [lafaʀmasi] die Apotheke
la **photo** [lafɔto] das Foto
photographier qn/qc [fɔtɔgʀafje] jdn/etw. fotografieren
le **piano** [ləpjano] das Klavier
la **pièce** [lapjɛs] der Raum; das Zimmer → 4/3
le **pied** [ləpje] der Fuß; **à pied** [apje] zu Fuß
le **pilote** [ləpilɔt] der Pilot
le **ping-pong** [ləpiŋpɔ̃g] das Tischtennis
pire [piʀ] *adj.* schlechter, schlimmer *Komparativ zu* mauvais/e → 6/3
la **piscine** [lapisin] das Schwimmbad
la **place** [laplas] der Platz, die Eintrittskarte; **à la place de** [alaplasdə] anstelle von
la **plage** [laplaʒ] der Strand
plaire à qn [plɛʀ] jdm gefallen → 3/A
le **plan** [ləplɑ̃] der Plan; ***sur tous les plans*** [syʀtuleplɑ̃] auf allen Gebieten → supp 3
planter qc [plɑ̃te] etw. pflanzen → 6/1
le **plastique** [ləplastik] der Kunststoff, das Plastik
le **plat** [ləpla] das Gericht → 2/A
plein/e de [plɛ̃/plɛn] viel/viele, voll von → 1/2
pleurer [plœʀe] weinen
pleuvoir [pløvwaʀ] regnen
plusieurs [plyzjœʀ] *m./f. pl. adj.* mehrere → 5/3
plutôt [plyto] *adv.* eher, lieber
le ***pneu*** [ləpnø] der Reifen → supp 2
la **poche** [lapɔʃ] die Hosentasche
le **poète** [ləpɔɛt] der Dichter
le ***point*** [ləpwɛ̃] der Punkt → supp 3
le **poisson** [ləpwasɔ̃] der Fisch
le **poivron** [ləpwavrɔ̃] die Paprikaschote
la **police** [lapɔlis] die Polizei → 4/4
le **policier** [ləpɔlisje] der Polizist
policier/-ière [pɔlisje/pɔlisjɛr] *adj.* Polizei-, Kriminal- → 3/A
polluer qc [pɔlye] etw. verschmutzen → 5/3
la **pollution** [lapɔlysjɔ̃] die Verschmutzung
la **pomme** [lapɔm] der Apfel
la **pomme de terre** [lapɔmdətɛr] die Kartoffel
le **pont** [ləpɔ̃] die Brücke
le **port** [ləpɔʀ] der Hafen → 6/2
le **portable** [ləpɔʀtabl] das Handy
la **porte** [lapɔʀt] die Tür
le **porte-bonheur** [ləpɔʀtbɔnœʀ] der Glücksbringer
le **porte-monnaie** [ləpɔʀtmɔnɛ] das Portmonee
porter qc [pɔʀte] etw. tragen, etw. bringen
poser qc [poze] etw. anbringen; **poser une question** [poseynkɛstjɔ̃] eine Frage stellen
possible [pɔsibl] *m./f. adj.* möglich
la **poste** [lapɔst] die Post, das Postamt
le **pot** [ləpo] der Topf, das Glas → 1/3
le **potage** [ləpɔtaʒ] die Suppe → 2/A
pour [puʀ] für; wegen; um zu + *Infinitiv* → 1/1; **le pour** [ləpuʀ] das Für → 6/1
pourquoi [puʀkwa] warum
pousser qn/qc [puse] jdn/etw.stoßen, schubsen, schieben → 4/4; → supp 2
pouvoir [puvwaʀ] können; **on pourrait** [ɔ̃purɛ] man könnte, wir könnten → 5/1
pratique [pʀatik] *m./f. adj.* praktisch
préférer qn/qc [pʀefeʀe] jdn/etw. bevorzugen, lieber mögen; **préféré/e** [pʀefeʀe] *adj.* Lieblings-→ 3/1
prendre qc [pʀɑ̃dʀ] etw. nehmen; ausbrechen *Feuer* → 6/2; **prendre qc à qn** jdm etw. wegnehmen; **prendre son temps** [pʀɑ̃dʀəsɔ̃tɑ̃] sich Zeit nehmen/lassen, trödeln
préparer qc [pʀepaʀe] etw. vorbereiten
près de [prɛdə] in der Nähe von, nahe bei
le/la **président/e** [ləpʀezidɑ̃/lapʀezidɑ̃t] der/die Präsident/in → 6/3
presque [pʀɛsk] *adv.* fast
prévoir qc [pʀevwaʀ] etw. vorsehen, einplanen → supp 2 *wird wie* voir *konjugiert*
le **principal** [ləpʀɛ̃sipal] der/die Schulleiter/in
le **prix** [ləpri] der Preis
le **problème** [ləpʀɔblɛm] das Problem
le/la **prof** [ləprɔf] *fam.* ou: **le professeur** [ləprɔfɛsœr] *m./f.* der/die Lehrer/in
le **programme** [ləpʀɔgram] das Programm
le **projet** [ləpʀɔʒɛ] der Plan
la **promenade** [lapʀɔmnad] der Spaziergang
proposer qc à qn [pʀɔpoze] jdm etw. vorschlagen
la **proposition** [laprɔpozisjɔ̃] der Vorschlag
propre [pʀɔpʀ] *m./f. adj.* sauber → 5/1
prudent/e [prydɑ̃/prydɑ̃t] *adj.* vorsichtig
la **pub** [lapyb] *fam.* die Werbung
puis [pɥi] dann
puisque [pɥiskə] *conj.* da → 4/3
le **pull** [ləpyl] ou: **le pullover** [ləpylɔvɛʀ] der Pulli, der Pullover
la **punition** [lapynisjɔ̃] die Strafe

Q

Qu'est-ce que ...? [kɛskə] Was ...?
le **quai** [ləkɛ] die Straße am Flussufer, der Bahnsteig → 4/2
quand [kɑ̃] wann; wenn
la **quantité** [lakɑ̃tite] die Menge, die Quantität
le **quart** [ləkaʀ] die Viertelstunde, das Viertel
le **quartier** [ləkartje] das Stadtviertel
que [kə] *in Fragen* was; *in Relativsätzen* der/den, die, das; *in Vergleichen* wie, als; *conj.* dass → 2/2
quel/le [kɛl] welche/-r/-s
quelques [kɛlkə] *pl.* einige, ein paar → 2/2
quelque chose [kɛlkəʃoz] etwas
quelquefois [kɛlkəfwa] *adv.* manchmal → 4/3

sans [sɑ̃] ohne; **sans … ni** [sɑ̃/ni] ohne … und ohne … → 4/1
la **santé** [lasɑ̃te] die Gesundheit
le/la **sauvage** [lə/lasovaʒ] der/die Wilde → 4/5; **sauvage** [sovaʒ] *m./f. adj.* wild, ungezähmt → 6/2
sauver qn/qc [sove] jdn/etw. retten
le/la **savant/e** [ləsavɑ̃/lasavɑ̃t] der/die Wissenschaftler/in
savoir qc [savwaʀ] etw. wissen
le **saxophone** [ləsaksɔfɔn] das Saxophon → 4/1
la **science-fiction** [lasjɑ̃sfiksjɔ̃] die Science-Fiction → 3/1
scolaire [skɔlɛʀ] *m./f. adj.* schulisch, Schul- → 5/A
le/la **secrétaire** [lə/lasəkretɛr] der/die Sekretär/in
le **secrétariat** [ləsəkretarja] das Sekretariat
la **semaine** [lasəmɛn] die Woche
le **sens** [ləsɑ̃s] der Sinn → 4/2
le ***sentier*** [ləsɑ̃tje] der Fußweg, der Pfad → supp 4
[ê]se **séparer** [səsepaʀe] sich trennen → 5/A
la **série** [laseri] die Fernsehserie → 3/A
sérieux/-se [seʀjø/seʀjøz] *adj.* ernst → 4/3
le ***serpent*** [ləsɛʀpɑ̃] die Schlange → supp 4
le/la **serveur/-euse** [ləsɛʀvœʀ/lasɛʀvøz] der/die Kellner/in
servir à qc [sɛʀviʀ] etw. nützen → 5/1 *wird wie* sortir *konjugiert*
seul/e [sœl] *adj.* allein, einzige/-r /-s → 3/3; **seulement** [sœlmɑ̃] *adv.* nur → 2/3
si [si] doch *als Antwort auf eine verneinte Frage,* ob → 3/2
le **signe** [ləsiɲ] das Zeichen
simple [sɛ̃plə] *m./f. adj.* leicht, einfach → 1/1
sinon [sinɔ̃] sonst
la ***situation*** [lasitɥasjɔ̃] die Situation, die Lage → supp 3
le **skate** [ləskɛt] das Skateboard, das Skateboardfahren
le **ski** [ləski] der Ski; **faire du ski** [fɛʀdyski] Ski fahren → 5/3
la **sœur** [lasœʀ] die Schwester
la **soie** [laswa] die Seide
la **soif** [laswaf] der Durst
soigner qn [swaɲe] jdn. heilen, pflegen → 5/3
le **soir** [ləswaʀ] der Abend; **ce soir** [səswaʀ] heute Abend
le **soleil** [ləsɔlej] die Sonne
la **solution** [lasɔlysjɔ̃] die Lösung → 6/1
le/la **sommelier/-ière** [ləsɔməlje/lasɔməljɛʀ] der/die Weinkellner/in, Kellermeister/in → 5/A
sonner [sɔne] klingeln
[ê]**sortir** [sɔʀtiʀ] hinausgehen; [ê]**sortir (avec qn)** (mit jdm) ausgehen; **sortir qc** etw. herausnehmen → 4/4; **sortir un chien** einen Hund ausführen
le **souci** [ləsusi] der Kummer, die Sorge → 2/2
soupçonner qn [supsɔne] jdn verdächtigen → 4/4
le **sourire** [ləsuʀiʀ] das Lächeln → 4/5
la **souris** [lasuʀi] die Maus
sous [su] unter
le **souvenir** [ləsuvniʀ] das Souvenir, das Andenken
souvent [suvɑ̃] oft
[ê]se **spécialiser dans qc** [səspesjalize] sich auf etw. spezialisieren → 5/A
la ***spécialité*** [laspesjalite] die Spezialität → supp 3
le **spectacle** [ləspɛktakl] die Vorstellung, die Aufführung
le **sport** [ləspɔʀ] der Sport; **faire du sport** [fɛʀdyspɔʀ] Sport treiben
sportif/-ve [spɔʀtif/spɔʀtiv] *adj.* sportlich → 2/3
le **stade** [ləstad] das Stadion → 3/A
le **stage** [ləstaʒ] das Praktikum → 5/1
la **station** [lastasjɔ̃] die Station, die Haltestelle → 1/1
le **steak** [ləstɛk] das Steak → 2/A
stressé/e [stʀɛse] *adj.* gestresst → 6/2
le **stylo** [ləstilo] der Füller, der Kugelschreiber
le **sucre** [ləsykʀ] der Zucker
le **sud** [ləsyd] Süden
la **suite** [lasɥit] die Folge → 4/5
suivre qn [sɥivʀ] jdm folgen → 4/1
super [sypɛʀ] *m./f. adj.* super
le **supermarché** [ləsypɛʀmaʀʃe] der Supermarkt
sur [syr] auf, über
sûr/e [syʀ] *m./f. adj.* sicher
le **surf** [ləsøʀf] das Wellenreiten, Surfen → 5/3
surtout [syʀtu] *adv.* vor allem → 6/2
le/la **surveillant/e** [ləsyrvɛjɑ̃/lasyrvɛjɑ̃t] die Aufsichtsperson
le **suspense** [ləsyspɛns] die Spannung → 3/1
le **sweat** [ləswɛt] das Sweatshirt
sympa [sɛ̃mpa] *adj. fam.* sympathisch

T

le **T.G.V.** [ləteʒeve] *französischer Hochgeschwindigkeitszug*
la **table** [latablə] der Tisch; **être à table** [ɛtʀatablə] am Tisch sitzen, essen
le **tableau** [lətablo] die Tafel
la **tache** [lataʃ] der Fleck
le **tambour** [lətɑ̃buʀ] die Trommel → 4/1
la **tante** [latɑ̃t] die Tante → 2/1
tard [taʀ] *adv.* spät
la **tartine** [lataʀtin] das Butterbrot → 2/A
la **technologie** [latɛknɔlɔʒi] die Arbeitslehre
le **tee-shirt** [lətiʃœʀt] das T-Shirt
la **teinture** [latɛ̃tyʀ] das Färbemittel *für Haare, Stoffe usw.*
la **télé** [latele] *fam.* der Fernseher, das Fernsehen
le **téléphone** [lətelefɔn] das Telefon
téléphoner [telefɔne] telefonieren; **téléphoner à qn** jdn anrufen
le **temps** [lətɑ̃] die Zeit; **tout le temps** [tultɑ̃] die ganze Zeit → 6/1
tenir qc [təniʀ] etw. halten → 4/3 *wird wie* venir *konjugiert*
le **tennis** [lətɛnis] das Tennis → 3/3
la **tente** [latɑ̃t] das Zelt → 6/1; ***monter une tente*** [mɔ̃teyntɑ̃t] ein Zelt aufbauen → supp 2
la **terre** [latɛʀ] die Erde, der Boden
terrible [tɛʀibl] *m./f. adj.* furchtbar

terriblement [teʀibləmɑ̃] *adv.* schrecklich → 2/3
le **test** [lətest] der Test
la **tête** [latɛt] der Kopf; **avoir la tête de …** [avwaʀlatɛtdə] aussehen wie … → 5/3
le **théâtre** [ləteatʀə] das Theater
la **tomate** [latɔmat] die Tomate
(ê)**tomber** [tɔ̃be] fallen; **Ça tombe bien!** [satɔ̃bəbjɛ̃] *fam.* Das trifft sich aber gut! / Das passt ja!; **Laisse tomber!** [lɛstɔ̃be] *fam.* Ach, lass doch! / Vergiss es!
la **tonne** [latɔn] die Tonne
toujours [tuʒuʀ] *adv.* immer, immer noch
le **tour** [lətuʀ] die Tour, die Runde, der Ausflug; **C'est mon tour.** [sɛmɔ̃tuʀ] Ich bin dran. → 2/1
le/la **touriste** [lə/latuʀist] der/die Tourist/in → 6/A
tous [tus] *m. pl.*/ **toutes** [tut] *f. pl.* alle; **tous les deux** [tuledø] *m.pl.*/ **toutes les deux** [tutledø] *f. pl.* alle beide → 2/1
tout [tu] alles
tout/e [tu/tut] *m./f. adj.* ganze/-r/-s; **tout à coup** [tutaku] plötzlich; **tout de suite** [tutsɥit] sofort; **tout droit** [tudrwa] geradeaus
le **train** [lətʀɛ̃] der Zug
le ***trajet*** [lətʀaʒɛ] die Strecke → supp 4
le **tramway** [lətʀamwɛ] ou: **le tram** [lətʀam] *fam.* die Straßenbahn
tranquille [tʀɑ̃kil] *m./f. adj.* ruhig, still → 6/2
le **travail** [lətʀavaj] / les **travaux** [letʀavo] *pl.* die Arbeit → 5/2
travailler [tʀavaje] arbeiten
traverser qc [tʀavɛʀse] etw. überqueren, durchqueren
très [tʀɛ] *adv.* sehr
la **trompette** [latʀɔ̃pɛt] die Trompete → 4/1
trop [tʀo] *adv.* zu viel, zu sehr
la **trottinette** [latʀɔtinɛt] der Roller, das Kickboard
le **troupeau** [lətrupo] die Herde → 6/A
trouver qc [tʀuve] etw. finden
le ***truc*** [lətʀyk] *fam.* die Sache, das Ding → supp 2
les **truffes au chocolat** [letʀyf-oʃɔkɔla] *f. pl.* die Schokoladentrüffel (Pralinen)
Tu as quel âge? [tyakɛlɑʒ] Wie alt bist du?
Tu te casses! *fam.* Hau ab! Verschwinde! → 4/4
le **tube** [lətyb] die Tube
tuer qn [tye] jdn töten → 3/A
le **type** [lətip] *fam.* der Typ
typiquement [tipikmɑ̃] *adv.* typisch → 2/3

U

l' **uniforme** [lynifɔʀm] *m.* die (Schul-)Uniform
l' **usine** [lyzin] *f.* die Fabrik → 5/3
utile [ytil] *m./f. adj.* nützlich

V

les **vacances** [levakɑ̃s] *f. pl.* die Ferien
la **vague** [lavag] die Welle
la **vaisselle** [lavɛsɛl] das Geschirr; **faire la vaisselle** [fɛʀlavɛsɛl] das Geschirr spülen, abwaschen → 6/2
la **valise** [lavaliz] der Koffer
le **vélo** [ləvelo] das Fahrrad
le/la **vendeur/-euse** [ləvɑ̃dœʀ/ lavɑ̃døz] der/die Verkäufer/in
vendre qc [vɑ̃dʀə] etw. verkaufen → 6/A *wird wie* attendre *konjugiert*
(ê)**venir** [vəniʀ] kommen; ***venir de faire qc*** gerade etw. getan haben → supp 4
le **vent** [ləvɑ̃] der Wind
le **ventre** [ləvɑ̃tʀ] der Bauch
le **verre** [ləvɛʀ] das Glas
vers [vɛʀ] in Richtung von → 1/2
vert/e [vɛʀ/vɛʀt] *adj.* grün
la **veste** [lavɛst] die Jacke
les **vêtements** [levɛtmɑ̃] *m. pl.* die Kleidung
la **viande** [lavjɑ̃d] das Fleisch → 2/A
la **victime** [laviktim] das Opfer
la **vie** [lavi] das Leben
vieux/vieil *m. adj.* / **vieille** *f.* [vjø/vjɛj/vjɛj] / **vieux** [vjø] *m. pl.* / **vieilles** [vjɛj] *f. pl.* alt → 6/A
le **village** [ləvilaʒ] das Dorf → 1/A
la **ville** [lavil] die Stadt
la **violence** [lavjɔlɑ̃s] die Gewalt
visiter qc [vizite] etw. besichtigen, besuchen
vite [vit] *adv.* schnell
la **vitrine** [lavitʀin] das Schaufenster
la **voie** [lavwa] das Gleis
voilà [vwala] da ist, da sind
voir qn/qc [vwaʀ] jdn/etw. sehen; **Je vois …** *(ohne Ergänzung)* Ich verstehe …
le/la **voisin/e** [ləvwazɛ̃/lavwazin] der/die Nachbar/in → 6/3
la **voiture** [lavwatyʀ] der Wagen, das Auto
la **voix** [lavwa] die Stimme → 4/1
voler [vɔle] fliegen; **voler qc** [vɔle] etw. stehlen → 4/3
vouloir [vulwaʀ] wollen; **en vouloir à qn** jdm böse sein → 4/4; **je voudrais** [ʒəvudʀɛ] ich möchte, ich hätte gern; **tu voudrais** [tyvudrɛ] du möchtest
le **voyage** [ləvwajaʒ] die Reise → 5/1
vrai/e [vʀɛ] *adj.* richtig → 1/3; wahr → 5/1
vraiment [vʀɛmɑ̃] *adv.* wirklich → 5/1

W

le **week-end** [ləwikɛnd] das Wochenende, am Wochenende

Y

le **yaourt** [ləjauʀt] der Joghurt → 2/A
les **yeux** [lezjø] *pl.* (→ **l'œil**)

Z

Zut! [zyt] *fam.* Mist! Verdammt! Verflixt! → supp 2

Grundschrift: obligatorischer Wortschatz aus ***Réalités* 1–3**
kursiv: Diese Wörter werden nur in den Bundesländern gelernt, in denen die jeweilige Séquence supplémentaire obligatorisch ist. Im Wörterverzeichnis steht:

f. für féminin (weiblich)
m. für masculin (männlich)
pl. für pluriel (Mehrzahl)
adj. für adjectif (Adjektiv)
adv. für adverbe (Adverb)
fam. für familier (umgangssprachlich)

Die Angabe hinter dem Pfeil verweist dich auf die Unité/Séquence, in der die Vokabel neu eingeführt wird. Falls du nicht mehr sicher bist, wie man die Vokabel verwendet, kannst du im Lektionstext nachschlagen oder dir den Beispielsatz in der Vokabelliste der jeweiligen Unité anschauen.

A
Abend le soir
Abendessen le dîner → 2/A
aber mais
Abfahrt le départ → 1/1
abhängen (von jdm/etw.) dépendre de qn/qc
Abi(tur) le bac *fam.* → 5/A
ablegen *Prüfung* passer qc → 5/A
Abschlussprüfung im „collège" le brevet → 5/A
Abschlussprüfung an der Berufsschule le B.E.P. (le brevet d'enseignement professionnel) → 5/A
Achtung! Attention! *f.*
Action *im Film* l'action *f.* → 3/A
aggressiv agressif/-ive *adj.* → 4/1
ähnlich pareil/le *adj.*
Akkordeon l'accordéon *m.*
aktiv actif/-ve *adj.*; activement *adv.* → 2/3
akzeptieren (jdn/etw.) accepter qc/qn
alle tous/toutes *adj.*
alle beide tous/toutes les deux → 2/1
Allee l'allée *f.*
allein seul/e *adj.* → 3/3
alles tout; **Alles Gute zum Geburtstag!** Bon anniversaire!
als comme → 2/A
also alors; eh bien *Füllwort am Satzanfang*
alt vieux/vieil *m. adj.* / vieille *f.* / vieux *m. pl.* / vieilles *f. pl.* → 6/A
Alter l'âge *m.*
am nächsten Tag le lendemain
Amerikaner/in l'Américain/e → 6/1
amüsieren (sich) s'amuser → 2/2
anbieten (jdm etw.) offrir qc (à qn)
anbringen (etw.) poser qc
andauernd sans arrêt → 4/1
andere/-r/-s l'autre *m./f.* → 3/1; autre *m./f. adj.* → 1/2
anders différent/e *adj.* → 3/1
ändern (etw.) changer qc → 3/1
Anfang le début → 3/3
anfangen commencer
Anfänger/in le/la débutant/e → 1/1
angehen (jdn etw.) regarder qn
Angewohnheit l'habitude *f.* → 4/3
Angreifer/in l'agresseur *m.*
Angst la peur; **Angst haben (vor jdm/etw.)** avoir peur (de qn/qc)
Anhalten l'arrêt *m.* → 4/1
ankommen arriver
ankündigen (jdm etw.) déclarer qc à qn → 6/3
Ankunft l'arrivée *f.* → 1/1
anrufen (jdn) téléphoner à qn
anschalten (etw.) allumer qc
ansehen (jdn/etw.) regarder qn/qc
anstelle von à la place de
anstoßen, schubsen (jdn) bousculer qn
anstrengend crevant/e *adj. fam.* → 6/1
antworten (jdm / auf etw.) répondre à qn/qc
Anwalt/Anwältin l'avocat/e → 5/3
Anzahl le nombre → 4/1
anziehen (etw.) mettre qc
anziehen (jdn) attirer qn → 1/2
Aperitif l'apéritif *m.* → 2/3
Apfel la pomme
Apfelsine l'orange *f.*
Apotheke la pharmacie
Appetithäppchen l'amuse-gueule *m. fam.* → 2/3
applaudieren applaudir → 4/1
Aprikose l'abricot
Arbeit le travail / les travaux *pl.* → 5/2
arbeiten travailler
Arbeitslehre la technologie
Arbeitslosigkeit le chômage
Arm le bras → 1/3
Armbanduhr la montre
arm pauvre *m./f.*
Arme/-r le/la pauvre
Art le genre → 4/4
Artikel l'article *m.*
Arzt/Ärztin le médecin → 5/3
Atlas l'atlas *m.*
atmen respirer
Atmosphäre *l'ambiance f.* → supp 1
auch aussi
auch nicht ne ... pas non plus ...
auf sur
Auf Wiedersehen! Au revoir!
Aufführung le spectacle
aufgeben renoncer → 1/2
aufhören arrêter
Aufmerksamkeit l'attention *f.*
aufpassen faire attention; **aufpassen (auf jdn/etw.)** garder qn/qc
aufräumen (etw.) ranger qc
Aufsatz l'explication de texte *f.*
aufschreiben (etw.) noter qc
Aufsichtsperson le/la surveillant/e
auftragen (etw.) mettre qc
aufstehen se lever → 2/1
Auge l'œil *m.* / les yeux *pl.* → 1/2
Augenblick le moment
Ausbildung l'apprentissage → 5/1
ausbrechen *Feuer* prendre → 6/2
Ausflug l'excursion *f.*, le tour
ausführen (einen Hund) sortir un chien
Ausgabe *von Geld* la dépense
ausgebucht *complet/-ète* → supp 2
ausgehen (mit jdm) sortir (avec qn)
ausrufen (etw.) lancer qc → 4/4
ausschalten (etw.) arrêter (qc)
aussehen avoir l'air → 1/2; **aussehen wie ...** avoir la tête de ... → 5/3
außerdem ensuite; *de plus* → supp 2
aussteigen (aus etw.) descendre de qc
aussuchen (etw.) choisir qc → 3/2
Austausch *l'échange m.* → supp 3
austauschen (etw.) changer qc → 3/1
ausweichen (jdm) éviter qn → 1/3
Auto la voiture

B
Baby le bébé
Bäckerei la boulangerie
Badezimmer la salle de bains
Bahnhof la gare
Bahnsteig le quai → 4/2
bald bientôt *adv.*
Ball le ballon → 3/3
Banane la banane
Band le ruban
Bande la bande → 4/5
Bandit le bandit
Bauch le ventre
bauen (etw.) construire qc → 6/1
Bauer/Bäuerin l'agriculteur/-trice → 5/2; le/la paysan/ne → 6/A
Bauernhof la ferme → 5/2
Baum l'arbre *m.* → 6/A
Baustelle le chantier → 6/A
bedanken (sich bei jdm) dire merci à qn
bedauern (etw.) regretter qc → 6/2
bedecken (etw.) couvrir qc
bedrohen (jdn) menacer qn → 4/4
beeindrucken (jdn) étonner qn
beenden (etw.) finir qc → 3/2
befragen (jdn) interroger qn
beginnen commencer
begrüßen (jdn) dire bonjour à qn
behalten (etw.) garder qc
bei avec, chez
Beifall klatschen applaudir → 4/1
Bein la jambe
Beispiel l'exemple *m.;* **zum Beispiel** par exemple
Bekanntschaft la connaissance
Belgien la Belgique → 1/A
bemerken (jdn/etw.) remarquer qn/qc → 4/5
beobachten (jdn/etw.) observer qn/qc
bequem confortable *m./f. adj.*
Berge la montagne
Bernhardiner le Saint-Bernard → 1/2
Beruf le métier → 3/3
Berufsberater/in le/la conseiller/-ère d'orientation → 5/3
Berufsschule le lycée professionnel le L.P. → 5/A
berufstätig actif/-ve *adj.* → 2/3
berühmt célèbre *m./f. adj.*
besichtigen (etw.) visiter qc
besser mieux *adv.*
bessere/-r/-s meilleur/e *adj.* → 6/2
beste/-r/-s meilleur/e *adj.* → 6/3
bestehen *Prüfung* passer qc → 5/A
Betreuer/in le/la moniteur/-trice → 5/3
Bett le lit
bevorzugen (jdn/etw.) préférer qn/qc
bewegen (sich) bouger → 3/3
bewundern (jdn/etw.) admirer qn/qc → 3/2
bezahlen (etw.) payer qc
Bibliothekar/in le/la documentaliste
Bild l'image *f.* → 5/1
Biologie les S.V.T. *f. pl.*
bis à, jusque; **bis bald** à bientôt; **Bis morgen!** À demain!
bitte s'il vous plaît / s'il te plaît
blau bleu/e *adj.*
bleiben rester
Blick le regard → 4/2
blond blond/e *adj.*
Blume la fleur → 4/5
bluten saigner → 1/3
blutig saignant/e *adj.* → 2/A
Bonbon le bonbon
Boot le bateau / les bateaux *pl.*
böse fâché/e *adj.;* méchant/e *adj.* → 2/2; **jdm böse sein** en vouloir à qn → 4/4
Bosheit la méchanceté → 4/1
Botanischer Garten le Jardin des plantes
Boxen, Boxsport la boxe
Brand l'incendie *m.* → 6/1; **in Brand stecken (etw.)** brûler qc → 6/2
brauchen (etw.) avoir besoin de qc → 3/2
braun brun/e *adj.*
Bremse *le frein* → supp 2
bremsen freiner → 1/1
brennen brûler → 6/2
Bretone/-in le/la Breton/ne
Brief la lettre; **Brieffreund/in** le/la correspondant/e
Brille les lunettes *f. pl.* → 4/1
bringen (etw.) porter qc
Brot le pain
Brücke le pont
Bruder le frère
Buch le livre
Büfett *le buffet* → supp 3
Büro le bureau / les bureaux *pl.* → 2/1
Bus le bus
Butter le beurre
Butterbrot la tartine → 2/A

C
Café le café
Camping, Campingplatz *le camping* → supp 2
CD le CD; **CD-ROM** le cédérom
Chance la chance
Charakter le caractère
Chef/in le chef; le/la patron/ne → 5/2
Chemie la chimie
Clown le clown
Cola le coca
Comic la B.D. *fam.*
Computer l'ordinateur *m.*
Cousin/e le/la cousin/e → 1/A

D
da là; puisque *conj.* → 4/3
da ist, da sind voilà
Dame la dame
danach ensuite
danke merci
dann puis
das, das da ça
das heißt ça veut dire
das ist c'est; **Das ist mal etw. anderes als ...** Ça change de ... → 6/1; **Das ist Absicht!** C'est fait exprès! → 3/1; **Das ist mir egal.** Ça m'est égal.; **Das ist schade.** C'est dommage. → 4/3; **Das ist schrecklich.** C'est l'horreur.; **Das kommt darauf an.** Ça dépend.
Das lohnt sich. *Ça vaut le coup. fam.* → supp 2
Das schmeckt. C'est bon.
Das trifft sich aber gut! Ça tombe bien!
dass que *conj.* → 3/1
Datum la date
dauern *durer* → supp 4
Dealer le dealer → 4/5
denken (an jdn/etw.) penser à qn/qc
Denkmal le monument → 1/3
deprimiert déprimé/e *adj.*
Deutsch l'allemand *m.*
Deutsche/-r l'Allemand/e
Deutschland l'Allemagne *f.*
Dichter le poète
dick gros/se *adj.* → 4/1
dies, das ceci, cela → 6/3
diese(r/s); ce/cet *m.* / cette *f.* / ces *pl.*
Ding *le truc fam.* → supp 2
Dingsda Machinchose *fam.*
Direktor/in le principal
Diskette la disquette

Diskussion la discussion → 2/1
diskutieren discuter
doch *als Antwort* si
Doktor le docteur → 5/3
Dokumentarfilm le documentaire → 3/A
Dorf le village → 1/A
dort, da là; là-bas
Dose la boîte → 4/1
Drama le drame → 3/2
draußen, raus dehors *adv.*
Droge la drogue → 4/5
drohen (jdm) menacer qn → 4/4
du möchtest tu voudrais
Dummkopf l'imbécile *m./f.*
dunkelhaarig brun/e *adj.*
durch par → 1/2
durchfallen *in der Schule* râter son année → 5/A
durchgebraten cuit/e → 2/A
durchqueren (etw.) traverser qc
Durst la soif
duschen se doucher → 2/1

E
Egoist/in l'égoïste *m./f.*
eher plutôt *adv.*
Ei l'œuf *m.*
eifersüchtig jaloux/-ouse *adj.* → 4/4
ein bisschen un peu (de)
einbrechen (in etw.) cambrioler qc → 4/3
einerseits ... aber andererseits d'un côté ... mais de l'autre ... → 6/1
einfach facile *m./f. adj.*; simple *m./f. adj.* → 1/1
Einfallsreichtum la fantaisie → 3/1
einige quelques *pl.* → 2/2
Einkäufe les courses *f. pl.*; **Einkaufszentrum** le centre commercial; **Einkaufszettel** la liste
einladen (jdn) inviter qn
einparken (etw.) garer qc
einsammeln (etw.) ramasser qc
einsteigen *in ein Verkehrsmittel* monter (dans)
eintreten entrer
Eintrittskarte la place
einverstanden d'accord
einzige/-r/-s seul/e *adj.* → 3/3
Eis la glace
Elefant l'éléphant *m.*
elektronisch électronique *m./f. adj.* → 5/1
Eltern les parents *m. pl.*
E-Mail-Adresse l'adresse e-mail *f.*
Ende *la fin* → supp 1
endlich enfin *adv.*
Engländer/in l'Anglais/e
Englisch l'anglais *m.*
Enkel les petits-enfants *m. pl.*
entdecken (etw.) découvrir qc
entscheiden (etw.) décider qc → 6/1
entscheiden (sich) se décider → 2/2
Entscheidung la décision → 6/1
entschuldigen (jdn) excuser qn → 6/3; **Entschuldigung!** Pardon!; Excusez-moi! → 6/3; **Entschuldigungszettel** le mot d'excuse
Entwickler/in le/la concepteur/-trice → 5/3
Erde la terre
Erdkunde la géographie
Erdöl le pétrole
erfahren (von etw.) apprendre qc
erklären (jdm etw.) expliquer qc à qn; déclarer qc à qn *Krieg* → 6/3
Erklärung l'explication *f.* → 6/3
erlauben (jdm etw. zu tun) permettre à qn de faire qc → 6/1
ermüdend crevant/e *adj. fam.* → 6/1
ernst sérieux/-se *adj.* → 4/3
erraten (etw.) deviner qc
ersetzen (jdn/etw.) remplacer qn/qc → 5/1
Erwachsene l'adulte *m./f.* → 6/2
erzählen (jdm etw.) raconter qc à qn
erzielen (etw.) *marquer qc* → supp 3
Es geht. Ça va.
es gibt il y a
es ist nötig (etw. zu tun) il faut (+ Verb)
Es ist so weit. / Es ist Zeit. C'est l'heure.
Es ist schönes Wetter. Il fait beau.
Es klingelt. On sonne.
Es regnet. Il pleut.
Es reicht. Ça suffit. → 6/3
Esel l'âne *m.* → 6/A
essen (etw.) manger qc
Essen le repas → 2/A
Esszimmer la salle à manger
Etappe *l'étape f.* → supp 2
etwas quelque chose
Exkursion l'excursion *f.*

F
Fabel la fable
Fabrik l'usine *f.* → 5/3
Fachabi(tur) le bac pro *fam.* → 5/A
fahren aller; conduire qc → 2/3; rouler → 1/1
Fahrkarte *le billet* → supp 4
Fahrrad le vélo
fallen tomber
Familie la famille
Farbe la couleur
Färbemittel la teinture
färben (etw.) colorer qc
fast presque *adv.*
faszinierend passionnant/e → 3/1
Fehler la faute; le défaut
Feind/in l'ennemi/e *m./f.* → 3/2
Feld le champ → 6/A
Felsen le rocher
Fenster la fenêtre
Ferien les vacances *f. pl.*
Ferienlager le camp/la colonie de vacances; la colo *fam.* → 2/3
Fernseher/Fernsehen la télé *fam.*
Fernsehsendung le magazine → 3/A; **Fernsehserie** la série → 3/A
Fest la fête
Festival le festival
Feuer le feu → 6/2
Film le film
finden (etw.) trouver qc
Firma l'entreprise *f.* → 5/1
Fisch le poisson
Fischer le pêcheur
Flasche la bouteille
Fleck la tache
Fleisch la viande → 2/A; **Fleischerei** la charcuterie; la boucherie → 5/2
fliegen voler; **Flieger** l'aviateur *m.*
Flohmarkt le marché aux puces
Flughafen l'aéroport *m.*
Flugzeug l'avion *m.*
Flur le couloir → 4/1
Fluss le fleuve
Folge la suite → 4/5
folgen (jdm) suivre qn → 4/1
Foto la photo; **Foto-Club** le club-photo; **fotografieren (jdn/etw.)** photographier qn/qc
Frage la question
fragen (jdn) demander à qn
Frankreich la France *f.*
Französisch le français; **auf Französisch** en français
Frau la femme; *Anrede* Madame
Fräulein Mademoiselle
Fremdenverkehrsamt l'office de tourisme *m.*
Freund/in l'ami/e; le/la copain/copine *fam.*
Freundschaft l'amitié *f.* → 2/2
Friedhof *le cimetière* → 1/3
fröhlich joyeux/-euse *adj.* → 2/1
Fruchtsaft le jus de fruits
Frühstück le petit-déjeuner → 2/A

Füller le stylo
funktionieren marcher
für pour; **Für** le pour → 6/1; **Für und Wider** le pour et le contre → 6/1
furchtbar terrible *m./f. adj.*
Fuß le pied; **Fußball** le foot; **Fußballspiel** le match
Fußweg *le sentier* → supp 4

G
Gag le gag → 3/1
Gang le couloir → 4/1
ganze/-r/-s tout/e; entier/-ère *adj.*
gesamt → 6/2
Garten le jardin
Gaststättengewerbe la restauration → 5/A
Gebäude l'immeuble *m.*
geben (jdm etw.) donner qc à qn
Gebiet la région → 6/1; **auf allen Gebieten** sur tous les plans → supp 3
Gebirge la montagne
geboren werden être né/e
Geburtstag l'anniversaire *m.*
Gedächtnis la mémoire
Gefahr le danger
gefährlich dangereux/-euse *adj.*
gefallen (jdm) plaire à qn → 3/A
gegen contre
gegenüber von en face de
gehen aller
Geht's dir nicht gut? Ça ne va pas?
gelb jaune *m./f. adj.*
Geld l'argent *m.*
Gemüse les légumes *m. pl.;* **Gemüserohkost** les crudités *f. pl.* → 2/A
genau justement *adv.* → 6/3
genial génial/e *adj.*
genug assez de
geradeaus tout droit
gerade etw. getan haben *venir de faire qc* → supp 4; ***gerade etw. tun*** *être en train de faire qc* → supp 4
gerecht juste *m./f. adj.* → 1/3
Gericht le plat → 2/A
gern tun (etw.) aimer faire qc
Geschäft le magasin
Geschenk le cadeau / les cadeaux *pl.*
Geschichte l'histoire *f.*
Geschirr la vaisselle → 6/2;
Geschirr spülen faire la vaisselle → 6/2
gesperrt sein être bloqué/e
gestern hier *adv.*
gestresst stressé/e *adj.* → 6/2
Gesundheit la santé
Getränk la boisson
Gewalt la violence
gewinnen (etw.) gagner qc
Gewohnheit l'habitude *f.* → 4/3;
gewöhnlich d'habitude → 4/3
Gezeiten *Ebbe und Flut* la marée
Gitarre la guitare
Glas le verre; le pot → 1/3
glauben (etw.) croire qc → 2/2
gleiche/-r/-s même *m./f. adj.;* pareil/le *adj.*
Gleis la voie
Glück la chance; **Glück haben** avoir de la chance; **glücklich** content/e *adj.*, heureux/-euse *adj.* → 2/3;
glücklicherweise heureusement *adv.* → 2/3; **Glücksbringer** le porte-bonheur
Gramm le gramme
grau gris/e *adj.*
grinsen rigoler → 4/4
groß grand/e *adj.*
Großmutter la grand-mère
Großvater le grand-père
großzügig généreux/-euse *adj.* → 3/3
grün vert/e *adj.*
Grund la raison
Grundschule l'école primaire *f.* → 5/A
Gruppe le groupe
Gruselfilm le film d'horreur
Gurke le concombre
gut bon/ne *adj.;* bien *adv.*
guten Abend bonsoir
guten Tag, guten Morgen bonjour
Gutes le bien → 3/1; **Gutes tun (jdm etw.)** faire du bien à qn → 3/1
Gymnasium le lycée (d'enseignement général) *m.* → 5/A
Gymnastik la gym *fam.;* la gymnastique

H
Haare les cheveux *m. pl.*
haben avoir
Hafen le port → 6/2
halb demi/e *adj.*
Hälfte la moitié
Hallo! Salut! *fam.*
Halt l'arrêt *m.* → 4/1
halten (etw.) tenir qc → 4/3
Haltestelle la station; l'arrêt *m.* → 1/1; → 4/1
Hamster le hamster
Hand la main; **Handball** le handball
Händler/in le/la marchand/e
Handlung l'action *f.* → 3/A
Handschuh le gant
Handy le portable
hart dur/e *adj.*
hassen (etw.) détester qc
hässlich moche *m./f. adj. fam.*
Hau ab! Tu te casses! *fam.* → 4/4
Hauptstadt la capitale → 1/A
Haus la maison
Hausaufgaben les devoirs *m. pl.*
Hausaufgabenheft le cahier de textes
heilen (jdn) soigner qn → 5/3
heiß chaud/e *adj.* → 2/A
heißen s'appeler → 2/1
helfen (jdm etw. zu tun) aider qn (à faire qc); **sich zu helfen wissen** se débrouiller → 2/2
herausnehmen (etw.) sortir qc → 4/4
Herde le troupeau / les troupeaux *pl.* → 6/A
Herr le monsieur / les messieurs *pl.*
Herz le cœur
heute aujourd'hui
heute Abend ce soir
hier ici
Hilfe l'aide *f.;* **Hilfe!** Au secours!
Himmel le ciel → 3/1
Hin- und Rückfahrt / Hin- und Rückfahrkarte *l'aller-retour m.* → supp 4
hinaufsteigen monter
hinausgehen sortir
hindern (jdn an etw.) empêcher qn de faire qc → 6/1
hineingehen entrer; **hineinstürzen** *in einen Raum* foncer (dans) → 4/2
Hinfahrt/Hinfahrkarte *l'aller simple m.* → supp 4
hinlegen (sich) se coucher → 2/1
hinter derrière
hinuntergehen descendre
Hit le hit → 3/A
Hof la cour
hoffen espérer → 4/5
Höhe *geographisch l'altitude f.* → supp 4
Honig le miel
hören (jdn/etw.) entendre qn/qc, écouter qn/qc
Horoskop l'horoscope *m.*
Horror l'horreur *f.*
Hose le pantalon
Hosentasche la poche
Hotel l'hôtel *m.*
hübsch joli/e *adj.*
Hügel la colline
Hund /Hündin le/la chien/ne
Hunger la faim

I

Ich bin dran. C'est mon tour. → 2/1
ich möchte, ich hätte gern je voudrais
Ich verstehe … Je vois … *(ohne Ergänzung)*
Idee l'idée *f.*; **jdn auf eine Idee bringen** donner une idée à qn → 6/3
immer, immer noch toujours *adv.*
improvisieren (etw.) *improviser qc* → supp 2
in à, dans, en; **in der Nähe von** près de; **in Form sein** être en forme; **in Richtung von** vers → 1/2
Informatik l'informatique *f.* → 5/2
Information l'information *f.* → 5/1
Inlineskates les rollers *m. pl.*
Insel l'île *f.*
Inspektor/in l'inspecteur/-trice → 4/3
Instrument l'instrument *m.*
interessant intéressant/e *adj.*
interessieren (jdn) intéresser qn
interessieren (sich für jdn/etw.) s'intéresser à qn/qc → 2/3
international international/e *adj.* → 6/A
Internet le net
Interview l'interview *f.*
irgendetwas n'importe quoi → 6/3
ironisch ironique *m./f. adj.* → 4/2

J

ja oui; **Ja, bitte?** *am Telefon* Allô!
Jacke la veste
Jahr l'an *m.*; l'année *f.* → 5/A
Jazztanz la danse de jazz
Jeans le jean
jede/-r/-s chaque *m./f. adj.* → 1/1
jede/-r/-s Einzelne chacun/e → 1/1
jetzt maintenant *adv.*
Joghurt le yaourt → 2/A
Journalist/in le/la journaliste
Judo le judo
Jugendausschuss der Stadt le Conseil Municipal Jeunes → 2/3
Jugendherberge *l'auberge de jeunesse f.* → supp 2
Jugendliche/r le/la jeune
Junge le garçon

K

Kaffee le café
kalt froid/e *adj.* → 2/A
Kamerad/in le/la camarade
Kanada le Canada → 1/A
kaputt crevé/e *adj.* → 1/2
Karriere la carrière → 3/3
Karte la carte
Kartoffel la pomme de terre / les pommes de terre *pl.*
Karton le carton
Käse le fromage → 2/A
Kasse la caisse
Kassette la cassette
Kasten la boîte → 4/1
Katastrophe la cata *fam.*; la catastrophe
Kathedrale la cathédrale
Katze le chat
kaufen (etw.) acheter qc
Kellner/in le/la serveur/-euse
kennen (jdn/etw.) connaître qn/qc
kennen lernen (jdn) rencontrer qn → 3/1
Kilo le kilo
Kilometer *le kilomètre* → supp 2
Kind l'enfant *m./f.*; **Kindergarten** l'école maternelle *f.* → 5/A; **Kinderkrippe** la crèche → 2/3
Kino le cinéma *ou:* le ciné *fam.*
Kiosk la buvette
Kirche l'église *f.* → 1/2
Klamotten *Kleidung* les fringues *f. pl. fam.*
Klasse la classe; **klasse** chouette *m./f. adj. fam.*; **Klassenarbeit** le devoir sur table → 2/2
klassisch *classique m./f. adj.* → supp 1
Klavier le piano
kleben (an jdm) coller qn *fam.* → 1/2; **Klebstoff** la colle
Kleid la robe
Kleidung les vêtements *m. pl.*
klein petit/e *adj.*
Kleine/-r/-s le/la petit/e
klingeln sonner
knapp juste *m./f. adj.* → 1/3
Knete *Geld* le fric *fam.*
Koch le cuisinier
kochen faire la cuisine → 6/3
Koffer la valise
komisch bizarre *adj.* → 3/1
kommen venir
Kommissar/in le commissaire → 3/A
komplett *complet/complète adj.* → supp 2
Konfitüre la confiture
können pouvoir; **nicht mehr können** renoncer →1/2
Kontakt le contact
Konzert le concert
Kopf la tête
Korb *le panier* → supp 3
kosten *Geld* coûter; ***kosten (etw.)*** *Speise goûter qc* → supp 3
kräftig costaud *m./f. adj.* → 6/1
krank malade *m./f. adj.*; **Krankenhaus** l'hôpital *m.* / les hôpitaux *pl.* → 4/5; **Krankenpfleger/-schwester** l'infirmier/-ère → 4/5
Krieg la guerre → 6/3
Kriminal- policier/-ière *adj.* → 3/A
kriminell criminel/le *adj.* → 6/2
Kritik la critique
kritisieren (jdn/etw.) critiquer qn/qc
Küche la cuisine
Kuchen le gâteau / les gâteaux *pl.*
Kugelschreiber le stylo
Kummer le souci → 2/2
kümmern (sich um jdn/etw.) s'occuper de qn/qc → 4/3
Kunde/Kundin le/la client/e → 5/2
Künstler/in l'artiste *m./f.*
Kunststoff le plastique
kurz court/e *adj.*
Küsschen la bise
küssen (sich) s'embrasser → 2/1
Küste la côte

L

Lächeln le sourire → 4/5
lachen, grinsen rigoler *fam.* → 4/4
Lampe la lampe
Land *dörfliche Gegend* la campagne, *Staat* le pays → 1/A; **Landhaus** la maison de campagne → 2/3; **Landschaft** le paysage → 6/2
Landwirt/in l'agriculteur/-trice → 5/2; **landwirtschaftlich** agricole *m./f. adj.* → 5/2
lang long/ue *adj.*
lange longtemps *adv.*
langweilen (sich) s'ennuyer → 2/1
langweilig ennuyeux/-euse *adj.* → 3/A
Lass doch! Laisse tomber! *fam.*
lassen (jdn/etw.) laisser qn/qc → 2/2
laufen, rennen courir → 4/4
Laune l'humeur *f.* → 1/2
launisch capricieux/-euse *adj.* → 3/3
laut bruyant/e *adj.*; fort/e *adj.*
Lavendel la lavande → 6/A
Leben la vie
legen etw. mettre qc
Legende la légende
Lehre l'apprentissage *m.* → 5/1

Lehrer/in le/la prof *fam.*; le professeur *m./f.*
leicht facile *m./f. adj.*; simple *m./f. adj.* → 1/1
Leidenschaft la passion → 3/3
Leitungswasser l'eau du robinet *f.*
Lektion la leçon
lernen (etw.) apprendre qc; réviser qc → 2/2
lesen (etw.) lire qc
letzte/-r/-s dernier/-ière *adj.* → 1/3
Leute les gens *m. pl.*
lieb cher/chère *adj.*
Liebe l'amour *m.* → 3/A; **Liebe/r** *in einem Brief* Cher/Chère *adj.*
lieben, (sehr) mögen (jdn/etw.) aimer qn/qc; adorer qn/qc
lieben, mögen (sich) s'aimer → 2/1
lieber plutôt *adv.*
Lieblings- préféré/e *adj.* → 3/1
Lied la chanson
Linie la ligne → 1/1
links à gauche
Liste la liste
Liter le litre
live en direct *adv.* → 3/A
lokal local/e *adj.* → 5/2
losgehen partir, s'en aller → 4/1
loslassen (jdn/etw.) lâcher qn/qc → 4/4
Lösung la solution → 6/1
Lotto le loto
Lust haben(auf etw.) avoir envie de qc → 3/3
lustig drôle *m./f. adj.*

M
machen (etw.) faire qc
Mädchen la fille
Magazin le magazine → 3/A
Mahlzeit le repas → 2/A
Mais le maïs → 5/2
Mal la fois → 1/1
man braucht il faut *(+ Nomen)*
man könnte on pourrait → 5/1
man muss il faut *(+ Verb)*
manchmal parfois *adv.* → 2/3; quelquefois *adv.* → 4/3
Mangel le défaut
Mann l'homme *m.*
Mannequin le mannequin
männlich masculin/e *adj.* → 5/A
Mannschaft l'équipe *f.*
Mappe le dossier
Marke la marque
markiert *balisé/e adj.* → supp 4
Markt le marché
Marmelade la confiture
Mathematik les maths *f. pl.*
Maus la souris
Medien les médias *m. pl.* → 3/A
Meer la mer
Mehl la farine
mehrere plusieurs *m./f. pl. adj.* → 5/3
Meinung l'avis *m.* → 1/3; **meiner Meinung nach** à mon avis;
Meinungsumfrage l'enquête *f.* → 5/1
Menge la quantité
Merkbuch l'agenda *m.*
merkwürdig bizarre *m./f. adj.* → 3/1
Messer le couteau / les couteaux *pl.* → 4/4
Meter *le mètre* → supp 4
Metzgerei la boucherie; la charcuterie → 5/2
Milch le lait
Mineralwasser l'eau minérale *f.*
Minute la minute
mit avec
mitbringen (etw.) apporter qc → 4/3
Mittag (12.00 Uhr) midi *m.*
Mittagessen le déjeuner → 2/A
Mitternacht minuit *m.*
Mode la mode; **modisch** à la mode
Moderator/in l'animateur/-trice → 5/2
möglich possible *m./f. adj.*
Moment le moment
Monat le mois → 2/2
Monster le monstre
moralisch moral/e *adj.* → 3/A
Mörder/in l'assassin *m.* → 5/3
morgen demain *adv.*
Morgen, morgens le matin
müde fatigué/e *adj.*
Mund la bouche → 4/5
Muschel le coquillage
Museum le musée
Musik la musique; **musikalisch** musical/e *adj.* → 3/A; **Musiker/in** le/la musicien/ne → 4/1
Muskel le muscle
müssen devoir
mutig courageux/-euse *adj.*
Mutter, Mutti la mère; maman

N
na ja bof *fam.* → 3/1
Na und? Et alors?
nach *örtlich* à, *zeitlich* après
nach Hause gehen rentrer
Nachbar/in le/la voisin/e → 6/3
nachdenken réfléchir → 6/1
Nachmittag l'après-midi *f.*
Nachricht le message
Nachrichten les actualités *f. pl.*
Nacht la nuit → 6/3
Nachteil l'inconvénient *m.* → 6/2
Nachtisch le dessert
nahe bei près de
Name le nom
Nase le nez → 1/3
Natur la nature
natürlich bien sûr *adv.*
neben à côté de qc/qn → 2/3
nehmen (etw.) prendre qc
neidisch jaloux/-se *adj.* → 4/4
nein non
nett gentil/le *adj.*
neu nouveau/nouvel *m. adj.* / nouvelle *f.* / nouveaux *m. pl.* / nouvelles *f. pl.*
nicht ne ... pas; **nicht mehr** ne ... plus; **nicht schlecht** pas mal; **nicht sehr** pas très; ne ... pas trop; **nichts** ne ... rien → 1/2
nie ne ... jamais
Niederlande les Pays-Bas *m. pl.* → 1/A
niemand ne ... personne → 1/A
noch encore
notieren (etw.) noter qc
Nudeln les pâtes *f. pl.* → 2/A
Nummer le numéro
nur seulement *adv.* → 2/3
nützen (zu etw.) servir à qc → 5/1
nützlich utile *m./f. adj.*

O
ob si → 3/2
oben *en haut* → supp 4
Obst les fruits *m. pl.*
oder ou
öffnen (etw.) ouvrir qc
oft souvent *adv.*
ohne sans; **ohne ... und ohne ...** sans ... ni → 4/1
ohnmächtig werden perdre connaissance → 4/4
Ohr l'oreille *f.* → 1/2
Olive l'olive *f.* → 6/A
Olivenbaum l'olivier *m.* → 6/A
Ölpest la marée noire
Oma mémé
Onkel l'oncle *m.* → 2/1
Opa pépé
Operation l'opération *f.*
Opfer la victime
Orange l'orange *f.*

organisieren (etw.) organiser qc → 1/A
Ort l'endroit *m.* → 1/3
örtlich local/e *adj.* → 5/2

P

Panik la panique → 4/4
Papier le papier
Paprikaschote le poivron
Pariser parisien/ne *adj.* → 1/A
Park le parc
Party la fête
Passage le passage
passieren *se passer* → supp 2; ***jdm passieren*** *arriver à qn* → supp 1
Pause la pause; la récréation → 1/2
Personalausweis la carte d'identité
Pferd le cheval / les chevaux *pl.* → 6/A
Pfirsich la pêche
pflanzen (etw.) planter qc → 6/1
pflegen (jdn) soigner qn → 5/3
Pilot le pilote
Plakat l'affiche *f.*
Plan *Stadtplan* le plan, *Vorhaben* le projet
Plastik le plastique
Platz la place
plötzlich tout à coup *adv.*
Polizei la police → 4/4; **Polizei-** *in Verbindung mit Nomen* policier/ière *adj.* → 3/A
Polizeidienststelle le commissariat
Polizist le policier, le flic *fam.* → 4/5
Pommes frites les frites *f. pl.*
Portmonee le porte-monnaie
Post, Postamt la poste
Postkarte la carte postale → 3/1
Praktikum le stage → 5/1
praktisch pratique *m./f.*
Präsident/in le/la président/e → 6/3
Preis le prix
probieren (etw.) essayer qc
Problem le problème
Programm le programme
Pulli, Pullover le pull, le pullover
Punkt *le point* → supp 3
pünktlich sein être à l'heure

R

Radio la radio → 5/2
Rallye le rallye
Rat, Ratschlag le conseil → 5/2;
raten, (etw.) erraten deviner (qc)
Ratte le rat
Raum la pièce → 4/3
raus dehors *adv.*
reagieren (auf etw.) réagir à qc → 3/2; **Reaktion** la réaction
realistisch réaliste *m./f. adj.*
Recht haben avoir raison
rechts à droite
Regal l'étagère *f.*
Regenmantel l'imper *m. fam.*
Region la région → 6/1
regnen pleuvoir
Reifen *le pneu* → supp 2
reinigen (etw.) nettoyer qc
Reise le voyage → 5/1; **Reisebus** le car; **Reiseführer** le guide
reiten faire du cheval → 6/A
rennen courir → 4/4
reparieren (etw.) réparer qc → 3/1
reservieren (etw.) réserver qc
Respekt le respect → 5/1
Restaurant le restaurant
restaurieren (etw.) restaurer qc → 6/1
retten (jdn/etw.) sauver qn/qc
richtig juste *m./f. adj.* → 1/3; vrai/e *adj.*
Richtung la direction → 4/2
Rock la jupe
Rockmusik *le rock* → supp 1
rollen rouler → 1/1
Roller la trottinette
Roman le roman
rosa rose *m./f. adj.* → 4/1
rot rouge *m./f. adj.*
Route l'itinéraire *m.* → 1/1
Rückspiel *la revanche* → supp 3
ruhig tranquille *m./f. adj.* → 6/2; calmement *adv.* → 3/2

S

Sache la chose, *le truc fam.* → supp 2
Sachen les affaires *f. pl.*
sagen (jdm etw.) dire qc à qn
sagen (sich etw.) se dire qc → 2/1
Sahne la crème
Salat la salade; les crudités *f. pl.* → 2/A
sammeln (etw.) faire la collection de qc → 3/1
Sammlung la collection → 3/1
Sand le sable
Sänger/in le/la chanteur/-euse → 3/A
sauber propre *m./f. adj.* → 5/1
säubern (etw.) nettoyer qc
Saxophon le saxophone → 4/1
Schaf le mouton → 6/A
Schalter le guichet → 5/2
Schaufenster la vitrine
Schauspieler/in l'acteur/-trice → 3/1
schenken (jdm etw.) offrir qc (à qn)
schenken (sich etw.) s'offrir qc → 2/1
schieben (jdn/etw.) *pousser qn/qc* → supp 2
Schiff le bateau / les bateaux *pl.*
Schinken le jambon
Schirmmütze la casquette
schlafen dormir; coucher → 6/1
schlafen gehen se coucher → 2/1
Schlafzimmer la chambre
schlagen (jdn/etw.) frapper qn/qc
Schlange *le serpent* → supp 4
schlecht mal *adv.*; mauvais/e *adj.* → 3/A
schlechter pire *adj.* → 6/3
schließen (etw.) fermer qc
schließlich ensuite *adv.*
schlimm grave *m./f. adj.*; **schlimmer** pire *adj.* → 6/3
Schloss le château / les châteaux *pl.*
Schmerzen haben avoir mal
schmutzig sale *m./f. adj.*
schneiden (etw.) couper qc → 3/3
schnell vite *adv.*
Schokocroissant le pain au chocolat
Schokoladentrüffel les truffes au chocolat *f. pl.*
schon déjà; **schon wieder** encore
schön beau/bel *m. adj.* / belle *f.* / beaux *m.pl.* / belles *f. pl.*
Schrank l'armoire *f.*
schrecklich terriblement *adv.* → 2/3
schreiben (jdm etw.) écrire qc à qn
Schreibtisch le bureau / les bureaux *pl.* → 2/1
schreien crier; hurler → 4/4
Schulbibliothek le CDI
Schuld la faute
Schulden les dettes *f. pl.*
Schule l'école *f.*; **Schüler/in** l'élève *m./f.*; **schulisch** scolaire *m./f. adj.* → 5/A; **Schuljahr** l'année scolaire *f.* → 5/A; **Schuljahresbeginn** la rentrée; **Schulleiter/in** le principal; **Schulranzen** le cartable → 5/1; **Schulsachen** les affaires de classe *f. pl.*; **Schuluniform** l'uniforme *m.*
schwach faible *m./f. adj.* → 6/3
schwach / eine Niete sein (in etw.) être nul/le en

schwarz noir/e *adj.*
schwer machen (sich etw.) se compliquer qc → 2/2
Schwester la sœur
schwierig dur/e *adj.*
Schwimmbad la piscine
schwimmen nager
Science-Fiction la science-fiction → 3/1
sehen (jdn/etw.) voir qn/qc
sehr très *adv.*
sehr gern tun (etw.) adorer faire qc
Seide la soie
sein être
seit depuis
Seite la page
Sekretär/in le/la secrétaire
Sekretariat le secrétariat
selbstverständlich bien sûr *adv.*
senden (etw.) *im Radio* passer qc → 5/2; **Sendung** l'émission *f.* → 3/A
Serie la série → 3/A
sicher sûr/e *m./f. adj.*
singen chanter
Sinn le sens → 4/2
sinnlos inutilement *adv.* → 2/3
Situation, Lage *la situation* → supp 3
sitzen bleiben *Schule* râter son année → 5/A; redoubler → 5/A
Skateboard le skate
Ski le ski → 5/3
Ski fahren faire du ski → 5/3
so comme ça
sofort tout de suite
sogar même *adv.*
Sohn le fils → 5/2
Sommer l'été *m.* → 5/3
Sonne le soleil; **Sonnenbrand** le coup de soleil → 6/2
sonst sinon
Sorge le souci → 2/2
Souvenir le souvenir
Sozialkunde l'éducation civique *f.*
Spanien l'Espagne *f.* → 1/A
Spannung le suspense → 3/1
Spaß haben rigoler *fam.* → 4/4
spät tard *adv.*
Spaziergang la promenade; la balade → 1/A
Speisesaal la cantine
spezialisieren (sich auf etw.) se spécialiser dans qc → 5/A
Spezialität *la spécialité* → supp 3
Spiel *Fußball* le match; le jeu / les jeux *pl.* → 3/A; **spielen** jouer; *Instrument* jouer de qc*; Spiel* jouer à qc*;* **Spieler/in** le/la joueur/-euse → 3/3
Sport le sport; **Sport treiben** faire du sport; **sportlich** sportif/-ve *adj.* → 2/3; **Sportunterricht** la gym *fam.;* la gymnastique
Sprache la langue
sprechen (mit jdm) parler à qn
sprechen (miteinander) se parler → 2/1
Stadion le stade → 3/A
Stadt la ville; ***Städtepartnerschaft haben (mit)*** *être jumelé/e (avec une ville)* → supp 3
Stadtrand la banlieue → 1/A
Stadtviertel le quartier
stark fort/e; costaud *adj. fam.* → 6/1
Station la station → 1/1
stattfinden avoir lieu → 1/1; *se passer* → supp 2
Steak le steak → 2/A
stehlen (etw.) voler qc → 4/3
Stein le caillou / les cailloux *pl.*
stellen (etw.) mettre qc
Stiefel les bottes *f. pl.*
still tranquille *m./f. adj.* → 6/2
Stimme la voix → 4/1
Stimmt's? Hein? *fam.* → 6/A
Stimmung *l'ambiance f.* → supp 1
stolz fier/fière *adj.* → 3/3
stören (jdn bei etw.) empêcher qn de faire qc → 6/1
stoßen (jdn/etw.) pousser qn/qc → 4/4
strafbar criminel/le *adj.* → 6/2
Strafe la punition
Strand la plage
Straße la rue; **Straßenbahn** le tramway, le tram *fam.*
Strauß le bouquet → 4/5
Strecke *le trajet* → supp 4
Streichholz l'allumette *f.* → 6/2
streiten (sich) se disputer → 2/1
Strumpfhose le collant
Stück le morceau / les morceaux *pl.*
Studium les études *f. pl.* → 5/3
Stuhl la chaise
Stunde l'heure *f.*
Stundenplan l'emploi du temps *m.*
stürzen (sich auf jdn) foncer vers qn → 4/2
suchen (jdn/etw.) chercher qn/qc
Süden le sud
super super *m./f. adj.*
Supermarkt le supermarché
Suppe le potage → 2/A
Surfen le surf → 5/3
Sweatshirt le sweat
sympathisch sympa *m./f. adj. fam.*

T
Tabakwarengeschäft le bureau de tabac / les bureaux de tabac *pl.*
Tafel le tableau / les tableaux
Tag le jour; **Tagebuch** le journal / les journaux *pl.* → 5/1
Tagesablauf la journée → 2/1
Tagesmutter la nourrice → 2/3
täglich quotidien/ne *adj.* → 2/A
Tante la tante → 2/1
Tanz, Tanzen la danse
Tasche le sac
Taschengeld l'argent de poche *m.*
Taschentuch le mouchoir → 1/3
tauschen (etw. gegen etw.) échanger qc (contre qc)
teilnehmen (an etw.) participer à qc → 1/1
Telefon le téléphone
telefonieren (mit jdn) téléphoner (à qn)
Telefonzelle la cabine téléphonique
Teller l'assiette *f.*
Tennis le tennis → 3/3
Test le test
teuer cher/chère *adj.*
Theater le théâtre
Tier l'animal *m.*/ les animaux *pl.*
Tisch la table; **Tisch decken** mettre le couvert → 2/2; **Tischtennis** le ping-pong, le tennis de table
Tochter la fille → 3/A
Tod la mort
toll formidable *m./f. adj.*, chouette *m./f. adj. fam.*
Tomate la tomate
Tonne la tonne
Topf le pot → 1/3
töten (jdn) tuer qn → 3/A
Tour le tour; la balade → 1/A
Tourist/in le/la touriste → 6/A
Touristeninformation l'office de tourisme *m.*
tragen (etw.) porter qc
Traum le rêve → 3/2
träumen rêver
Treffen *la rencontre* → supp 3; **treffen (jdn)** retrouver qn, rencontrer qn → 3/1; ***treffen (sich)*** *se rencontrer* → supp 3
trennen (sich) se séparer → 5/A

la **question** [lakɛstjɔ̃] die Frage
qui [ki] *in Fragen* wer; *in Relativsätzen* der, die, das
quoi [kwa] was; **à quoi** [akwa] woran; **de quoi** [dəkwa] wovon
quotidien/ne [kɔtidjɛ̃/kɔtidjɛn] *adj.* täglich → 2/A

R

raconter qc à qn [ʀakɔ̃te] jdm etw. erzählen
la **radio** [laʀadjo] das Radio → 5/2
le ***raï*** [ləʀai] der Raï *Musikform aus Algerien* → supp 1
le **raisin** [ləʀɛzɛ̃] der Wein, die Weintrauben
la **raison** [laʀɛzɔ̃] der Grund; **avoir raison** [avwaʀɛzɔ̃] Recht haben
le **rallye** [ləʀali] die Rallye
ramasser qc [ʀamase] etw. einsammeln, aufsammeln
la **randonnée** [laʀɑ̃dɔne] die Wanderung
ranger qc [ʀɑ̃ʒe] etw. aufräumen *wird wie* manger *konjugiert*
le **rapport** [ləʀapɔʀ] / **les rapports** [leʀapɔʀ] der Zusammenhang, *Plural:* das Verhältnis → 5/1; der Bericht → 5/2
le **rat** [ləʀa] die Ratte
rater qc [ʀate] etw. verpassen → 1/3; das Schuljahr nicht schaffen, nicht versetzt werden → 5/A
la **réaction** [laʀeaksjɔ̃] die Reaktion
réagir à qc [ʀeaʒiʀ] auf etw. reagieren → 3/2 *wird wie* finir *konjugiert*
réaliste [ʀealist] *m./f. adj.* realistisch
recommencer [ʀəkɔmɑ̃se] wieder (von vorn) anfangen *wird wie* commencer *konjugiert*
la **récréation** [laʀekʀeasjɔ̃] die Pause
redoubler qc [ʀəduble] eine Klasse wiederholen, sitzen bleiben → 5/A
réfléchir [ʀefleʃiʀ] nachdenken, überlegen → 6/1 *wird wie* finir *konjugiert*
le **regard** [ləʀəgaʀ] der Blick → 4/2
regarder qn/qc [ʀəgaʀde] jdn/etw. ansehen, betrachten; **regarder qn** jdn etw. angehen
la **région** [laʀeʒjɔ̃] die Region, das Gebiet → 6/1
regretter qc [ʀəgʀɛte] etw. bedauern → 6/2
remarquer qn/qc [ʀəmaʀke] jdn/etw. bemerken → 4/5
remplacer qn/qc [ʀɑ̃plase] jdn/etw. ersetzen → 5/1 *wird wie* commencer *konjugiert*
la ***rencontre*** [laʀɑ̃kɔ̃tʀə] das Treffen, die Begegnung → supp 3
rencontrer qn [ʀɑ̃kɔ̃tʀe] jdn treffen, kennen lernen → 3/1; (ê)***se rencontrer*** [səʀɑ̃kɔ̃tʀe] sich treffen, sich begegnen → supp 3
renoncer [ʀənɔ̃se] aufgeben, nicht mehr können → 1/2; **renoncer à qc** [ʀənɔ̃se] auf etw. verzichten *wird wie* commencer *konjugiert*
la **rentrée** [laʀɑ̃tʀe] der Beginn des neuen Schuljahres
rentrer [ʀɑ̃tʀe] nach Hause gehen
(ê)*se* ***renverser*** [səʀɑ̃vɛʀse] sich wenden, sich umkehren → supp 3
réparer qc [ʀepaʀe] etw. reparieren → 3/1
le **repas** [ləʀəpɑ] das Essen, die Mahlzeit → 2/A
répondre à qn/qc [ʀepɔ̃dʀə] jdm/auf etw. antworten
réserver qc [ʀezɛʀve] etw. vorbestellen, reservieren
le **respect** [ləʀɛspɛ] der Respekt, die Achtung → 5/1
respirer [ʀɛspiʀe] atmen
le **restaurant** [leʀɛstɔʀɑ̃] das Restaurant
la **restauration** [laʀɛstɔʀasjɔ̃] das Gaststättengewerbe → 5/A
restaurer qc [ʀɛstɔʀe] etw. wiederherstellen, restaurieren → 6/1
(ê)**rester** [ʀɛste] bleiben
(ê)**retourner** [ʀətuʀne] zurückgehen, zurückkehren
retravailler [ʀətʀavaje] wieder anfangen zu arbeiten → 2/1
retrouver qn/qc [ʀətʀuve] jdn treffen, jdn/etw. wiederfinden
la ***revanche*** [laʀəvɑ̃ʃ] die Revanche, das Rückspiel → supp 3
le **rêve** [ləʀɛv] der Traum → 3/2
le **réveil** [ləʀevɛj] der Wecker
(ê)**revenir** [ʀəvniʀ] wiederkommen, zurückkommen *wird wie* venir *konjugiert*
rêver [ʀɛve] träumen
réviser qc [ʀevize] etw. wiederholen, lernen, üben → 2/2
revoir qn [ʀəvwaʀ] jdn wiedersehen → 2/1 *wird wie* voir *konjugiert*
rigoler [ʀigɔle] *fam.* Spaß haben, sich lustig machen, lachen, grinsen → 4/4
la **robe** [laʀɔb] das Kleid
le **robinet** [ləʀɔbinɛ] der Wasserhahn
le **rocher** [ləʀɔʃe] der Felsen
le ***rock*** [ləʀɔk] die Rockmusik → supp 1
les **rollers** [leʀɔlœʀ] *m. pl.* die Inlineskates
le **roman** [ləʀɔmɑ̃] der Roman
rose [ʀoz] *m./f. adj.* rosa → 4/1
rouge [ʀuʒ] *m./f. adj.* rot
rouler [ʀule] fahren, rollen → 1/1
le **ruban** [ləʀybɑ̃] das Band
la **rue** [laʀy] die Straße

S

les **S.V.T.** [lezɛsvete] *f. pl.* die Biologie
s'il vous plaît [silvuplɛ] / **s'il te plaît** [siltəplɛ] bitte
le **sable** [ləsabl] der Sand
le **sac** [ləsak] die Tasche
saignant/e [sɛɲɑ̃/sɛɲɑ̃t] *adj.* blutig → 2/A
saigner [sɛɲe] bluten → 1/3
le **Saint-Bernard** [ləsɛ̃bɛʀnaʀ] der Bernhardiner → 1/2
la **salade** [lasalad] der Salat → 2/A
sale [sal] *m./f.* schmutzig
la **salle à manger** [lasalamɑ̃ʒe] das Esszimmer; **la salle de bains** [lasaldəbɛ̃] das Badezimmer; **la salle de séjour** [lasaldəseʒuʀ] das Wohnzimmer
Salut! [saly] *fam.* Hallo! / Grüß dich! / Tschüss!

trinken (etw.) boire qc → 1/2
trödeln prendre son temps
Trommel le tambour → 4/1
Trompete la trompette → 4/1
Tschüss! Salut! *fam.*
T-Shirt le tee-shirt
Tube le tube
tun (jdm etw.) faire qc à qn
Tür la porte
Turnen la gym *fam.*, la gymnastique
Turnhalle le gymnase
Turnschuhe les baskets *f. pl.*
Typ le type *fam.*
typisch typiquement *adv.* → 2/3

U
U-Bahn le métro → 1/1
Übelkeit empfinden avoir mal au cœur
üben (etw.) réviser qc → 2/2
über sur; par → 1/2
überall partout *adv.*
überlegen *nachdenken* réfléchir → 6/1
überlegen sein *avoir le dessus* → supp 3
überqueren (etw.) traverser qc
übrigens d'ailleurs → 2/2; à propos → 6/3
Übung l'exercice *m.*
Uhr *nach einer Zahl* l'heure *f.*
um drei Uhr à trois heures
Um wie viel Uhr? À quelle heure?
um zu + *Infinitiv* pour → 1/1
umarmen (sich) s'embrasser → 2/1
Umwelt l'environnement *m.* → 5/2
unberechenbar capricieux/-euse *adj.* → 3/3
und et
Unfall l'accident *m.* → 6/2
unglaublich incroyable *m./f. adj.* → 6/2
unnötig inutilement *adv.* → 2/3
unglücklich malheureux/-euse *adj.*
Uniform l'uniform *m.*
unnütz inutile *m./f. adj.*
Unordnung le désordre
unter sous
unterhalten (sich) discuter
Unterhaltung la conversation → 1/3
Unternehmen l'entreprise *f.* → 5/1
Unterrichtsfach la matière → 5/1
Unterrichtsstunde le cours
unterschiedlich différent/e *adj.* → 3/1

V
Vater le père
verabschieden (sich von jdm) dire au revoir à qn
veranlassen (etw.) lancer qc → 4/4
verärgert sein être fâché/e
verbrennen (etw.) brûler qc → 6/2
verbringen (etw.) passer qc
verdächtigen (jdn) soupçonner qn → 4/4
verdienen *Geld* gagner qc
Verflixt! *Zut! fam.* → supp 2
vergehen passer
vergessen (etw.) oublier qc
Vergiss es! Laisse tomber! *fam.*
vergleichen (jdn/etw. mit jdm/etw.) comparer qn/qc à qn/qc → 3/1
Verhältnis les rapports → 5/1
verkaufen (etw.) vendre qc → 6/A
Verkäufer/in le/la vendeur/-euse
verlassen (jdn) laisser qn → 2/2
verlaufen *se passer* → supp 2
verletzen (jdn) blesser qn
verlieben (sich in jdn) tomber amoureux/-euse de qn → 3/2
verliebt amoureux/-euse *adj.* → 3/2
verlieren (jdn/etw.) perdre qn/qc
verpassen (etw.) rater qc → 1/3
verraten (jdn) dénoncer qn
verschicken (etw.) envoyer qc → 6/2
verschieden différent/e *adj.* → 3/1
verschmutzen (etw.) polluer qc → 5/3; **Verschmutzung** la pollution
Verschwinden la disparition → 3/2
versetzt werden passer en
verspäten (sich) être en retard
verstehen (jdn/etw.) comprendre qn/qc
verstopft sein être bloqué/e
versuchen (etw.) essayer qc
verteilen (etw.) distribuer qc
verwöhnen (jdn) chouchouter qn → 3/3
verzichten (auf etw.) renoncer à qc
Videofilm le film vidéo
Videokamera le caméscope
Videokassette la cassette vidéo
Videospiel le jeu vidéo / les jeux vidéo *pl.* → 5/3
viel/viele beaucoup (de); plein/e (de) → 1/2
vielleicht peut-être *adv.*
Viertel *Uhrzeit* le quart; *Stadtteil* le quartier
Vogel l'oiseau *m.* / les oiseaux *pl.*
Volk le peuple → 6/3
voll (von) plein/e (de) → 1/2
vollständig entier/-ère *adj.* → 6/2
von de; **von ... bis** de ... à ...; **Von wegen!** Tu parles! → 6/3
vor *räumlich* devant, *zeitlich* avant
vor allem surtout *adv.* → 6/2
vorbei an par → 1/2; **vorbeigehen (an jdm)** passer devant qn → 4/2;
vorbeikommen (an etw.) passer par qc → 1/2
vorbereiten (etw.) préparer qc
Vorort la banlieue → 1/A
Vorschlag la proposition; **vorschlagen (jdm etw.)** proposer qc à qn
Vorschule l'école maternelle *f.* → 5/A
vorsehen (etw.) *prévoir qc* → supp 2
vorsichtig prudent/e
Vorstellung le spectacle
Vorteil l'avantage *m.* → 6/2

W
Wahl le choix
wählen *eine Telefonnummer* faire un numéro
wahr vrai/e → 5/1
während pendant
Walkman le baladeur; le Walkman
Wand le mur → 4/4
Wanderung la randonnée
wann quand
warm chaud/e *adj.* → 2/A
warten (auf jdn/etw.) attendre qn/qc
warum pourquoi
was Qu'est-ce que ...?, quoi; ***Was ist denn mit ihm los?*** *Qu'est-ce qui lui arrive?* → supp 1
waschen (etw.) laver qc
Wasser l'eau *f.*
Wasserhahn le robinet
Wecker le réveil
Weg l'itinéraire *m.* → 1/1; le chemin → 5/A
wegen pour, à cause de; **Von wegen!** Tu partes → 6/3
weggehen partir, s'en aller → 4/1
wegnehmen (jdm etw.) prendre qc à qn
Weihnachten Noël *m.* → 2/1; **Weihnachtsmann** le Père Noël → 2/2
weil parce que
Weinkellner/in le/la sommelier/-ière → 5/A
weinen pleurer
Weintrauben le raisin
weiß blanc/blanche *adj.*

weit entfernt loin *adv.*
weitergeben (jdm etw.) passer qc à qn
weitergehen, weitermachen continuer
welche/-r/-s quel/le *adj.*
Welle la vague
Welt le monde → 5/2
Weltmeisterschaft la Coupe du monde → 3/3
wenden (sich) *se renverser* → supp 3
wenig peu (de); **weniger** moins
Wenigstens etwas. C'est déjà ça.
wenn quand
wer qui
Werbung la pub *fam.*
werden (etw.) devenir qc → 4/5
werfen (etw.) jeter qc → 3/3
wichtig important/e *adj.*
Wider le contre → 6/1
wie comme, comment → 2/A; **Wie alt bist du?** Tu as quel âge?; **Wie bitte?** Pardon?; **Wie geht es dir/Ihnen?** Comment vas-tu/allez-vous?; **Wie geht's?** Ça va?; **Wie spät ist es?** Il est quelle heure?; **wie viel** combien
wieder anfangen zu arbeiten retravailler → 2/1; **wieder von vorn anfangen** recommencer
wiederfinden (jdn/etw.) retrouver qn/qc
wiederholen (etw.) *üben* réviser qc → 2/2; *eine Klasse* redoubler qc → 5/A
wiederkommen revenir
wiedersehen (jdn) revoir qn → 2/1
wiegen (jdn/etw.) peser qn/qc
wild sauvage *m./f. adj.* → 6/2
Wilde/-r le/la sauvage → 4/5
Wind le vent
Winter l'hiver *m.* → 5/3
wir selbst nous-mêmes → 6/2
wissen (etw.) savoir qc
Wissenschaftler/in le/la savant/e
wo où
Woche la semaine
Wochenende, am Wochenende le week-end
wohnen habiter
Wohnung l'appartement *m.*
Wohnzimmer la salle de séjour
wollen vouloir
woran à quoi
Workcamp le chantier → 6/A
wovon de quoi
wühlen (in etw.) fouiller dans qc
wundervoll magnifique *m./f. adj.* → 3/3
Wurstwaren la charcuterie → 2/A
wütend furieux/-euse *adj.* → 4/2

Z
Zahl le nombre → 4/1
zahlreich nombreux/-euse *adj.*
Zahn la dent → 4/4
Zeichen le signe
Zeichnen, Zeichnung le dessin
zeigen (jdm etw.) montrer qc à qn
Zeit le temps; **Zeit nehmen (sich)** prendre son temps; **die ganze Zeit** tout le temps → 6/1
Zeitschrift le magazine → 3/A
Zeitung le journal / les journaux *pl.* → 5/1
Zelt la tente → 6/1; ***ein Zelt aufbauen*** *monter une tente* → supp 2
Zensur la note
Zentrum le centre
zerbrechen (etw.) casser qc → 4/4
zerbrochen cassé/e *adj.* → 4/2
Zettel le papier
ziemlich assez
Zimmer la chambre; la pièce → 4/3
Zirkus le cirque
zögern hésiter
zu *einer Person* chez; **zu früh kommen** être en avance; **zu Hause** à la maison; **zu spät kommen** être en retard; **zu viel, zu sehr** trop (de)
Zucker le sucre
zuerst d'abord
zufrieden content/e *adj.*
Zug le train
zuhören (jdm) écouter qn
Zukunft l'avenir *m.* → 5/A
zukünftig futur/e *adj.* → 3/2
zurechtkommen se débrouiller → 2/2
zurückkehren retourner
zurückkommen revenir
zusammen ensemble *adv.*; **zusammenpassen** aller ensemble; **zusammenhalten** être solidaire *m./f.;*
Zusammenhang le rapport → 5/1
zuwerfen (jdm etw.) lancer qc à qn → 4/2
Zwiebel l'oignon *m.*
zwischen entre

Solutions

Le test des connaissances, p. 8: *1. Reihe (von links nach rechts):* 1. je suis parti / je suis partie, tu as dormi, il a mangé; 2. J'ai une idée de cadeau pour Robert. Je vais **lui** offrir un porte-monnaie.; 3. être malade; 4. Non, je ne **les** connais pas, mais je **leur** ai déjà parlé une fois.; Céline et Ahmed rentrent. Je rentre avec **eux**. *2. Reihe:* 6. Je n'aime pas les bottes **blanches**.; 7. Achète **de** l'eau minérale, **des** pommes, **du** café.; 8. je lis, tu lis, il/elle lit, nous lisons, vous lisez, ils/elles lisent; 9. À Nantes, on peut visiter: la cathédrale, le château, le musée Jules Verne, le passage Pommeraye, les quais de la Loire, la rue Crébillon; 10. Pour les crêpes, il faut **du sucre**, **des œufs**, **du beurre**, **de la farine**, **du lait.** *3. Reihe:* 11. C'est un ruban contre la violence.; 12. en train (en métro), à pied, à vélo, en voiture.; 13. Valérie joue **de la** guitare. Paul et Tarik jouent **au** ping pong.; 14. Je n'ai pas compris. / Je ne comprends pas.; 15. Tu vas tout droit. Tu prends la première rue à droite. Tu continue tout droit et tu prends la deuxième rue à gauche. Le cinéma est à gauche. *4. Reihe:* 16. Elle a mal à la tête. Elle a mal à la jambe. Il a mal aux pieds.; 17. (von links nach rechts:) le pull, la jupe, (Mitte) la veste, (unten:) les bottes, le jeans; 18. (immer von links nach rechts – oben:) vert, bleu, (Mitte) rouge, jaune, (unten) noir, gris; 19. Il fait beau. Il fait du vent / Il y a du vent.; Il pleut.; 20. je viens, tu viens, il/elle vient, nous venons, vous venez, ils viennent. *5. Reihe:* 21. (100) cent, (141) cent quarante et un, (1000) mille, (329) trois cent vingt-neuf; 22. Jules Verne; 23. Je **la** gare près du château.; 24. détester; 25. le foot, la gymnastique, le ping-pong ■ **Exercice 4, p. 21:** 1. la Seine; 2. Lyon; 3. les crêpes; 4. Saint Exupéry; 5. Nantes; 6 le ruban vert; 7 Bocuse